가족상담의 원리와 실제

The principles and practices of Family Counseling

석창훈 저

선문대학교 출판부

서 문

2015년 5월 가정의 달을 맞아 서울의 한 테마파크에서는 '가족은 퍼즐이다'라는 주제로 가족 간 뜻 깊은 추억 만들기 행사를 가진 바 있습니다. 퍼즐 맞추기에 여념이 없는 가족을 바라보면서, 한 조각이라도 잃어버리면 완성할 수 없는 퍼즐처럼 가족은 구성원 모두가 서로를 이해하고 공감해야 함께 완전할 수 있다는 메시지가 새삼 다가 왔습니다. 같은 맥락에서 가족치료의 대가인 V. Satier 여사는 '가족은 모빌이다'라고 한 바 있습니다. 어느 한 쪽이 자극이나 영향을 받으면 전체가 하나의 시스템이 되어 연동하여 반응하는 모빌처럼 가족은 서로서로 네트워크된 공동체라는 가르침입니다. 이렇듯 가족은 뗄레야 뗄 수 없는 사이입니다만 최근 들어 여러 가지 이유로 서로 무관심하고 배려하지 않으며 때로는 크게 상처를 주면서 멀어지는 경우가 허다합니다. 이른바 가족단절, 가족폭력 또는 가족해체와 같은 가족위기 상황이 그것입니다. 인류 역사상 문제없는 가정은 없었으나 21세기 들어 그 문제성이 심각하게 나타납니다. 그나마 다행스러운 것은 가족상담이나 가족치료와 같은 전문 심리상담 기법과 프로그램이 다양하게 개발, 적용, 발전되는 추세이기에 이 위기는 새로운 기회이자 도전으로 다가옵니다.

본 서는 이처럼 현대 가족이 직면한 문제를 상담심리학적 조망을 통해 종합적이면서도 심층적으로 함께 풀어보고자 기획하였습니다. 이를 위해 1부에서는 가족상담의 원리를 전체적으로 파악하고자 합니다. 구체적으로 1장에서는 가족상담의 제 정의를 바탕으로 가족상담에 대한 이해를 시작하며, 2장에서는 현대 가족이 당면한 특징과 문제점을 조망하고, 3장에서는 인생주기에 따른 가족생활의 발달적 접근을 단계적으로 분석하였습니다. 4장과 5장에서는 본 서의 주 독자이자 성공적인 결혼과 행복한 가정을 꿈꾸는 이 시대의 젊은이들이 무엇을, 어떻게 준비하면 좋은지 살펴보고, 6장에서는 가족위기를 이끄는 역기능적 가족의 특징을 가족치료적 측면에서 집중해서 다루며, 7장에서는 한국 사회가 당면한 다문화시대를 잘 이해할 수 있도록 다문화가족 연구논문을 제시하였습니다.

본 서의 2부에서는 가족상담의 실제적 측면에서 현대 가족상담 및 치료의 가장 중요한 키워드인 '커뮤니케이션'을 잘 이해할 수 있도록 '교류분석(Transactional Analysis: 이하 TA)'을 관련 지위 집필하였습니다. TA는 정신의학자 Eric L. Bern이 창시한 상담 및 심리치료의 한 분야입니다. 그런데 TA는 1980년대부터 치료 장면에만 머물지 않고, 일종의 '대중심리학(pop psychology)'으로서 사람들의 관심을 받고 있으며, 우리나라에는 최근 들어 관련 학회를 중심으로 활발하게 연구되는 상담심리학 분야입니다. TA 연구에 조예가 깊은 은사 제석봉 교수님은 TA가 성격을 이해하고 건강한 커뮤니케이션을 통해 성장과 성숙 나아가 웰빙을 촉진하는데 그 어떤 심리학적 접근보다 이론이 깊고 활용범위가 넓다고 보았습니다. 본 서에는 이러한 TA를 좀 더 깊이 있게 학습할 수 있도록 저자가 활동하고 연구했던 한국TA연구소의 간행물 및 한국연구재단의 연구보고서를 바탕으로 TA 기본과정(TA와 커뮤니케이션), TA 심화과정(TA와 성격이해), 그리고 부부를 대상으로 TA를 활용한 집단상담 프로그램을 소개함으로써 TA 가족상담의 실제를 강화하고자 노력하였습니다.

저자가 자주 인용하는 TA이론가 가운데 M. James와 D. Jongeward의 저서인 "Born to Win"의 서문에 보면, 저자들이 저술 작업을 할 때 만난 학생의 일화가 소개되어 있습니다. 저자가 만난 학생은 그 당시 물에 빠져 죽은 어떤 청년의 자살 기사를 오려 가지고 왔는데 그 청년의 팔에는 'born to lose(나는 텄다)'라고 문신이 되어 있있다고 합니다. 늘 자신의 팔뚝을 보며 인생의 루저(loser)로 성장한 한 젊은이를 보면서, 우리는 패자가 되기 위해 이 세상에 태어난 것이 아니라 사랑하고 배우며 성장하고 긍정적인 방식으로 우리의 생각과 느낌과 행동을 표현해낼 능력을 갖고 태어났음을 강조하고 싶습니다. 우리는 성공하기 위해 태어난 소중한 사람이자 사랑받기 위해 태어난 인생의 성공인(winner)입니다. 그러나 어떤 이유로든지 우리의 느낌을 왜곡하고 자기 통찰이 떨어지며 자신의 잠재력을 사용할 수 없는 일이 비일비재합니다. 그리고 그러한 부정적 현상은 1차적으로 가족구성원 사이에 자주 나타납니다. 가화만사성(家和萬事成)이라는 옛말처럼 가족이 서로 화목하고 사랑과 존경을 주고받으면 모든 일이 행복으로 다가옵니다. 성공한 인생을 살 것인가? 아니면 실패한 인생을 살 것인가? 그 해답은 가족에게 달려 있다고 해도 과언이 아닙니다. 답을 아는데 행동하지 못하고 남 탓만 한다면 지혜롭지 못한 일일 것입니다.

본 저서를 통해 가족이 더 튼튼해져서 Stinnet 부부와 Beam 부부가 말한 '환상적인 가족(fantastic family)' 만들기에 보탬이 된다면 필자의 보람이 될 것입니다. 독자의 가족이 더욱 'I LOVE YOU'하기를 바라며, 졸고를 옥고로 만들어준 선문대학교 출판부에 깊은 감사를 드립니다.

2015년 8월

以熱治熱의 패러독스를 기억하며

저자 씀

목 차

서 문 _3

제1부 가족상담의 원리 ······ 11

제1장 가족상담의 정의 _13

1. 가족이란? _13
2. 상담이란? _17
3. 가족상담이란? _20
4. 가족상담의 목표 : 자기실현 _22

* exercise 1 : 간편자기실현척도(SISA) _29

제2장 현대가족의 상황 _31

1. 가족의 이해 _31
2. 가족 변화와 문제점 _38
3. 현대 가족의 제 문제 _40

* exercise 2 : McMaster가족기능척도 _44

제 3장 가족생활의 발달적 접근 _51

1. 가족생활주기 _51

2. 가족발달과업 _55

* exercise 3 : 가족생활발달과업체크리스트 _68

제4장 성숙한 사랑과 이성교제 _69

1. 성숙한 사랑 _69

2. 사랑의 유형 _73

3. 성숙한 이성교제 _81

* exercise 4 : 사랑유형체크리스트 _85

제5장 배우자선택과 부부유형 _90

1. 배우자선택 _91

2. 배우자선택에 대한 불합리한 신념 _97

3. 부부관계유형 _104

* exercise 5 : 연인(부부)친밀감척도 _108

제6장 가족기능 _111

1. 가족기능의 이해 _111

2. 역기능적 가족의 4가지 행동 _115

3. 환상적인 가족 만들기 _121

제7장 다문화가족의 이해 _129

1. 들어가며 _129
2. 한국의 다문화가족과 다문화정책 그리고 다문화이해교육 _132
3. 동아시아 건국신화 비교-몽골과 베트남을 중심으로- _137
4. 신화의 스토리텔링 가능성과 다문화이해교육 방안 _141
5. 나오며 _144

제2부 가족상담의 실제 147

제8장 가족을 위한 TA상담 _149

1. TA상담의 역사 _149
2. TA상담의 철학 _156

제9장 TA상담의 기초이론 _167

1. 구조분석 _167
2. 기능분석 _183
3. 에고그램 _193
4. 교류 _201
5. 스트로크 _211
6. 사회적 시간의 구조화 _218

제10장 TA상담의 심화이론 _225

1. 게임과 게임분석 _225
2. 게임에 대한 대처 _247
3. 성격의 2차 구조 모형 _266

제11장 TA 가족상담 프로그램 _276

1. 프로그램 개발의 필요성 _276
2. 프로그램의 목표 _278
3. 프로그램의 구성 _279
4. 프로그램의 실제 _281

부 록 361

참고문헌 _363

색인 _366

제 1 부
가족상담의 원리

제1장 가족상담의 정의
제2장 현대가족의 상황
제3장 가족생활의 발달적 접근
제4장 성숙한 사랑과 이성교제
제5장 배우자선택과 부부유형
제6장 가족기능
제7장 다문화가족의 이해

제1장 가족상담의 정의

1. 가족이란?

'가족은 [   ] (이)다.'

상담관련 수업을 시작할 때 마다 수강하는 학생들의 주의를 집중하고, 학생들의 의견을 경청하기 위해 관련 개념에 대한 자신의 생각을 자유롭게 표현하도록 이끄는 브레인스토밍 시간을 자주 가지는 편이다. 지난 2014학년 2학기 S대학교 가족상담 수강자 70명을 대상으로 가족상담 첫 시간에 먼저 '가족'에 대한 자신의 정의와 까닭을 자유롭게 나누어본 결과, 비슷하게 생각하는 경우도 많고, 독특하게 바라보는 경우도 있지만 학생들은 가족을 다음과 같이 생각하였다.

가족은

- '희망'이다. 왜냐하면 삶이 힘들고 지칠 때 가족을 보면 힘이 나기 때문이다.
- '진정한 내편'이다. 왜냐하면 최악의 상황에서도 나를 위해주기 때문이다.
- '안식처'이다. 왜냐하면 모든 것을 이해하고 보살펴주기 때문이다.
- '보물'이다. 왜냐하면 세상에서 가장 가치 있고 존귀하기 때문이다.
- '나무'이다. 왜냐하면 계속해서 관심과 사랑을 줘야 성장하기 때문이다.

- '개미'이다. 왜냐하면 함께하면 힘든 일도 이겨낼 수 있기 때문이다.
- '버팀목'이다. 왜냐하면 어떤 힘든 일이 있었고 힘을 주며 살아가는 이유 중 하나이기 때문이다.
- '둥지'이다. 왜냐하면 따뜻하기 때문이다.
- '1'이다. 왜냐하면 가족은 언제나 1순위이고 하나라는 생각이 들기 때문이다.
- '좋'다. 왜냐하면 같이 있어도 좋고, 떨어져 있어도 좋고, 생각만 해도 좋기 때문이다.
- '팔과 다리'이다. 왜냐하면 아프다 해서 잘라낼 수도 없고 없앨 수도 없기 때문이다.
- '거미줄'이다. 왜냐하면 서로 싫어하고 미워해도 다시 화해하고 지켜줘야 하기 때문이다.
- '멀면 그립고 가까이하기엔 힘든 존재'이다. 왜냐하면 가까이 했을 땐 힘든 일이 많이 생기고 멀리 있을 땐 제일 그립고 생각나기 때문이다.
- '모닥불'이다, 왜냐하면 가까이 있으면 너무 뜨겁지만 적당한 거리는 따뜻하기 때문이다.
- '?'이다. 왜냐하면 20년을 함께 살아왔지만 가족에 대해 제대로 아는 것이 없기 때문이다.
- 'FAMILY'이다. 왜냐하면 Father And Mother I Love You이기 때문이다.

이처럼 가족(家族, family)은 공기나 물같이 너무 가깝고 친숙한 존재이자 대상이기 때문에 가족이 무엇이냐는 물음 자체가 어리석은 질문일 수 있다. 그럼에도 불구하고 가족에 대한 질문과 자신만의 응답은 평소 무관심하고 때로는 당연시했던 가족에 대한 이해를 강화하는 데 유익한 출발점이 될 수 있다. 당신은 가족을 무엇이라 생각하는가? 그리고 그렇게 생각하는 까닭은 무엇인가?

본 절에서는 가족에 대한 이해를 강화하는 출발점으로 먼저 가족의 개념을 살펴보고자 한다. 가족은 역사가 가장 오래된 사회집단이다. 그러나 시대적・문화적 배경에 따라 가족은 다양한 형태로 존재해 왔고 변화해 왔으며 가족에 대한 접근방법도 다양하기 때문에 이를 쉽게 개념화하는 것은 쉽지 않다.

프랑스의 역사학자인 André Burguière는 "가족의 역사(Histoire de la Famille)"의 서장에서 영어로 가족을 의미하는 'family'의 어원은 '*familia*'라는 라틴어에서 비롯되었다고 밝혔다. 이 단어는 노예나 하인을 뜻하는 *famulus*에서 파생되어 로마 시대에 나타났지만 우리가 보통 그 단어에서 떠올릴 수 있는 어의와는 부합되지 않는다. 파밀리아는 한 지붕 아래 거주하는 노예와 하인, 그리고 온 가족과 주인을 지칭했으며 또한 그 주인의 지배하에 있었던 안주인과 아이들 그리고 하인을 총칭하는 개념이다, 이후 이 개념은 확대되어 agnati(부계 친족)과 cognati(모계 친족)를 지칭하게 되었으며, 적어도 당시 일상용어에서는 gens(씨족)과 같은 뜻으로 쓰이게 되었다. 또한 Maison(집)은 한 지붕 아래 살고 있는 개개인 전체를 말한다. 이처럼 장소, 시간, 사회집단과 환경에 따라 다양한 친척 집단을 모두 합하여 우리는 현재 '가족'이라는 한 단어로 사용하고 있다(André Burguière et al. 2001).

우리나라의 경우, 법률적인 개념에서 가족은 민법 친족편 제 779조(호주제폐지에 의거 2005년 3월 31일 개정)에 의하면, 1. 배우자, 직계혈족 및 형제자매, 2. 직계혈족의 배우자, 배우자의 직계혈족 및 배우자의 형제자매(이 경우에는 생계를 같이 하는 경우에 한함)로 하였다. 이처럼 최근 다양한 가족형태가 증가하면서 가족 개념의 정의에서 벗어나는 수많은 삶의 형태를 비정상적인 단위로 간주할 수 없다는 인식하에 전통적인 가족의 개념이 보다 포괄적이고 정서적인 관계를 중시하는 개념으로 확장되고 있다. 일례로 전형적인 가족형태를 지칭하는 '가족(the family)'에서 '가족들(families)'로 대치되는 모습이 이를 반증한다.

이상과 같은 가족에 대한 이해를 종합하여 요약하면 다음과 같다(정옥분 등, 2007), 첫째, 가족은 그 구성 면에서는 혼인과 혈연 또는 양자 간의 관계를 통하여 형성된 집단이다. 둘째, 가족은 그 어원에서 보듯이 경제적인 공통체로서의 의미가 강한 집단이며, 동거동재(同居同財) 집단이라는 특성을 갖는다. 셋째, 가족은 애정이나 정서적 안정감과 같은 강한 심리적 유대감으로 결합된 정서적 집단으로, 특히 이는 현대사회에서 강조하는 가족의 특성이다. 넷째, 가족은 하나의 사회집단으로서 사회를 유지하고 존속시키기 위해 여러 가지 과업을 수행하는 집단이다. 다섯째, 가족에 대한 개념 정의는 사회변화에 따라 보다 다양성을 인정하고 포괄적인 특성을 갖는 집단으로 이루어지고 있다.

이러한 개념의 정의에 비추어 볼 때 가족은 유사한 개념으로 사용되는 집, 가정(家庭), 가구(家口)와 구분이 된다. 일반적으로 가족이라는 용어는 학술적, 정책적으로 보다 많이 사용되며 정서적 집단으로서 관계적 의미를 주로 갖는 반면, 집이나 가정이라는 용어는 일상적으로 많이 사용하며 공간적 의미를 주로 내포한다. 가구라는 용어는 세대관계나 결혼 관계 또는 혈연관계의 유무와 관계없이 주거하는 공간과 경제적 협력만을 기준으로 취사, 취침 및 생계를 같이하는 단위를 의미한다.

2. 상담이란?

'상담은 [ ] (이)다.'

대학생들은 상담을 어떻게 이해하고 있을까?

상담은

- '마음을 공유하는 것'이다. 왜냐하면 다른 사람에게 자신을 공유하는 것이기 때문이다.
- '듣는 것'이다. 왜냐하면 내담자의 말을 들어주는 것이 상담자이고, 상담자의 의견을 들어 주는 것이 내담자이기 때문이다.
- '과일을 깎는 것'이다. 왜냐하면 감추어진 내면의 나를 드러내는 것이기 때문이다.
- '상호작용'이다. 왜냐하면 상담자만 내담자를 돕는 것이 아니라 내담자도 상담자를 돕기 때문이다.
- '칼'이다. 왜냐하면 어떻게 사용하느냐에 따라 맛있는 요리를 만들 수도 있고 사람을 죽이는 무기가 될 수도 있기 때문이다.
- '마법'이다. 왜냐하면 일시적으로 스트레스가 해소되는 느낌이 들기 때문이다.
- '친구'이다. 왜냐하면 내 얘기를 들어주고 내 고민을 같이 생각해주기 때문이다.
- '치유(힐링, 속풀이, 대나무숲)'이다. 왜냐하면 상담을 통해 나의 속마음을 비추고, 힘든 것을 이야기하면서 속이 시원해질 수 있기 때문이다.

대학생들이 생각하는 상담을 종합하면, 상담이란 이야기를 서로 나누고 고민을 주고받음으로써 어려운 문제를 해결하는 과정으로 바라보면서 상담에 대해 긍정적인 인식을 보여준다. 그렇다면 상담관련 전문가들은 상담을 어떻게 정의하는가를 살펴보면,

상담이란

- **도움을 필요로 하는 사람과 도움을 주는 사람 사이의 개별적인 관계를 통하여 새로운 학습이 이루어지는 과정이다(정원식, 박성수).**
- **도움을 필요로 하는 사람(내담자)이 전문적인 훈련을 받은 사람(상담자)과의 대면관계에서, 생활과제의 해결과 사고, 행동 및 감정 측면의 인간적 성장을 위해 노력하는 학습과정이다(이장호).**
- **자기의 환경에 대한 의미 있는 이해를 촉진시키고, 장래의 목표나 가치관을 확립해서 명료화하도록 하는 상호작용의 과정이다(Shertzer & Stone).**
- **전문적 훈련을 받은 상담자와 조력을 필요로 하는 내담자가 상담활동의 공동주체로서 내담자의 자각확장을 통해 문제예방, 발달과 성장, 문제해결을 달성함으로써 그의 삶의 질(well-being)을 향상하기 위해 노력하는 조력 과정이다(노안영).**

이러한 상담관련 전문가의 인식에는 상담의 전문성을 강조하는 정의가 많지만, 최근의 추세를 보면, '도움(helping)'이라는 말을 사용하는 사람이 많다. 이 용어는 전문적인 교육과 훈련을 받은 공식적인 상담 및 심리치료 전문가 외의 부모, 교사, 의사, 간호사, 기업체의 상사 등 휴먼서비스분야에 종사하는 다양한 사람들의 도움을 다 포함시킨 보다 '광범위하고 일반적인 용어'(Hill & O'Brein, 1999)라고 말하고 있다. 따라서

도움은 전문적인 훈련을 받은 상담자든 그렇지 못한 사람이든 다른 사람을 도와주는 모든 활동을 말한다고 하겠다(Young, 2001).

그렇다면 상담은 내담자가 무엇을 필요로 하는 가에 따라 다양하게 정의할 수 있다. 다시 말해 사람들이 왜 상담을 받으러 오는지, 그리고 상담을 받으려는 목적이 무엇인가에 따라 상담을 정의할 수 있을 것이다. 사람들이 상담을 받으러 오는 이유를 다음 두 가지로 제시할 수 있다(Egan, 2002). 첫째, 자기 혼자서 처리하기가 힘든 문제 상황에 놓여 있기 때문이다. 예를 들어, 자기 의혹, 불합리한 공포, 알코올이나 약물중독, 파멸 직전에 놓인 부부관계, 소외와 고독 등 사람마다 다양한 문제를 안고 산다. 사람들이 상담을 필요로 하는 이유는 바로 이러한 문제를 혼자서 효율적으로 해결 또는 대처해 나가기가 어렵기 때문이다. 또 어떤 사람들은 자기 생각만큼 제대로 살고 있지 못하다 싶어 도움을 청하기도 한다. 이와 같이 기회를 놓쳤거나 자기 가능성을 제대로 실현하지 못한 것도 상담의 출발점이 될 수 있다. 여기서의 문제란 무엇이 잘못되는지가 아니라 어떻게 해야 보다 잘 살 것인가 하는 점이다. 이와 같이 상담을 받으러 오는 이유를 토대로 정의하면, 상담이란 내담자로 하여금 자신이 처해있는 문제 상황에 보다 효율적으로 대처할 수 있는 능력을 발달시키도록 도와주고, 또 내담자가 살리지 못한 기회를 찾아 자신의 능력이나 가능성을 실현하도록 돕는 활동이라고 말할 수 있다(제석봉, 2003).

3. 가족상담이란?

가족상담은 가족 문제를 해결하기 위한 전문적이고 체계적인 개입이다. 개입의 목표는 가족구성원 개인의 심리·행동적 부적응, 대인관계의 문제, 가족구성원 간의 갈등 등 개인과 가족 전체의 역기능적인 부분들을 개선하는 데 있다. 가족상담은 최근 들어 우리나라에서 상담심리학의 중요한 한 영역으로 자리 잡고 있다. 일례로 한국상담학회(Korean Counseling Association)에서는 13개 분과 학회 중 하나로 부부·가족상담학회가 적극 활동 중이다.

가족상담은 내담자 개인의 고민이나 심리적 또는 행동상의 부적응 그리고 대인관계 특히 가족관계의 갈등과 같은 문제들은 그 원인이 당사자에게만 있다고 보지 않는다. 내담자의 문제는 내담자 자신을 포함하여 가족 구성원들 간의 관계에 문제가 있다고 보고, 이 문제를 해결하기 위해서 가족구성원 전체 혹은 일부를 대상으로 상담을 진행해 가는 것을 강조한다. 그리고 가족 상담은 내담자의 문제가 심각하지 않은 경우, 즉 심리적 또는 행동상의 부적응 상태가 심각하지 않은, 비교적 건강한 상태인 내담자와 그의 가족을 대상으로 한다. 결혼 생활에의 적응 문제, 부부관계, 부모와 자녀의 갈등, 고부간의 갈등 등이 가족상담의 대상이 될 수 있다. 이 경우, 내담자를 포함한 가족의 생활 관련 문제의 해결, 가족구성원 간의 관계 개선, 가족의 순기능 향상, 건강한 가정으로 성장 등을 위해 함께 노력한다(김혜숙, 2008).

한편, 가족상담과 자주 등장하는 '가족치료(family therapy)'는 가족상담과 같이 내담자가 힘들어하는 문제의 원인이 내담자 당사자에게만 있다고 보지 않고 문제의 원인을 내담자 자신을 포함한 가족구성원 간의 관계에서 찾는다. 그리고 이 문제를 해결하기 위해서 가족구성원 전체 혹은 일부를 대상으로 치료를 진행해 가는 것을 강조한다. 그러나 가족치료가 가족상담과 다른 점은 일반적으로 내담자 및 내담자 가족이 안고 있는 문제의 심각성에 있다. 보다 구체적으로 언급하면, 가족 치료는 일반상담의 범위를 벗어나는 신경증이나 정신병과 같은 신경정신적 장애를 가진, 부적응 상태가 보다 심각한 내담자의 치료를 목적으로 한다. 그리고 내담자 가족구성원 간의 관계가 매우 심각한 경우라든가 이와 유사한 경우도 가족치료의 대상이 될 수 있다(송성자, 2004).

구체적인 치료방법에 있어, 가족치료는 심리치료와 심리상담을 통하여 부부나 가족의 문제를 해결하고자 한다. 가족치료는 가족구성원 간의 관계발전이나 관계개선을 위해 노력하는데. 이 과정에서 특히 강조되는 부분은 가족구성원 간에 이루어지는 커뮤니케이션의 질(quality)이다. 이 가족구성원 간에 이루어지는 커뮤니케이션의 질이 각 가족구성원의 심리적 건강에 많은 영향을 미치는 중요한 요소로 기능한다. 다시 말하면, 가족 구성원 사이에 어떠한 형태의 커뮤니케이션이 이루어지는지, 커뮤니케이션의 내용이 기능적인지 아니면 역기능적인지에 따라 가족 구성원이 심리・행동면에서 건강하거나 건강하지 못하거나 할 수 있기 때문이다.

요컨대, 가족상담은 전문훈련을 받은 '상담자(counselor)'가 가족갈등을 해결하기 원하는 '내담자(client)'에게 문제해결을 지원하고 가족 구성원간의 관계증진과 성장을 목표로 '유능한 도움(skilled helping)'을 주는 상담이라면, 가족치료는 전문훈련을 받은 '치료자(therapist)'가 가족 내 신경정신적 '환자(patient)'를 치료하기 위해 성격의 심층적 변화와 가족의 기능향상을 목표로 '처치적 개입(prescribed intervention)'을 하는 전문적

서비스를 의미한다.

이처럼 가족상담과 가족치료는 특성이 비슷하면서도 차이점이 존재한다. 우리나라에서는 가족상담과 가족치료의 목표가 동일하고 해결방법도 중복되는 경우가 많으며 적용되는 이론도 거의 동일하기 때문에 두 용어를 혼용(混用)해야 한다는 주장도 있다. 하지만 미국의 경우 최근의 추세는 가족상담 보다 가족치료라는 용어를 더 많이 사용한다. 그 이유는 여러 가지가 있겠지만, 무엇보다 현대 가족문제가 더 심각하고, 더 갈등적이며, 더 복잡해졌다는 것이다. 우리나라의 경우 미국의 영향도 있겠지만 가족문제의 심각성과 가족치료 영역의 확대로 인해 과거에는 가족상담 용어를 주로 사용하였으나 최근에 와서 가족치료 용어를 보다 빈번하게 사용하는 추세이다(김혜숙 등, 2012).

4. 가족상담의 목표 : 자기실현

가족상담이나 가족치료의 궁극의 목표는 가족이 모두 건강하고 행복하며 웰빙하는 것이다. 이를 상담심리학적으로 표현한다면, '완전히 기능하는 공동체(fully functioning community)'이다. 가족이 건강하고 기능적이기 위해서는 가족구성원 각각의 자기실현이 무엇보다 중요하다. 본 절에서는 자기실현에 대한 이해와 확인을 가족상담의 출발점으로 삼고자 한다.

1) 자기실현의 개념

인본주의자들은 인간 존엄성에 바탕을 두고 사람은 누구나 선천적이고 무한한 잠재력을 지니며 자율적이고 능동적으로 삶을 증진하고 자신의 능력을 최대로 개발하고자 하는 욕구와 성향을 갖고 있으며 이러한 욕구와 성향을 자기실현으로 보았다. 자기실현이란 개념에 대해 많은 학자들이 다양하게 정의하고 있다.

'자기실현(self-actualization)'이란 용어를 최초로 사용한 Goldstein(1939)은 유기체를 하나의 통일되고 체계화된 전체로 보는 '유기체이론(organismic theory)'에서 그는 유기체를 다수의 독립적인 욕구보다는 하나의 중요한 욕구에 의해 행동이 동기화된다고 전제하고 이 동기를 자기실현이라 하였다. 그는 자기실현이란 개인이 선천적인 속성과 잠재능력을 실현하기 위한 계속적인 노력으로써 인간생활에 방향과 통일성을 제공해 준다는 것이다.

Jung(1921)은 자기실현의 개념을 비교적 초기에 사용한 심리학자로서 자기실현을 '개성화(individuation)'와 같은 의미로 보았으며, 이는 온전한 상태를 달성하는 쪽으로 지향하는 성격 발달의 과정으로서, 이러한 과정이 바로 '자신답게 되는 과정(coming to selfhood)'이며, 특별한 장애가 없는 한 이 경향은 대단히 강한 힘(force)을 가지는 것으로 보았다. Fromm(1947)은 자기실현을 '생산적(productive)'이라는 말과 동의어로 사용하였다. '생산적'이라는 것은 인간의 능력과 잠재력을 모두 발휘하는 것이라 하여 충분한 기능을 발휘함을 뜻한다. 그는 인간 잠재력을 완전히 활용하고 실현하는 것, 그리고 자아뿐만 아니라 지적 · 정서적 · 감각적 반응 모두를 포괄하는 일반적인 태도와 견해를 '정향(orientation)'이라는 말로써 나타냈다. Rogers(1961)는 자기실현이란 유기체가 하나의 기본적인 경향성과 욕구를 갖고 자신을 실현하고 유지 · 향상시키는 것으로 규정하였다. 그 경향성은 성숙과 분화, 독립성과 자율성 및 책임감으로 발전되거나, 자신에게 의식적인 자아개념과 일치하게 행동하도록 하는 힘이라 하였다. 그는 자기실현인을 '충분히 기능하는 사람(a fully functioning person)'으로 보고 그 특징으로써 모든 경험에 개방적이고 실존적으로 생활하며 유동적이고 융통성이 있으며 창조적인 생각의 소유자를 제시하였다.

인간의 자기실현 과정은 상태나 완료형이 아닌 미래지향적 계속형이다. 이는 어렵고 고통스러운 여정으로 끊임없는 긴장과 자극, 존재에의 용기가 수반된다. 행복은 자기실현의 부산물로 얻어지기에 자기실현자가 항상 행복한 것은 아니며 자기실현을 추구하는 과정에서 오히려 긴장을 느낀다.

그 외에 Frankl은 자기실현인을 자아초월의 사람으로 보았고, Allport는 성숙한 인격으로, Peris는 여기 그리고 지금의 사람으로 자기실현인을 표현하면서 자기의 충동과 욕망에 개방적이며 삶에 책임지는 사람이라고 하였다. 또 Snygg와 Combs는 자기실현인을 적합한 자아라고 정의하고 이들은 우선 긍정적인 자아개념을 갖는다고 보았다(김애경, 1990).

자기실현의 개념과 이론을 가장 종합적이고 체계적으로 발전시킨 사람은 A. Maslow이다. Maslow(1970)는 자기실현을 인간의 재능과 가능성의 무한한 이용과 개발로 보고 이는 성장하고자 하는 인간의 자아의식적 욕구의 노력에 대한 부산물로 보았다. 그는 욕구를 결핍욕구와 성장욕구로 구분하고, 인간의 욕구를 생물학적이고 육체적인 욕구 · 안전의 욕구 · 소속감과 사랑의 욕구 · 자존의 욕구 · 자기실현의 욕구의 다섯 단계로 구분하였다. 앞의 네 가지는 인간 삶의 가장 기본적인 욕구이므로 그 욕구를 채우지 못할 경우에는 삶 자체를 유지할 수 없다. 그러나 앞의 네 가지 욕구가 충족되었다 하더라도 자기실현의 욕구가 현실화되지 못하면 삶은 건강하지 못하다. 그는 결핍욕구가 충족된 후에 나타나는 성상욕구의 일종인 자기실현의 욕구는 자기충족(self-fulfillment)에 대한 욕구로서 정신적으로 건강한 사람이 자기실현의 욕구가 강하다고 하였다. 곧 자기실현은 자기개발과 자기성취를 위한 충동으로서 자신의 재능과 능력을 극대화시켜 그가 되고자 하는 상태를 말한다고 하겠다.

Shostrom(1973)은 추상적이고 애매하여 비과학적이라는 비판을 듣는 자기실현의 개념에 대하여 과학으로서의 상담심리학적 접근을 시도하였다. 그는 자기실현을 '자신의 잠재력을 활용하는 방향으로 계속적으로 성장해 나가는 과정'으로, 잠재력을 '창의적으로 표현하고, 효과적인 대인관계를 유지하고, 충족된 삶을 살 수 있는 개인의 궁극적인 능력'으로 덧붙여 설명하면서 종합적이고도 보다 구체적인 정의를 다음과 같이 다섯 가지로 설명하였다. 첫째, 통계학적 개념으로서, Maslow가 상위 1%의 사람들만을 자기실현인이라고 부르는데 반해 Shostrom은 정상분포곡선상에서 상위 5%내에 속하는 사람을 자기실현인이라고 보았다. 둘째, 과정적 개념으로서, 자기실현은 본래 자기 자신이 되어가는 과정으로서, 이는 결코 종착점이 아니라 일상의 가식적인 자신으로부터 성장·발전하고 잠재력을 계발하는 과정이다. 따라서 자기실현은 성공적인 상담·수업·인간관계에서 일어난다. 셋째, 자기실현은 순간적인 상태적 개념으로서, 이는 Maslow가 말한 '절정경험'과 같은 의미이다. 넷째, 윤리적 개념으로서 선과 악의 기준은 진정한 자기를 성취하느냐의 여부에 따른다. 그리고 자기의 잠재력을 경험하고 표현하는 것을 인생의 주된 목적으로 삼는다는 것 등이다. 다섯째, 모형적 개념으로서 교육적 상담모형을 지향한다. 의학적 모형은 환자가 정상인이 되도록 하는 반면, 자기실현은 정상인이 '더 정상'이 되도록 한다.

이상 살펴본 바와 같이 자기실현을 한 마디로 정의하기는 어렵겠지만 이를 종합하여 정의해 보면 자기실현이란 심리적으로 건강한 사람이 자신의 잠재된 가능성을 충분히 발휘하여 계속적으로 성장해 나가는 과정이라 하겠다.

2) 자기실현인의 특징

Maslow는 자기실현의 욕구를 현실화한 다양한 사람들을 직접 관찰하고 대화를 통해서 그들의 삶을 분석하였다. 그 결과 자기실현자들은 일상적인 경험과는 너무도 대조되는 가장 열정적이고 근원적인 경험을 지니고 있으며 그것을 통해서 자신들의 존재가치들(B-values)을 실현시키고 있음을 알았다. 그러나 대부분의 자기실현자들은 잊을 수 없는 강렬한 주관적인 경험을 갖고 있지만, 과학적이고 객관주의적인 현대 문화는 정신적인 착란 현상이라고 하여 그 경험을 의도적으로 무시하고 있기 때문에 공개적으로 쉽게 표현하지는 않는다는 것도 알게 되었다. Maslow는 이런 강한 경험을 '절정경험(peak-experience)'이라고 하였다. 이 절정경험은 특수한 현상이 아니라 매우 보편적이고 자연스러운 현상이라 하여 초자연적이고 신비주의적인 경험이라 하지 않고 자연적인 경험 또는 보다 넓은 의미에서의 종교경험으로 생각하였다.

Maslow는 자신이 말하는 자기실현을 하는 사람은 정신병리학적으로나 심리적으로 건강한 사람임을 강조했다. 그는 자신이 천부적으로 타고난 재능과 가능성과 잠재력을 최대한으로 개방하고 활용하는 가장 이상적인 건강한 인간성을 자기실현의 인간이라 명명하고, 두 종류의 자기실현인을 말하였다. 하나는 분명히 건강하지만 초월경험이 없는 사람들이며, 또 하나는 초월경험이 중요하고 중심적인 역할을 하는 사람들이다.

전자의 예로는 Eleanor Roosevelt, Truman, Eisenhower를, 후자의 예로는 Huxley, Schweitzer, Buber, Einstein을 들었다.

Maslow(1970)는 자기실현인을 보통 사람과 비교할 때 다음 15가지 건강한 특성을 지닌 사람으로 설명했다.

- 실현에 관해 충분히 인식하며 현재지향적이다(reality-centered)
- 자기와 타인과 자연을 있는 그대로 받아들인다(acceptance of self and others)
- 자발적이고 단순하며 천성 그대로이다(spontaneity and simplicity)
- 자기중심적이 아니라 문제중심적이다(problem-centered)
- 초연한 태도와 사생활에 대한 욕구를 가진다(need for privacy)
- 자율적이며 문화와 환경으로부터 독립적이다(independent of culture and environment)
- 끊임없이 감탄할 줄 아는 신선감을 갖는다(freshness of appreciation)
- 신비하고 영적인 절정경험을 하며 산다(peak experiences)
- 인류에 대한 형제애를 갖는다(Gemeinschaftsgefűhl)
- 친밀한 대인관계를 수립한다(intimate personal relations)
- 민주주의적 성격을 갖는다(democratic values)
- 목적과 선과 악을 구별할 줄 안다(different perception of means and ends)
- 공격적이지 않은 유머를 즐긴다(un-hostile sense of humor)
- 창의적이다(creative)
- 문화적 압력에 의해 살지 않고 자신 특유의 방식에 따라 행동한다(resisted enculturation)

Maslow는 이런 특성들을 달성한 사람은 실제적으로 선택받은 극소수만이 해당된다고 보았는데, 그는 왜 모든 사람이 자기실현을 못하는가에 대해 첫째, 많은 사람들이 그들의 잠재력에 대해 모르고 있고 자아증진이 가져다주는 보상도 이해 못하고 오히려 자신의 능력을 의심하고 두려워하는 경향 때문에 자기실현할 수 있는 기회를 소멸하며, 둘째, 사회적 여러 환경이 자기실현을 억눌러버리며, 셋째, 안전욕구가 가져다주는 강한 부정적 영향 때문이라고 하였다. 이러한 한계를 이겨내고 건강하고 행복한 웰빙 가족을 만드는 출발점은 자기실현의 의지를 강화하는 데서 비롯된다.

exercise 1

간편자기실현척도(SISA)

(석창훈, 2015)

※ 다음 각 문항을 잘 읽고 자신과 가깝다고 생각되는 번호에 ○표 하십시오.

질 문	전혀 그렇지 않다	거의 그렇지 않다	보통 이다	제법 그렇다	아주 그렇다
1. 나는 내 안에서 일어나는 감정들에 대해 부끄러움을 느끼지 않는다.	1	2	3	4	5
*2. 나는 남들이 나에게 기대하는 대로 행동해야 한다고 생각한다.	1	2	3	4	5
3. 나는 인간은 본래부터 선하고 신뢰할 수 있는 존재라고 믿고 있다.	1	2	3	4	5
4. 나는 내가 사랑하는 사람들에게 화내는 것이 두렵지 않다.	1	2	3	4	5
*5. 나는 내가 하는 일이 다른 사람에게 항상 인정을 받아야 한다.	1	2	3	4	5
*6. 나는 나의 약점을 인정하지 않으려고 한다.	1	2	3	4	5
7. 나는 남들이 나를 인정해 주지 않아도 그들을 좋아할 수 있다.	1	2	3	4	5

질　　문	전혀 그렇지 않다	거의 그렇지 않다	보통 이다	제법 그렇다	아주 그렇다
*8. 나는 실패할까봐 두려워한다.	1	2	3	4	5
*9. 나는 복잡한 문제를 해결하거나 단순화하려는 노력을 피하는 편이다.	1	2	3	4	5
10. 나는 인기있는(대중적인) 사람이 되는 것보다 자기 자신이 되는 것을 더 중요한 일로 여긴다.	1	2	3	4	5
*11. 내 인생에 있어서 마땅히 헌신해야할 사명을 아직 가지고 있지 않다.	1	2	3	4	5
12. 나는 불쾌한 결과가 생겼을 때조차 나의 감정을 솔직하게 표현할 수 있다.	1	2	3	4	5
*13. 나는 다른 사람을 도와야할 책임감을 잘 느끼지 못하는 편이다.	1	2	3	4	5
*14. 나는 내가 부적격한 존재가 되지나 않을까 하는 두려움 때문에 고민한다.	1	2	3	4	5
15. 나는 사랑을 먼저 주기 때문에 사랑받는 편이다.	1	2	3	4	5

※ * 번호는 역채점(reverse scoring)

제2장 현대 가족의 상황

1. 가족의 이해

1) 가족의 특징

가족은 결혼으로부터 비롯된 부부와 자녀로 구성된 가장 기본적인 인간 집단이다. 인간은 출생과 동시에 가족생활을 시작하여 일평생 가족에서 생활을 하게 된다. 즉 가족은 인간이 태어나서 자라고, 결혼과 함께 새로운 가족을 이루어 살면서 자녀를 출산하고 양육하며 생활하는 곳이다. 이러한 전통적인 정의에서 최근에는 가족을 결혼이나 혈연으로 맺어 일정 기간 동안 함께 사는 사람들의 관계망(network)이라는 Laing의 정의에서부터 과거의 역사와 당면한 현실, 그리고 미래에 대한 기대가 상호 연결된 교류관계를 가진 사람들의 집단이라는 Kramer의 현실적인 모형에 이르기까지 다양하다(Galvin & Brommel, 1986). 가족의 정의가 완전하지 않은 것처럼 가족의 유형 또한 현대에 들어 복잡성을 띤다. Olson과 Leonard는 가족의 유형을 확대가족, 혈연가족, 핵가족, 부부가족, 편부모가족, 독거가족 등으로 나누고 있고, Goldenberg 등은 핵가족, 확대가족, 혼합가족, 관습법상 가족, 단일 부모 가족, 공동 가족, 연속 가족, 복합 가족, 동거 등으로 구분하고 있으며, 앞으로 입양, 건강, 종족적・문화적・민족적・국가적 차이, 주거, 직업 등의 요인에 의해 다양한 형태의 가족이 등장할 것을 예고하고 있다.

이러한 가족의 정의와 형태 변화에도 불구하고, 가족은 어느 사회, 어느 발전 단계에서도 있는, 모든 사회 형태 중에서 가족 보편적인 집단으로 감정적 기반을 이루며, 개인의 인격 형성에 아주 중요한 영향력을 미친다. 또한 가장 작은 사회집단으로 다른 사회 조직의 핵심적 위치를 지니며, 다른 어떤 집단보다도 그 성원들에게 지속적이고, 많은 요구를 한다. 가족제도 자체는 영속적이지만, 개별 가족은 부부의 생애와 함께 지속되므로 일시적이다. 이러한 특징을 지닌 가족은 인간 사회에서 가장 중요한 집단이다. 왜냐하면 가족은 한 인간의 사적 생활 집단이며 동시에 사회를 구성하는 기본단위로서 사회와 유기적 관계를 맺고 있기 때문이다. 또한 가족이 개인을 통합하고, 사회와의 연계로 존재한다는 점은 가족의 안정이 개인의 안정은 물론, 사회의 안정과도 밀접한 관련이 있음을 뜻하므로 가족은 중요하다.

2) 가족의 목적

가족의 목적에 대해서 가족사회학자 Goode(1985)는 가족이 성적 본능의 안전한 충족을 보장하기 위하여, 그리고 가족 단위가 개인 단위의 생활보다 경제적이기 때문에 가족이 유지되어 왔다고 말한다. 그러나 만일 성적, 경제적 이유만으로 가족생활이 유지된다면 그러한 목적은 가족 이외의 다른 곳에서도 얼마든지 달성될 수 있다. 그래서 Satir(1972)는 가족의 목적이 가족 성원의 양육, 성장 그리고 발달이라고 했다. Satir에 의하면, 가족은 가족 성원끼리의 상호 성숙을 지향한다. 부부는 서로를 성장, 성숙시키는 목적을 가지고 가족을 이루는 것이며, 부모는 자녀의 양육을 통하여 자녀의 진정한 성장과 발달을 돕고 자녀는 자신들의 노력과 가족 간의 상호 작용을 통하여 부모의 성숙을 도와야 하는 것이다.

Satir는 가족을 '모빌'과 같은 것이라고 비유하였다. 이것은 가족이 하나의 체제로써 가족 성원 개개는 가족전체에 영향을 주며, 마찬가지로 가족 전체는 개개의 성원의 변화와 성장에 영향을 미친다. 따라서 가족이 가족 상호간의 성숙을 지향할 때 올바른 가족 환경이 조성되고 교육이 제대로 이루어 질 것이다.

3) 가족의 기능

가족은 여러 가지 기능을 수행한다. Maclver(1962)는 가족의 기능을 본질적 기능과 비본질적 기능으로 분류하였다. 성적 욕구의 안정적 만족, 자녀의 출산과 양육, 가정(home)의 제공(안락함의 제공)은 본질적 기능이고, 질서를 유지하는 정치적 기능, 조상의 제사를 포함한 종교적 기능, 생산 및 소비적인 면에서의 경제적 기능, 위생적 기능, 오락적 기능 등의 비본질적 기능으로 보았다. 그는 확대가족에서는 두 가지 종류의 기능을 다 수행했으나 핵가족화 되면서 비본질적 기능을 다른 사회제도로 이관시키고 있다고 하였다. 이처럼 현대 가족이 변하면서 가족의 기능이 분화되어 가족의 역할이 축소되었지만 다른 기관에서 감당하지 못하는 가족에서의 역할은 여전히 요구되고 있다.

Duvall(1996)은 변화하는 사회 속에서도 여전히 현대 가족이 수행하고 있는 기능을 여섯 가지로 제시하고 있다.

첫째, 가족은 남편과 아내, 부모와 자녀, 세대 간에 애정을 일궈 가는 곳이다. 남녀 간의 애정으로 시작되고 아이를 낳는 가족은 가족이 사랑하는 강도에 따라 행복이 평가된다.

둘째, 가족은 가치 있게 살 수 있도록 수용해 주고 안전하게 쉴 수 있는 곳이다. 가족은 경쟁의 장소가 아니라 서로 보완해 주는 곳으로 서로 보조를 맞추며 촉진 받고 즐길 수 있는 곳이다.

셋째, 가족은 만족감을 얻을 수 있고 목적의식을 갖게 해 주는 곳이다. 사회가 제공하지 못하는 만족감과 가치를 가족이 제공하며, 가족이 만족할 수 있는 모임이나, 행사, 활동, 여행을 통해 생활을 즐길 수도 있다.

넷째, 가족은 지속적인 동료감을 부여한다. 현대 사회 속에서는 잦은 이동으로 인해 친밀한 인간관계를 지속하기가 어렵지만 가족만이 영원히 함께 하며, 가족 밖에서 일어나는 일상생활의 실망과 만족감을 진심으로 공감할 수 있게 된다.

다섯째, 가족은 사회적 지위를 부여하고 사회화의 과정을 통해 문화를 전달하는 곳이다. 독특한 유산(유전적, 신체적, 종교적, 문화적, 경제적, 교육적)을 한 세대에서 다음 세대로 전달한다.

여섯째, 가족은 자녀를 통제하고 정의를 가르친다. 가족 안에서 규칙, 권리, 의무, 책임감을 가르치고 칭찬, 책망, 보상, 처벌 등의 훈육을 함으로써 사회의 성원으로서 성공적으로 살아 나가도록 한다.

그런데 이러한 가족기능이 제대로 기능하는지 여부를 확인하기 위해 가족상담, 부부상담, 정신과에서 많이 사용하고 있는 모형은 McMaster의 가족기능모형(MMFF)을 들 수 있다. 가족체제이론을 바탕으로 삼고 있는 이 모형에서는 가족의 기능을 크게 여섯 가지로 분류, 측정하고 있다 (exercise 2 참고).

첫째, 가족문제해결(problem solving ability) : 가족 간의 갈등이나 문제를 해결하여 효율적인 가족기능을 가능케 하는 능력을 측정하며, 효율적인 문제 해결은 다음의 7단계를 통하여 이루어진다. 1단계 : 문제에 직면하여 문제의 원인을 찾음, 2단계 : 문제와 관련된 사람과 커뮤니케이션을 함(반대의 경우: 위장, 삼각화, 가족 투사 발생), 3단계 : 가능한 한 여러 가지 대안을 찾음, 4단계 : 한 가지의 대안을 찾음, 5단계 : 대안에 따른 행동을 실천에 옮김, 6단계 : 실천과정을 검토, 7단계 : 성공에 대한 평가

둘째, 커뮤니케이션(communication) : 가족성원 간에 정보를 교환하는 능력을 측정한다. 커뮤니케이션은 분명하고 직접적(clear & direct), 분명하지만 간접적(clear & indirect), 직접적이지만 위장(masked & direct), 간접적이며 위장(masked & indirect)을 취하는 커뮤니케이션이 있다.

셋째, 역할(role) : 가족 성원들이 가족기능을 수행하는 반복적 행동유형을 측정하며, 여기에는 의식주 등 가족들이 생존에 필요한 것을 제공하는가? 가족성원들 간에 사랑과 지지를 보낼 줄 아는가? 부부간에 성적 만족을 느끼는가? 자녀 교육, 배우자의 취미생활 등 개인적 발달과 성취를 지원하는가? 가족 체제의 유지에 관심을 기울이는가? 등을 확인한다.

넷째, 정서적 반응성(affective responsiveness) : 가족 성원끼리 주어진 자극에 적절한 양과 질의 감정을 나타내는 능력을 가지고 있는 가 측정한다. 이를 위해 가족성원들이 주어진 상황에 자기 정서를 충분히 나타낼 능력이 있는가? 경험하는 정서가 자극이나 상황에 일치 하는가?를 측정한다.

다섯째, 정서적 관여(affective involvement) : 가족 성원들의 활동이나 관심에 어느 정도의 관심을 나타내고 가치를 부여하는가? (관심이 전혀 없음, 관여를 해도 감정이 없는 지적 관여를 함, 공감적 관여를 함, 과잉 관여를 함. 공생적 관여를 함)를 측정한다.

여섯째, 행동 통제(behavior control) : 신체적으로 위험한 상황, 심리

생물학적 욕구와 충동을 표현하는 상황, 가족성원과 외부 사람들과의 사회적 행동을 포함하는 상황에서 어떤 통제(경직된 행동통제, 융통성 있는 행동통제, 자유방임적 행동통제, 카오스적 행동통제)를 하는 가를 측정한다.

4) 가족과 교육

가족은 인간의 사회화(socialization)가 이루어지는 곳이다. 가족에서 이루어지는 사회화가 바로 교육이다. 기본적 사회화란 인생의 초기 성장기에 있어서 가장 중요한 기본습관, 가치 척도, 적응 방식을 가르치는 것을 말한다. 사람은 누구나 가족에서 태어난다. 그 가족이 갖는 문화, 사회적 틀 속에서 태어나서 궁극적으로 그 가족을 떠나 독립된 시민으로 살아가야 한다. 따라서 사람은 그 사회의 성원으로서 생활하고 행동하는데 필요한 문화(사회적 가치, 사회적 규범, 지식, 기능)를 습득하는 사회화의 과정을 거쳐야 한다. 가족은 그 가족이 소속되어 있는 큰 사회와 관련되어 있고 그 문화를 계승하고 있으므로, 결국 가족을 통해서 문화가 아이들에게 전수되어지는 것이다. 이렇게 가족에서 이루어지는 사회화가 바로 교육이다. 즉 가족은 자녀의 발달에 있어서 칭찬과 격려, 잘못된 행동을 교정하는 역할을 수행하면서 사회화 과정으로서의 발달을 촉진하는 작용과 보존하는 교육의 기능을 가족이 수행하게 되는 것이다. 가족에서 이루어지는 교육은 가족 성원간의 접촉을 통하여 무의식적으로 또는 의식적으로 이루어진다. 이처럼 가족은 인간에게 있어 가장 근본적인 교육이 이루어지는 곳이다.

그런데 학교나 대중매체 기관이 많이 발달하였기 때문에 어떤 의미에서 가족의 교육 기능은 감소하고 있다. 또 학원 · 가정교사 · 과외수업

등이 가족에서 이루어지던 교육도 맡고 있어서 부모가 직접 가르치지 않아도 된다. 그러나 실질적인 면에서 어떤 한 사람의 기본적 인생관·가치관·태도·생활 습관 등은 학교, 대중매체, 교회 등과 같이 교육 기능을 수행하는 다른 기관에서 보다 가족에서 주로 형성되므로 아직도 가족교육을 무시할 수 없다.

가족은 인간 형성의 근본적 장소이다. 그래서 가족교육은 모든 교육의 근본이라 할 수 있다. 가족교육의 본질로 자연성, 근원성, 보편성, 조화성의 4가지를 들 수 있다(최정웅, 1988). 첫째, 가족의 관계는 자연적이므로 어떤 형식적인 것이나 인위적, 가식적, 기교적인 것은 허용되지 않는 자연성을 지닌다. 둘째, 가족이 모든 사회집단의 원형이듯이 가족교육은 인간 도야의 근원이 되는 근원성을 지닌다. 가족교육의 근원성은 인격 형성, 습관과 태도의 형성, 사회화, 가치관의 근원이기 때문이다. 셋째, 가족이 가장 보편적 집단이듯이 가족교육은 모든 인간에게 필연적이고 보편적인 요청이며 따라서 보편성을 지닌다. 넷째, 가족은 조화로운 일격의 형성을 위해 가장 적합한 기관이므로 조화성을 지닌다. 가족 안에서 지적, 도덕적, 정의적인 측면이 조화롭고 균형 있게 발달할 수 있다. 그리고 가족에서 우리의 말과 글을 익힘, 종교와 도덕, 행동과 실천적 능력의 계발이 이루어지는데 이것이 교육의 내용이기도 하다. 가족교육은 형식과 제도를 초월해서 자연적으로 이뤄진다. 또한 생활 자체가 교육이며 경험에 의해 교육이 이루어진다. 그래서 부모는 최상의 교사이며, 부모의 행동은 자녀 행동의 '본보기(modeling)'가 된다.

2. 가족 변화와 문제점

가족은 사회와 밀접한 관련을 갖고 있다. 급속한 사회변동에 의해 가족 또한 많은 변화를 경험한다. 우리나라는 산업화, 도시화 등의 사회적인 변동을 겪으면서 가족구조, 가족관계, 가족형태 등 가족 전반에 걸쳐 많은 변화를 가져왔다. 그 정도와 형태에 있어서 차이가 있기는 하나 서구에서 이미 경험해 왔던 가족해체 현상이 현재 우리나라에서도 나타나며 가족과 관련한 여러 가지 문제들이 사회문제로 부각되고 있다. 가족은 구조(특정 순간에 가족을 어떻게 배열 또는 조직화하는가)와 과정(시간이 흐름에 따라 어떻게 변화되는가)을 가지고 기능하는 체계이다. 따라서 현대 가족의 기능과 구조가 어떻게 변화를 거듭하는지 살펴볼 필요가 있다.

1) 가족기능의 변화

산업화 도시화로 가족형태의 변화와 더불어 가족의 기능도 많은 변화를 겪고 있다. 가족은 인간의 기본적인 욕구를 해결해 주는 기능을 하는 동시에 사회의 유지와 존속에 중요한 기능을 하고 있다. 가족은 개인에 대하여 생활과 생존, 보호와 지지, 성적욕구의 충족 기회와 성의 통제, 문화의 보존과 전승, 신분귀속 등의 기능을 한다. 이러한 가족의 기능은 사회와 시대에 따라 다양하게 나타나며 끊임없이 변화한다.

가족과 일터가 분리되면서 가족은 과거의 생산적 기능을 잃고 점차 소비의 단위가 되었다. 과거 가족에 있어서 중심 기능이었던 의식주 공급기능은 가사노동의 사회화와 함께 가족 밖의 기관으로 이전되었고, 심지어 자녀 양육과 교육의 기능 또한 많이 약화되어 있다. 현대의 가족은 휴식의 기능, 자녀 출산 및 애정의 기능만을 담당하게 되었다.

2) 가족 구조의 변화

산업화 과정에서 나타난 가족 분화와 핵가족화 현상, 지역적 이동, 정부의 가족계획 정책 등의 사회적 변화는 가족의 구조와 규모를 변화시키는데 일조를 하게 되었다. 가족의 크기는 축소되었고 가족 형태는 더욱 핵가족화 되었다.

가족의 크기와 형태의 변화는 가족생활 주기에도 많은 변화를 가져왔다. 과거의 부모자녀 중심에서 부부가족 중심으로 변화함에 따라 부부전기와 부부후기의 중요성이 강조되었고, 특히 부부후기의 장기화는 노년에 대비해야 한다는 새로운 가족 설계 방식을 일깨워 주었으며, 이에 따라 노인의 사회교육의 사회활동의 중요성이 부각시켰다.

부부의 역할 분담과 권력구조에도 변화가 일어나 과거의 권위주의적, 수직적 부부관계에서 점차 평등주의적, 수평적 관계로 변화되고 있는 추세다. 과거의 확대 가족제도에서 강조되었던 가족에 절대적 가치를 부여하는 가족중심주의와 공동체 지향적인 가치관은 점차 개인주의적 가치관으로 대체되어 가고 있다. 과거에는 가장의 권위를 중심으로 가족성원들의 상호 유대를 지속함으로써 가족내의 집단적 응집력을 유지할 수 있었으나, 개인주의적 가치관을 강조하는 핵가족 제도와 함께 개인의 자율싱과 주체성이 중시되어 가족성원들간의 사회적 연대감은 점점 약화되고 있다.

3. 현대 가족의 제 문제

사회의 급속한 변화는 새로운 형태의 사회문제를 발생시킨다. 예를 들어 범죄의 증가, 소년비행, 자살, 정신질환, 알콜·약물·마약중독, 매춘행위와 도박 등 개인의 일탈행위와 가족 해체, 마을공동체 해체, 직장에서의 부적응, 인구·실업·환경 문제 등의 집단 해체가 등장하고 있다. 이들 사회문제는 가족 제도와 관련을 맺고 있다. 사회의 변화에 따라 가족이 변하게 되었고 변화에 적응하지 못하는 가족은 개인적인 일탈의 원인을 제공할 수 있다. 물론 모든 사회문제들이 가족에서 비롯되었다고 할 수는 없지만 현대 사회의 문제는 가족의 변화에 따라 발생하는 문제점과 관련되어 있다.

우리나라 가족의 문제는 내적, 외적으로 여러 가지가 있을 수 있겠지만 그것을 단적으로 보여주는 두 가지 현상은 '가족이기주의'와 '가족해체' 현상이라 할 수 있다. 우리나라 특유의 가족 중심의 공동체성이 서구의 개인주의 사상과 결합하면서 생겨난 것이 가족이기주의 현상이다. 그리고 이혼이나 사고로 인해 가족이 파괴되고 해체되는 현상이 예전보다 증가하게 됨으로써 문제를 일으키고 있다.

1) 가족이기주의에 따른 문제

급격한 자본주의적 산업화 과정에서 서구의 개인주의 사상이 확산되었는데, 개인주의 사상과 집단적 질서를 존중하는 전통적 가족주의의 결합은 우리나라 특유의 가족이기주의 현상으로 나타났다. 즉 친족 공동체의 성격을 지닌 가족주의가 자기 보호를 위한 가족중심주의로 변질되고, 서구의 개인주의는 개인보다 가족을 단위로 한 일종의 집단 이기주의로 변형되었다. 이러한 가족 중심적인 삶의 형태는 자녀들도 개인주의적인 인성 구조를 형성하게 만들었다.

이와 같은 가족이기주의는 전문화의 사회에서 학력과 지식이 사회지위를 결정하는 역할을 하게 되자 자녀의 교육은 가족의 지위를 향상시킬 수 있는 방법으로 인식되었다. 그래서 부모는 수단 방법을 가리지 않고 자녀를 좋은 학교에 입학시키고자 노력하고 심지어 부정 입학의 방법을 취하기도 한다. 그리고 자녀들은 가족의 명예와 지위 확보를 위한 대표선수로 인식되기 때문에 공부만 잘하면 다른 인격적 성숙을 위한 모든 의무와 책임을 면제시키는 경향을 보이기도 한다. 결국 부모가 아이들에게 기대하는 가치 기준은 공동체 의식을 가진 민주사회의 시민적 가치 기준이 아니라 경쟁 사회에서 승리자로서의 가치 기준을 기대한다. 이러한 가족의 사회적 성취 위주의 가치관과 가족이기주의는 자녀 교육 외에도 이웃과의 관계의 단절을 가져오기도 한다.

2) 가족해체 현상

지난 반세기동안에 있었던 급격한 한국사회의 변화는 가족구조와 체계는 물론이고 이에 따른 기능 및 역할에도 많은 변화를 가져왔으며, 현재 우리사회는 가족 간의 갈등, 가족폭력, 가족해체로 인해 한 가족문제가 사적인 문제로만 치부하고 간과하기에는 위험한 수준에 이르고 있다.

첫째, 부부갈등을 들 수 있다. 여성의 취업기회 증대로 주부의 이중역할이 부담의 문제로 부부간의 역할갈등이 야기된다. 여성취업, 특히 기혼여성의 취업률이 증가하고 있는 상황에서, 여성이 직업과 가사의 이중역할을 수행하는 데에는 무리와 한계가 따를 수밖에 없으며 여성만이 자녀 사회화를 담당한다는 것에도 문제점이 야기되고 있다.

둘째, 부모자녀간의 갈등이다. 급격한 사회변동으로 인한 새로운 가치관의 도입으로 부모와 자녀의 세대 간 갈등이 증대되었다. 자녀의 과보호 못지않게 자녀의 정서적 불안정 등이 핵가족의 문제점으로 지적될 수 있다. 절반정도의 청소년들이 가족성원과의 폐쇄적인 관계를 유지하고 있다.

셋째, 이혼의 증가, 규범가족의 해체를 들 수 있다. 핵가족화, 출산율의 감소, 전통적 가족기능의 상실, 부부중심의 가족화, 애정과 인격적 결합이 중시되는 가치관, 여성의 사회진출, 남녀 평등주의, 개인주의의 대두는 가족을 과거보다 자유롭고 융통성 있게 규정짓고 있는 반면에 이러한 경향은 가족의 불안정성을 증가시키는 요인이기도 하다. 현대의 가족해체 현상은 여러 현상으로 나타나고 있으나 그것이 가족 표출적이고 적나라하게 나타나는 형태가 이혼이다.

넷째, 노인문제의 등장이다. 한국 사회에서는 전통적으로 노부 봉양 및 보호가 '효'의 이데올로기를 근거로 일상생활의 규범 및 신념으로 당연시 받아들여져 있기 때문에 노인들은 장자 상속제에 의하여 장남가족과 동거생활을 하면서 부양과 보호를 받는 것으로 인식되어 있으나 오늘날은 젊은 층의 이동으로 세대 간의 노동 분업, 경제적 부양 등으로 지리적 별거를 가져오고 있으며 노인 단독 가구형태를 증가시키고 있다.

3) 미래가족의 변화

가족의 변화는 앞으로도 계속될 것이다. 과학 기술의 발달은 가족에 많은 영향을 미치고 있다. 특히 과학기술이 더욱 발달할 것으로 예상되는 21세기는 가족에 심각한 영향을 미칠 것으로 보인다. 21세기 가족의 미래를 전망하는 세계미래학회의 잡지 'The Futurist'에 의하면 홀아비의 증가, 과부의 증가, 인공수정 등 출산기술의 발전, 익명성의 심화, 미디어의 영향으로 인해 전통적인 가족기능의 변화를 압박 받게 되며, 이에 따라 인터넷이나 학교 직장 동호 등이 가족관의 유대관계를 대체할 대안들이 될 것이라고 한다. 그리고 이혼은 잘못된 선택을 바로 잡는 긍정적인 현상으로 받아들여지게 되며, 장기 동거 뒤의 결혼, 혼합가족(이복형제가족) 및 입양가족의 일반화, 저소득층의 결손화, 동성애 가족의 합법화, 성적 결합 없는 공동거주 등의 새로운 가족형태가 나타나게 될 것이라고 예측하였다. 또한 정보 통신의 발달로 직장과 주거의 결합이 가능해져 가족의 역할이 커지게 된다. 가사업무를 대행하는 가사 대행 서비스의 경제화에 따라 여성의 사회진출이 확대되고, 주부의 사회 참여도 활발해지면서 전통적인 성 역할과 가족생활의 변화가 일어날 것이다.

exercise 2

McMaster가족기능척도

(제석봉, 2006)

※ 다음 각 문항을 잘 읽고 자기 가족과 가깝다고 생각되는 번호에 ○ 표 하십시오.

질 문	전혀 그렇지 않다	거의 그렇지 않다	보통이다	제법 그렇다	아주 그렇다
*1. 우리 가족은 의견이 맞지 않거나 갈등이 일면 서로 자기주장만 내세운다.	1	2	3	4	5
2. 우리 가족은 어떤 문제가 발생했을 때 자기 입장이나 감정을 앞세우지 않고 문제가 무엇인지 파악하려고 한다.	1	2	3	4	5
*3. 우리 가족은 문제가 발생했을 때 당시에는 이야기하지 않고 나중 다른 곳이나 다른 사람에게 가서 불평하는 일이 많다.	1	2	3	4	5
4. 우리 가족은 문제가 생기면 직접 대화하며 해결하려 한다.	1	2	3	4	5
5. 우리 가족은 문제가 발생하면 해결할 수 있는 다양한 의견을 나눈다.	1	2	3	4	5

질 문	전혀 그렇지 않다	거의 그렇지 않다	보통 이다	제법 그렇다	아주 그렇다
6. 우리 가족은 문제에 대한 해결책을 강구하고 난 뒤에 보통 얼마나 잘 해결되었는지 토의해본다.	1	2	3	4	5
7. 우리 가족은 문제가 발생했을 때 각자의 의견을 존중하며 들으려고 한다.	1	2	3	4	5
*8. 우리 가족은 직접 관련된 문제가 아니면 관심을 기울이지 않는다.	1	2	3	4	5
*9. 우리 가족은 갈등이 발생하면 화를 내거나 비난부터 하려 든다.	1	2	3	4	5
10. 우리 가족은 문제가 발생했을 때, 그 원인이나 해결책에 대해 각자 솔직하게 자기 견해를 털어놓는다.	1	2	3	4	5
11. 우리 가족은 서로 솔직하고 정직하게 대화한다.	1	2	3	4	5
*12. 우리 가족은 누가 화를 낼 때 그 이유를 모르는 경우가 많다.	1	2	3	4	5
*13. 우리 가족은 상대방의 말만 듣고는 어떤 감정을 가지고 있는지 모를 때가 많다.	1	2	3	4	5
*14. 우리 가족은 화가 나면 서로 말을 하지 않으려고 한다.	1	2	3	4	5

질 문	전혀 그렇지 않다	거의 그렇지 않다	보통 이다	제법 그렇다	아주 그렇다
15. 우리 가족은 서로 상대방의 입장에서 경청하려고 한다.	1	2	3	4	5
16. 우리 가족은 서로 의견이 달라도 상대방을 존중해 주려고 한다.	1	2	3	4	5
17. 우리 가족은 자기 생각이나 의견을 솔직하게 드러낸다.	1	2	3	4	5
*18. 우리 가족은 윗사람의 말에는 반론이나 이의를 제기하거나 감정을 드러내지 못한다.	1	2	3	4	5
19. 우리 가족은 서로 잘못된 점을 솔직하게 지적해 줄 수 있다.	1	2	3	4	5
*20. 우리 가족은 각자 사용하는 은어를 가지고 있다.	1	2	3	4	5
21. 우리 가족은 각자 자기 책임과 역할을 성실하게 수행한다.	1	2	3	4	5
*22. 우리 가족은 누구에게 일을 시킨 뒤 꼭 확인해 보아야 한다.	1	2	3	4	5
*23. 우리 가족 가운데 자기 역할이나 책임에 불만을 가진 사람이 많다.	1	2	3	4	5
24. 우리 가족은 서로 지지해주고 격려해줄 줄 안다.	1	2	3	4	5

질 문	전혀 그렇지 않다	거의 그렇지 않다	보통 이다	제법 그렇다	아주 그렇다
*25. 우리 가족은 어떤 일을 시켜놓으면 몇 번씩 상기시켜 주어야 한다.	1	2	3	4	5
26. 우리 가족은 각자 자기에게 주어진 역할이나 직무에 만족하고 있다.	1	2	3	4	5
27. 우리 가족은 각자 자기 임무나 책임을 잘 알고 있다.	1	2	3	4	5
28. 우리 가족은 서로 기꺼이 도와주려고 한다.	1	2	3	4	5
29. 우리 가족은 주어진 일을 즐거운 마음으로 수행한다.	1	2	3	4	5
*30. 우리 가족은 서로 책임이 불분명하여 언쟁을 벌이는 일이 잦다.	1	2	3	4	5
*31. 우리 가족은 여간해서 서로에게 관심을 보이지 않는다.	1	2	3	4	5
32. 우리 가족은 서로 사랑하고 신뢰한다.	1	2	3	4	5
*33. 우리 가족은 서로 따뜻하고 정겹게 대하는 모습을 찾을 수 없다.	1	2	3	4	5
*34. 우리 가족은 사소한 일에도 화를 잘 낸다.	1	2	3	4	5

질 문	전혀 그렇지 않다	거의 그렇지 않다	보통이다	제법 그렇다	아주 그렇다
35. 우리 가족은 서로 좋은 일이 있으면 기꺼이 축하해줄 줄 안다.	1	2	3	4	5
36. 우리 가족은 서로 따뜻하게 인사를 나눈다.	1	2	3	4	5
*37. 우리 가족은 서로 딱딱하게 대하는 일이 많다.	1	2	3	4	5
*38. 우리 가족은 잘한 일이 있어도 칭찬하는데 인색하다.	1	2	3	4	5
*39. 우리 가족은 사소한 실수에 심하게 비난하는 일이 많다.	1	2	3	4	5
40. 우리 가족은 잘못이나 실수가 있어도 서로 감싸주려고 한다.	1	2	3	4	5
*41. 우리 가족은 서로 상대방의 행동이나 생활에 지나치게 간섭한다.	1	2	3	4	5
*42. 우리 가족은 지나치게 자기중심적이다.	1	2	3	4	5
*43. 우리 가족은 무슨 심각한 문제가 생겨야 관심을 보인다.	1	2	3	4	5
*44. 우리 가족은 자기 문제에만 관심이 있지 남의 일에는 관심이 없다.	1	2	3	4	5
*45. 우리 가족은 상대방의 일이나 생활에 많이 간섭한다.	1	2	3	4	5

질　　문	전혀 그렇지 않다	거의 그렇지 않다	보통 이다	제법 그렇다	아주 그렇다
46. 우리 가족은 서로 관심이 있지만 상대방의 의견이나 취향을 존중한다.	1	2	3	4	5
47. 우리 가족은 서로 긍정적인 눈으로 상대방을 보려고 한다.	1	2	3	4	5
48. 우리 가족은 각자 하는 일에 따뜻하고 적절한 관심을 보인다.	1	2	3	4	5
49. 우리 가족은 기쁨이나 어려움을 서로 나눈다.	1	2	3	4	5
*50. 우리 가족은 누가 어려운 일을 당해도 자신과 이해와 관계가 없으면 상관하지 않는다.	1	2	3	4	5
*51. 우리 가족은 어려운 일을 당하면 당황하여 어찌할 바를 모른다.	1	2	3	4	5
52. 우리 가족은 심각한 일이 발생해도 차분하게 대처한다.	1	2	3	4	5
53. 우리 가족의 규칙이나 기준은 합리적이고 융통성이 있다.	1	2	3	4	5
*54. 우리 가족에는 일정한 규칙이나 기준이 없나.	1	2	3	4	5
*55. 우리 가족은 기분 내키는 대로 행동하는 일이 많다.	1	2	3	4	5

질 문	전혀 그렇지 않다	거의 그렇지 않다	보통 이다	제법 그렇다	아주 그렇다
*56. 우리 가족의 규칙이나 기준은 지나치게 엄격하고 까다롭다.	1	2	3	4	5
57. 우리 가족은 규칙이나 기준을 어겨도 그 이유를 참작해 준다.	1	2	3	4	5
*58. 우리 가족은 규칙이나 규율을 예사로 어긴다.	1	2	3	4	5
*59. 우리 가족에서는 정해진 일을 어기면 엄하게 다스린다.	1	2	3	4	5
*60. 우리 가족은 윗사람 말에 이의를 제기하지 못한다.	1	2	3	4	5

※ * 번호는 역채점(reverse scoring)

※ 우리 가족은 어떻게 기능하는가?

가족기능	PS (문제해결 능력)	CO (커뮤니케이션)	RO (역할)	AR (정서적 반응성)	AI (정서적 관여)	BC (행동 통제)
문항	1~10	11~20	21~30	31~40	41~50	51~60
채점						

제3장 가족생활의 발달적 접근

1. 가족생활주기

정상적인 가족이라면 세월의 흐름에 따라 다소 비슷한 발달 과정을 겪어 나가게 된다. 즉- 결혼, 첫아이의 출산, 막내의 출가, 은퇴 등 결정적인 전환기를 겪으면서 동일한 순서 또는 단계를 거쳐 나간다. 한 개인이 시간의 흐름에 따라 그 발달주기를 가지듯이, 가족도 그 자체가 정서적 발달의 한 기초 단위로써 발달 과업을 가졌다는 관점이 '가족생활주기(family life cycle)'의 틀을 제공한다. 가족은 하나의 사회 체제이므로 체제로써 작용하는 독특한 원칙이 있으며, 동시에 가족은 개인들(individuals)로 구성되어 있으므로 개인의 성장발달과 가족은 서로 영향을 받게 된다. 따라서 가족생활주기는 여러 세대에 걸친 다수세대 가족구성원들의 동시적인 개인 발달과, 하나의 사회체제로써 가족 그 자체의 발달과의 상호작용을 나타낸다고 하겠다(배태순, 1995).

먼저 가족생활주기의 이론적 형성을 살펴보면, 가족이 개인과 마찬가지로 생활주기를 가졌다는 관점은 처음 사회학분야에서 태동되었으며, 이것은 Hill과 Duvall(1948)이 가족구성원 간의 상호의존성을 중시하면서부터였다. 즉 그들은 가족이 개인생활주기의 집합이라는 개념을 뛰어넘지 못했으나 한 가족의 3세대(three generation) 구성원은 각자의 발달 과업을 가지고 있으며, 이것의 성공적인 수행은 다른 가족구성원의 성공적인 과업수행에 달렸으며, 또한 이것에 공헌하기도 하는 상호의존적이라는 주장을 한 것이다. 그 이후 Duvall(1950)은 단순히 개인의 집합체가 아닌 전체인 하나로서(as a whole)의 가족이 발달과업을 가졌다는 최종 단계를 '결혼과 가족'이라는 워크숍에서 전개시켰다. Duvall은 가족생활주기를 8단계로 나누고 각 단계의 발달과업을 요약했다. 그 이후 Duvall의 8단계로부터 다양하게 가족발달 단계들이 발전되어 왔지만, 한결 같이 가족구성원이 가족체제에 들어옴과 나감에 관련된 사건들이 언급되고 있는데, 이것은 기본적으로 결혼, 자녀탄생과 양육, 자녀의 떠남, 은퇴, 죽음 등을 내포하는 것이라 하겠다(표 3-1 참고).

(표 3-1) 가족생활주기표

단계 \ 학자	Duvall	Olson과 McCubbin	Haley	Carter와 McGoldrick	Rhodes	Hughes, Burger과 Wright	Wright
1	결혼 (유/무자녀)	신혼기 (유/무자녀)	연애기	약혼 전기	결혼 초기	가족 시작기	꿈꾸는 기대의 계절
2	출산 (0-30개월)	취학전	결혼	결혼 (유/무자녀)	부모성 극복기	양육기 (취학전)	20-30대의 계절
3	취학전 (2.5세-6세)	학령기	출산과 양육	아동 가족기	학령기	양육기 (취학기)	중년의 계절
4	학령기	청소년기	중년기	청소년 가족기	청소년 가족기	십대	빈 둥지의 계절
5	청소년기	출가기	봉양기	출가기	갱년기	결혼기	역할역전의 계절
6	결혼기	빈 둥지기		노년기	빈 둥지기	중년기	사별의 계절
7	중년기	은퇴기			3세대 가족	노년기	
8	노년기						

(표 3-1 연속) 가족생활주기표

학자 / 단계	Hill	Solomon	Campell	Harry	Barnhill과 Longo	Fulmer
1	무자녀기	결혼	결혼전기	미혼	결혼	연애와 결혼
2	유년기	자녀 출산	결혼 (유/무자녀)	결혼 (유/무자녀)	부모 역할의 수용	출산 준비
3	취학전기	가족구성원의 개인화 (첫자녀 취학에서 마지막 자녀 사춘기까지)	자녀 (6세 이하)	취학전	새로운 성격 수용	자녀 양육
4	학령기	자녀 떠나기	자녀 (6세-17세)	십대	1자녀 출산	결혼기
5	청소년기	손실감의 통합	자녀 (17세 이상)	성인 자녀	청소년기	은퇴, 노년, 사별
6	출가기		사별		독립성 경험	
7	빈 둥지기				자녀 결혼 준비	
8	은퇴기				제 갈길 가기	
9					은퇴, 노년기 수용	

사회학자들이 1950년대 초반 가족을 하나의 발달적 단위로 규정하고 있을 때와 같은 시기에 이후에 가족치료라고 알려지게 된 분야의 창시자들-Bowen, Ackerman, Jackson, Satir 등- 도 유사하게 가족을 하나의 단위(unit)로 보았다. 이들 가족치료학자들은 문제를 겪고 있는 가족들을 제 위치로 돌려보낼 수 있는 정상적 가족발달 모델의 필요성에 직면하게

된다. 가족생활주기가 가족치료 임상가들의 유용한 준거틀로써 명확하게 언급된 것은 1970년대의 가족치료 문헌에서부터였다. 그러나 묵시적으로는 오랫동안 가족생활주기가 대부분 가족치료 접근방법들의 기본 가정이었던 것은 사실이다.

여러 가족 연구가들이 종합한 생활 주기를 정리해보면 대다수가 유사하다. 모든 단계는 자녀가 없는 신혼단계를 제시하고 있다. 대부분의 가족주기 이론에서는 첫 자녀의 입학에서 새로운 단계가 시작하며, 첫 자녀가 사춘기에 도달할 때 다음 단계로 이동한다. 마지막으로 자녀가 출가할 때를 또 다른 단계의 시작임을 인식하고 있다. 이러한 가족생활주기를 Galvin과 Brommel(1990)은 다음과 같이 종합했다.

- **결혼하지 않은 젊은 성인(The Unattached Young Adult)**
- **약혼기(The Engagement Period)**
- **신혼기(Beginning Marriage)**
- **최초의 신혼기(Initial Parenthood)**
- **개별화 단계(Individuation Stages)(유아, 학령기 아동, 청소년)**
- **진수기 가족(Families as Launching Centers)(맏이부터 막내가 떠날 때까지)**
- **중년기 가족(Families in Middle Years)(자녀가 떠나고 나서부터 은퇴할 때까지)**
- **노년기(Families in Older Years)**

2. 가족발달과업

각 발달단계마다 가족들에게는 새로운 과업, 새로운 적응기술을 익혀야 할 필요성, 또한 이에 상응하는 새로운 가족 역기능의 위험이 따른다. 각 단계마다 얼마나 잘 적응할 수 있는가 하는 문제는 각 가족이 그 전 단계에서 요구된 과업을 얼마나 잘 달성하였는가에 달려 있다.

Harvighurst(1972)는 가족 안에서 어린이가 충분히 살아갈 수 있도록 하기 위해서는 반드시 문화적 기능을 발달시켜야 한다는 것을 지적하였다. 어린이가 다른 사람들과 의사소통을 할 수 있기 위해서는 반드시 말을 할 수 있어야 하며, 가족을 떠나 행동하거나 자신의 경험을 확대해가기 위해서는 걸을 수 있어야만 하고, 사회 규정에 따른 선악을 구별할 수 있어야 한다. 어린이는 집단유희에의 참가를 용이하게 해주는 신체적인 기능을 아동 중기에 습득하게 되며, 읽기, 쓰기, 셈하기의 기능을 학교에서 습득하게 된다. 자신이나 타인에 대한 적극적인 태도의 발달 및 타인과 어울릴 수 있는 능력의 발달은 인간의 상호작용을 촉진시키는데, 이와 같은 발달을 가능하게하기 위해 달성해야 할 과제를 '발달과업(developmental task)'이라고 한다. 과업들은 각각 특별한 시기에 주어지며, 주어진 과제가 달성되면 다음 과제의 달성으로 이어진다. 그러나 만약에 달성해야 할 어떤 과업(말하기, 걷기)이 달성되지 않는다면, 이로 인해 자신에 대한 불안 및 타인과의 관계에 어려움이 생기게 될 뿐만 아니라 다음 과업의 달성에도 차질이 생기게 된다.

본 절에서는 Duke의 통합모형과 Duvall의 이론에 바탕을 둔 가족의 발달과업을 구체적으로 탐색해 보고자 한다(장휘숙, 1995).

1) 결혼하지 않은 젊은 성인

다른 학자들은 이 단계를 넣지 않고 있지만 McGoldrick와 Carter, Campell은 젊은 성인들이 자신들의 근원가족과 타협하여 새로운 주기를 형성하기 위해 분리하는 단계로서 필수적이라고 보고 이것을 포함시키고 있다. 실제, 미국의 경우 1970년 이래 20세에서 24세까지의 결혼하지 않은 젊은 여성의 비율이 28%에서 43%로 향상하였음을 Meyer(1980)는 보고하고 있다.

이 단계의 젊은이들에게는 가족에서 분리하여 그들의 목표를 독립적으로 성취할 수 있을 만큼 충분한 자율성이 필요하다. Bowen은 젊은이가 분노의 표현으로 가족에서 분리하면 정서적으로 과거의 체제와 묶여 있게 된다고 주장한다. 이상적인 것은 젊은 성인들이 자신의 목표를 성취하는데 자유를 느끼며, 부모는 그들과 다른 결과를 희망하더라도 격려와 존경을 해 주는 것이다.

2) 무자녀 신혼기

대부분의 부부에게 이 단계는 앞으로의 많은 세월 중에서 두 사람만의 친밀성을 갖는 기간이 되는데, 이 시기가 임신으로 이어지기 때문이다. 이 시기는 근원가족으로부터 분리하여, 규칙과 역할, 관계를 조정하며, 새로운 관계를 위해 투자하는 때이다. 따라서 성공적인 결혼생활을 영위하기 위해서는 극복해야 할 과제가 있다.

첫째, 부부는 이전 단계에 시작했던 분화 과정을 계속해야만 한다. 둘째, 1차적인 욕구를 만날 수 있는 원천으로써 결혼에 몰두해야 한다. 셋째, 상호 역할 기대와 책임을 정의하여야 한다. 넷째, 상대방에 대해 현실적인 지각과 기대를 발달시켜야 한다. 다섯째, Minuchin의 용어처럼 '보완성(complementarity)'을 개발해야 한다. Beavers에 따르면 건강한 가족일수록 경쟁 지향적인 대칭 방식보다 보완 방식을 택한다. 여섯째, 법률적으로 하자가 없는 관계를 만들어야 한다. 일곱째, 여타의 하위 경쟁체제와의 관계 속에서 부부관계를 보호할 수 있는 경계를 이루어야만 한다.

이 시기의 구체적인 발달과업을 요약하면,

- **가정의 토대를 확립하기**
- **공유된 재정적 체제를 확립하기**
- **누가, 언제, 무엇을 할 것인가에 대해 상호적으로 수용 가능한 패턴을 확립하기**
- **상호간 만족스러운 성적 관계를 확립하기**
- **만족스러운 커뮤니케이션 패턴을 확립하기**
- **우정의 연결망을 확립하기**
- **친척들과의 관계를 확립하기**
- **미래의 부모역할을 어떻게 할 것인가를 결정하기**
- **서로 서로에 대한 헌신의 본질과 의미를 결정하기 등이 있다.**

3) 학령 전 자녀를 둔 가정

첫 아이의 출생과 함께 찾아오는 최초의 부모기에서 부부의 역할에 영향을 주는 세 가지 요인이 있다. 부모로서의 책임과 구속에 대한 그들의 견해, 그들 부부에게 출산이 얼마나 만족스러운 것인가에 대한 견해, 그들 부부의 친밀성과 안정성에 대한 견해가 그것이다. 나아가 이 단계에서 자녀양육과 관련하여 부부는 역할 재조정, 문화전달, 공동경험의 확립, 자녀의 커뮤니케이션 능력의 발전과 관련된 과제를 다루어야 한다. 이를 제대로 확립하지 못하였을 때 '삼각화(triangulation)'나 '어머니중심주의(momism)'의 역기능에 빠질 수 있다.

이 시기의 구체적인 발달과업을 요약하면,

- **이 단계에서 요구되는 생활비용을 충족시키기**
- **가사의 책임패턴을 재조정하기**
- **커뮤니케이션을 세련시키기**
- **영아를 포함하는 생활배치에 적응하기**
- **조부모를 가족단위 속에 조화시키기**
- **확대되는 가족이 요구하는 공간과 설비를 갖추는 데 필요한 비용을 충당하기**
- **어린 아동을 포함하는 가족생활의 예측 가능한 비용과 예측 불가능한 비용을 충족시키기**
- **변화하는 가족욕구를 충족시켜야 하는 책임에 적응하기**
- **가족구성원들 사이의 커뮤니케이션 패턴에 적응하기 등이 있다.**

4) 청소년전기 자녀를 둔 가정

청소년전기 학령기의 자녀를 둔 가정은 아동이 외부 세계의 영향을 더욱 깊이 받기 시작하면서 새로운 긴장을 경험하게 된다. 가족체제는 다른 체제-학교, 교회, 지역사회-가 지닌 근본과 계속 부딪치게 된다. 따라서 이 시기의 과제에 있어서, 가족은 먼저, 변화하는 가족역할에 적응이 필요하다. 부모는 자녀가 경험하는 학교나 교사, 또래집단의 영향을 존중하고 자녀의 독립성을 차츰 받아들여야 한다. 둘째, 자녀의 학업성취역량을 격려해야만 한다. Erikson의 지적처럼 이 시기에는 열등감보다 충분한 근면성을 획득해야 한다. 셋째, 십대를 맞이하기 전에 가족 간 커뮤니케이션과 가족 규칙이 상향조정되어야 한다. 마지막으로, 아동의 도덕성 발달에 관심을 집중해야 한다.

이러한 과제를 효율적으로 극복하고 가족이 기능적일 때, 학령기 동안 가족의 정체감은 더욱 강력해진다. 따라서 가족은 가족관계의 친밀성을 풍부히 해주는 모든 종류의 공동생활을 즐길 수 있다.

이 시기의 구체적인 발달과업을 요약하면,

- **아동의 활동을 충족시키고 부모의 사생활을 보장하기**
- **재정적 지급능력을 유지하기**
- **결혼생활을 유지하기 위해 노력하기**
- **아동의 변화하는 발달적 요구에 효과적으로 대응하기**
- **아동의 발달을 돕기 위하여 학교와 보조를 맞추기 등이 있다.**

5) 청소년기 자녀를 둔 가정

최근의 많은 연구들이 청소년기의 연령 범위와 그 시기 동안 부모가 겪는 어려움이 과장되어 왔다고 제안하고 있으나, 청소년기 특히 청소년 초기가 젊은이와 부모 모두에게 어려운 시기이고 어떤 때는 노력해야 하는 시기라는 것에는 일반적으로 동의한다.

Offer와 Sabshin(1975)에 의하면, 청소년기에는 세 가지 집단이 있다고 한다. 21%만이 소란한 청소년기를 경험했으며, 35%는 다른 집단보다 덜 내성적이어서 정서적으로나 정신적으로 활발하게 이 시기를 지났으며, 세 번째 집단은 21%로 덕행과 신뢰의 모델로 나타났다. 청소년기의 변덕은 자아발달, 즉, 개별화를 위한 투쟁이라는 용어로 설명될 수 있다. 평균 13세에서 18세 사이의 개별화는 청소년이 자기를 신뢰하고, 자기의 주장을 고집할 때 나타난다. 그것은 의사결정을 독립적이고 자신 있게 하는데 기여한다.

아울러 청소년기는 비가족적 관계를 강하게 형성한다. 즉 이 시기에 청소년은 대중 매체나 스포츠 인기인 이른바 스타, 교사 또는 다른 어른들을 모방하려고 애쓰는 경향이 있다. 이렇게 타인 중심적으로 옮아가는 동안, 청소년은 타인의 관점을 수용하는 능력과 진실한 감정이입을 발전시키기 시작한다.

이 시기에 가족이 극복해야 할 과제는 여러 가지가 있다. 먼저 가족은 부모와 자녀 모두 다가오는 진수(launching)에 대비해야 한다. 이것은 가족의 삶에 있어서 더 많은 책임을 나누어야 함을 의미한다. 또한 십대는 가사 유지에 필요한 기술을 개발해야 한다. 부가적으로 부모는 변화하는 십대 자녀의 욕구와 발달을 수용해야 한다. 이를 위해 부모는 방임적이기 보다 조정자의 역할을 수행해야 할 것이다.

이 시기의 구체적인 발달과업을 요약하면,

- **가족구성원들의 다양한 요구에 대비하기**
- **가족의 금전문제에 대처하기**
- **모든 가족구성원들이 책임을 공유하기**
- **성인들의 부부관계에 초점을 맞추기**
- **청소년과 성인 사이의 의사소통을 중재하기**

- 친척들과의 관계를 유지하기
- 청소년과 성인의 변화하는 욕구에 맞추어 변화하기 등이 있다.

6) 진수기 가족

이 단계는 맏이가 세상으로 진수되어 가족의 곁을 떠나는 시기이다. McGoldrick에 따르면 이 단계의 가족체제는 그 어느 시기보다 많은 가족 경험의 출입(exits and entrance)을 겪는다. 이 시기의 가족은 근원 가족과 새로운 세대 가족 간의 중첩이 있게 된다.

이 시기에 부모는 자녀를 진수키면서 '부자연스런' 진수(예를 들면, 자녀가 성숙단계에 이르지 않았음에도 강제로 방출하는 것)를 하거나, 반대로 자녀를 둥지 안에 가두어 두는 함정에서 벗어나야 한다. 이 시기에 가장 중요한 부모의 역할과 과제는 텅 빈 둥지기에 대비하여 부부간의 유대를 새롭게 하는 것이다.

이 시기의 구체적인 발달과업을 요약하면,

- 가정의 물리적 설비와 자원을 재배치하기
- 성인생활로 들어가는 자녀들에게 필요한 생활비용을 충족시키기
- 자녀가 가정을 떠날 때 책임을 재할당하기
- 부부관계를 재조정하기
- 가족구성원들 사이의 의사소통을 유지하기
- 자녀의 결혼을 통하여 새로운 가족구성원을 받아들임으로써 가족범위를 확대시키기 등이 있다.

7) 텅 빈 둥지기

이 단계의 가족은 자녀들이 진학이나 직장을 구하거나 새 가정을 꾸미려고 집을 떠난 후 부부만의 시기이다. 의외로 이 시기에 높은 이혼율을 보여주고 있다. 이른바 '텅 빈 둥지 증후군(Empty Nest Syndromes)'이 그것이다. 이를 극복하기 위해서는 가족 간의 커뮤니케이션이 개방적이어야 한다. 부모와 형제자매가 전화, 편지 또는 방문을 통해 자주 접촉하면 계속 가족과 이어지게 되며, 결속과 유대도 두터워 진다. 이 단계의 성숙을 위해 가족은 빈 둥지의 고독과 소외감을 극복하며, 부모의 독립성과 자유성을 증가시키는 '곡선모형(curvilinear model)'을 찾아야 한다. 이 시기는 때로는 불안스럽기는 하지만 부부의 친밀성이 한층 증가되는 기회가 주어진다. 따라서 중간 세대의 부모는 그들 부모와의 관계, 은퇴, 무능력, 의존성, 또는 사망과 같은 문제들을 다루어야 하는 시기이다. 생활주기에 대한 역할 연구에서 Schafer와 Keith는 식사준비, 가사, 부양과 같은 과제를 부부가 함께 하는 정도가 단계가 지남에 따라 증가하며, 진수단계와 자녀가 가정을 떠난 중년기에 가장 높다는 것을 발견했다.

이 시기의 구체적인 발달과업을 요약하면,

- **텅 빈 보금자리에 적응하기**
- **부부 사이의 관계를 계속해서 재조정하기**
- **조부모의 생활에 적응하기**
- **성인부모의 부모를 돌보기**
- **은퇴에 적응하기**
- **쇠퇴하는 신체적, 정신적 기술에 대처하기 등이 있다.**

8) 은퇴 및 노년기

은퇴 및 노년기의 발달단계는 내성(introspection)을 위해 중요한 시기이다. 자신의 삶의 의미에 대한 개인 내적인 성찰을 통해 자신에게 돌아오는 것이 고통스러울 수도 있고, 절망을 초래할 수 도 있는데 그것은 자신의 결점과 단점을 깨닫고 성취해 놓은 것이 적으면 변화하기 위해 남은 시간과 에너지가 너무 적기 때문이다. 이 시기에 가족의 중요성은 새삼 강조된다. 이 시기의 과제는 한 배우자나 둘 모두가 은퇴 후 다시 가정으로 들어왔을 때 발생할 수 있는 역할 적응과 자기규정의 문제이며, 부부의 쇠퇴해지는 기력과 건강에 관한 문제이다.

이 시기의 구체적인 발달과업을 요약하면,

- **배우자의 죽음에 적응하기**
- **계속되는 노화과정에 적응하기**
- **타인, 특히 그들의 자녀에 대한 의존에 대처하기**
- **생활배치에서의 변화에 적응하기**
- **경제적 문제에서의 변화에 적응하기**
- **임박한 죽음에 대처하기 등이 있다.**

9) 이혼 및 재혼가족의 가족생활주기 단계

지금까지 살펴본 가족생활주기는 처음 결혼한 후 그 결혼이 파열되지 않은 가족에 관한 가족발달 단계들이다. 따라서 여기서는 첫 결혼이 유지되지 못하는 이혼가족과 이혼 후 재혼하는 가족의 생활주기 단계들을 간단히 살펴보고자 한다.

이혼하는 가족의 경우, 이혼은 위에서 설명한 전통적인 가족생활주기 단계에 방해가 오며, 가족구성원 자격의 변화 등과 관련하여 전 가족생활주기 단계에 걸쳐서 불균형을 발생시킨다. 다른 가족생활주기의 단계와 마찬가지로, 이혼하는 가족이 발달적으로 진전하기 위해서는 관계지위의 변화와 중요한 정서적 과업을 마쳐야만 한다. 이 단계에서 해결되지 않은 정서적 문제는 다른 단계와 마찬가지로 미래의 관계에 방해물로 작용하기 때문이다

이러한 각 단계별 가족생활주기와 주요 과업을 Howells(1975)은 다음과 같이 종합적으로 기술하였다.

(표 3-2) 가족생활주기의 발달단계와 발달과업

발달단계	발달과업
구애 단계	· 부모로부터의 배우자선택 압력 · 어느 정도의 독립성을 유지하여 자주성 포기, 상호 만족스러운 성적 생활을 포함한 결혼의 준비 · 부모로부터 독립
결혼 초기	· 성적인 양립성 · 배우자와의 간헐적 접촉이 영속화됨 · 친척에 대한 대처 · 자녀 출생에 대비 · 생활수준의 향상 · 독립성
확장기	· 자녀 출생 - 부모로서의 새로운 역할, 아내의 노동력 상실로 수입 감소 · 산아제한 임신 자녀양육 문제에 대한 배우자간의 동의

발달단계	발달과업
	· 더 많은 독립성 · 자녀들 간의 경쟁에 대처 · 부모 중 한 사람 또는 모두가 자녀에게 과잉관여 하는 데 대한 대처
공고화	· 가족의 수는 늘지 않지만 학교, 청소년기의 문제 따름 · 자녀들의 성문제 · 부모에게 고수입이 요구됨 · 자녀들에게 증대되는 독립성· 부모와 자녀간의 세대 차이에 따른 충돌
축소	· 자녀가 출가함으로써 부부의 주요한 활동-부모의 일-이 사라짐 · 새로운 흥미의 개발 요구 · 자녀에 대한 관여의 상실 · 경제적 번영
마지막 배우자간의 단계	· 아내가 직장을 그만 두었을 경우에 다시 복귀 · 배우자로서의 새로운 역할 · 남편의 지위 부상 · 높은 경제적 지위
가족의 소멸	· 은퇴로 인한 경제적 지위의 하락 및 위신의 감소 · 상대방에 대한 의존성의 증대 · 배우자간의 접촉시간 극대화 · 배우자의 상실, 고독

한편 서구 중심의 가족생활영역 발달과업이 사회·경제·문화적 차이에 기안하여 한국인의 실제와 부합하는 경우가 많지 않다는 지적에 대

해 이성진, 윤경희(2009)는 전국 단위의 조사를 통해 '한국인의 발달과업'을 연구하였다(표 3-3 참조).

(표 3-3) 가족생활영역 한국인의 발달과업

발달단계	발달과업
취학전	친척을 포함한 가족을 알아보기, 엄마나 형제들과 놀기, 부모님 말씀을 잘 듣고 떼쓰지 말기
초등학교	숙제를 주도적으로 하기, 학교 갈 준비를 스스로 하기, 자기방과 정리정돈은 스스로 하기, 형제·자매와 잘 놀기, 친척관계를 구분하여 알기, 집안일을 분담하기
중·고등학교	자기에게 중요한 일을 부모님과 상의하기, 자기방과 정리정돈은 스스로 하기, 형제·자매와 잘 지내기, 자신의 가족에 대해 자부심 갖기, 가족의 상황을 이해하기, 부모님의 일을 돕기, 가족회의에 참여하기
20대 전반	가족의 기념일을 챙기기, 가족의 대소사에 참여하기
20대 후반	가족에게 도움주기, 가족의 대소사에 참여하기, 가족과 함께 하는 시간 갖기, 가족의 기념일을 챙기기, 배우자나 결혼에 대해 마음의 준비를 하기, 배우자 가족에 대해 적응하기, 결혼해서 새 가정을 만들기
30대	자신 및 배우자의 부모님들과 유대관계를 맺기, 배우자를 이해하기, 가족생활에서 주인의식을 갖기, 자녀를 출산하기, 자녀와 함께 놀아주며 지도하기, 여가를 가족과 함께 보내기, 가족의 기념일을 챙기기, 경제적으로 안정된 가정 이루기
40대	행복한 가정을 만들기, 배우자에게 힘이 되어 주기, 가

발달단계	발달과업
	족생활에서 주인의식을 갖기, 경제적으로 안정된 가정 이루기, 이혼하지 않기, 여가를 가족과 함께 보내기, 집안 내 경조사를 챙기기, 부모세대의 유고를 대비하기, 부모를 부양하기, 자녀의 생활 지도하기
50대	가족 간의 분쟁을 예방하고 조정하기, 부모님의 건강 챙기기, 배우자와 여행하기, 부모를 봉양하기, 자녀들 결혼시키기, 자녀의 배우자에게 적응하기
60대	자녀들이 행복하기를 바라기, 배우자를 돕기, 가족과 함께 여가생활하기, 배우자의 죽음 준비하기, 손자녀와 친밀한 관계 맺기

exercise 3

가족생활발달과업체크리스트(20대용)

(석창훈, 2015)

※ 다음 각 문항을 잘 읽고 20대의 가족 내 발달과업과 가깝다고 생각되는 번호에 ○표 하십시오.

질 문	전혀 그렇지 않다	거의 그렇지 않다	보통 이다	제법 그렇다	아주 그렇다
1. 가족의 기념일을 챙긴다.	1	2	3	4	5
2. 가족의 대소사에 참여한다.	1	2	3	4	5
3. 가족과 함께 하는 시간을 갖는다.	1	2	3	4	5
4. 가족에게 도움을 주는 편이다.	1	2	3	4	5
5. 가정에 충실한 편이다.	1	2	3	4	5
6. 배우자나 결혼에 대해 마음의 준비를 한다.	1	2	3	4	5
7. 배우자를 선택하기 위해 노력한다.	1	2	3	4	5
8. 원가족과의 별거에 대해 적응한다.	1	2	3	4	5
9. 부모로부터 경제적으로 독립한다.	1	2	3	4	5
10. 결혼해서 새 가정을 만든다.	1	2	3	4	5

제4장 성숙한 사랑과 이성교제

고등학생을 대상으로 하는 대학입학설명회에서 나중에 대학에 입학하면 무엇을 가장 하고 싶은가? 라고 물어보면 가장 많이 등장하는 단어가 'CC(campus couple)'이다. 대학생활의 로망은 연애, 즉 이성교제라는 데 이견이 없다. 그래서인지 대학생활을 하면서 새내기부터 만나 오랫동안 서로에게 힘이 되고 나중에는 결혼에 골인하는 경우도 있지만 대부분 쉽게 만나 상처를 주고받고 헤어짐으로써 연애의 성장통을 앓는 경우도 있고 심한 경우에는 실의에 빠져 학업을 그만 두거나 극단적으로 자살을 선택하는 경우도 있다. 본 장에서는 성숙한 사랑은 무엇인지 살펴보고, 자신의 사랑유형을 확인해 봄으로써 성공적인 이성교제를 준비하도록 안내한다.

1. 성숙한 사랑

사랑은 우리의 삶에서 매우 중요한 요소이다. 사랑은 두 사람을 결합시켜 하나의 가족을 형성하게 하고, 이를 지탱해 나가는 중요한 요인이라는 점에서 사랑의 경험은 개인의 경험 가운데 가장 강렬한 경험이 될 수 있다. 그러나 그 실체를 글로 표현한다는 것은 무척 어려운 일이다. 유사 이래 많은 작가와 책에서 사랑을 다루어왔지만 아직도 사랑이 무엇이냐는 질문에 명쾌하게 답을 준 사람은 없다.

Fromm(1956)은 저서 "사랑의 기예(Art of loving)"에서 사랑은 수동적이기 보다 능동적이며, 빠지는 것이 아니라 참여하는 것이며, 받는 것이 아니라 주는 것을 통해 상대의 감정이나 삶을 풍부하게 하고, 자신의 통합성을 유지하는 상태에서 서로 완전함을 이루는 힘으로 보았다.

성숙한 사랑은 내가 상대에 대해 갖고 있는 관심이 상대가 나에 대해 갖고 있는 것보다 더욱 중요하다고 생각할 때 자라난다. 이러한 종류의 관계는 완숙하게 사랑의 질을 향상시키고 서로에게 힘을 북돋워준다. 이러한 사랑은 또한 아주 좋은 순간뿐만 아니라 어려운 상황에도 쌍방 모두에게 더욱 좋은 감정을 가지게 한다. 그러나 미성숙한 사랑은 내가 상대를 돌보기보다는 상대가 나를 돌보아 주는 것을 더 중요하게 여기는 것이다. 이러한 관계는 서로에게 부담으로 인식되기 쉽고 주는 것보다는 받으려고 하기 때문에 감정의 소모가 많다. 이러한 사랑은 좋은 일이 있거나 상황이 좋을 경우에는 문제가 되지 않지만, 상황이 좋지 않을 경우에는 서로에게 상처를 주고 요구만을 반복하는 관계로 발전되기 쉽다.

난초 하나 가꾸는 데에도 많은 정성을 들여야 하듯이, 완전한 사랑으로 가꾸어 나가기 위해서는 많은 노력이 필요하다. 아무리 아름다운 정원도 버려두면 이내 잡초가 무성해진다. 낭만적 사랑도 마찬가지이다. Fromm은 배려, 책임, 존중, 지식이라는 사랑의 주요한 네 가지 측면을 강조했다. 세월이 흘러도 완전한 사랑으로 꽃피기 위해서는 이 네 가지 측면을 발달시켜 나가야 할 것이다.

① **배려(care)** : Sullivan이 말했듯이, 배려는 상대방의 만족과 안정과 발달이 나의 만족과 안정과 발달보다 먼저 이루어지도록 마음

쓰는 것을 말한다. 사랑이란 사랑하는 사람의 만족과 안정과 발달에 대한 기본적인 관심을 의미한다. 따라서 성숙한 사랑으로 가꾸어 나가기 위해서는 상대방의 복지와 행복이 먼저 이루어지도록 노력하는 따뜻한 마음이 필요하다.

② 책임(responsibility) : 책임은 사랑을 유지하는데 필수적인 조건이 된다. 성숙한 사랑으로 가꾸어 나가기 위해서는 서로 상대방의 욕구에 민감하고 부응해야할 책임이 있다. 이러한 책임감이 결여되면 투신이나 헌신이 불가능하다. 또한 무책임한 말이나 행동으로 상대방에게 상처를 주지 않도록 노력해야 한다. 이러한 책임감은 의무에서 나온다기보다 기꺼이 상대방의 욕구에 부응하려는 마음의 반영이라 하겠다.

③ 존중(respect) : 존중은 상대방을 있는 그대로 수용하는 능력을 말한다. 많은 사람들은 이혼의 가장 주요 사유가 ‘성격 차이’ 때문이라고 생각한다. 그러나 이혼의 진정한 사유는 차이 때문이 아니라, 서로의 차이를 이해하고 존중하고 수용할 수 있는 능력의 결여 때문이라고 하겠다. 존중이란 상대방을 긍정적인 시각으로 바라보고, ‘있는 그대로의 그’를 수용하는 것을 말한다. 성숙한 사랑으로 가꾸어 나가기 위해서는 우리가 사랑하는 사람이 바로 ‘그 자신’이 될 수 있는 자유를 부여해야 한다. 상대방을 자유롭게 한다는 것은 상대방의 있는 그대로의 모습을 수용하고 존중하는 것을 말한다. 성숙한 사랑은 무조건 ‘있는 그대로의 그’를 수용하고 가치를 부여하는 것이지, 내 기준에 맞도록 조작하는 것이 아니다. 사랑은 해방시키는 것이지 소유하는 것이 아니다. 사랑과 우정이란 상대방이 가진 빛과 비전에 따라 가장 진정한 자신이 되

도록 힘을 부어주는 것이다.

④ 지식(knowledge) : 지식은 상대방의 욕구, 가치, 목표, 감정 등을 읽을 수 있는 능력을 말한다. 부부상담을 받으러 오는 부부를 보면 거의 대부분이 상대방에 대한 무지와 몰이해가 특징을 이룬다. 그들은 상대방이 어떤 욕구를 가지고 있는지, 어떤 가치관을 가지고 살고 있는지, 어떤 목표를 가지고 살고 있는지, 어떤 감정을 느끼고 있는지 알지 못할 뿐만 아니라 알려고도 하지 않는다. 따라서 부부간에 커뮤니케이션이 이루어지지 않고 갈등이 빈번하게 일어나게 된다.

완전하고 성숙한 사랑은 '존재적 사랑'이기도 하다. 존재적 사랑은 이기적이지 않고 소유하려 들지 않고 무엇을 요구하려 들지 않는다. 성숙한 사랑은 일생동안 상호 성장과 자아실현을 도모해 나가는 사랑이다. 성숙한 사랑은 자신을 채우기 위해 상대방에게 바라거나 의존하지 않고 자신의 충만함을 상대방에게 베풀려고 한다. 성숙한 사랑은 홀딱 반하거나 낭만적 사랑에 빠져 있을 때와 같이 상대방을 비현실적으로 이상화시키지 않고, 상대방의 있는 그대로의 모습을 보고 존중해 준다. 낭만적 사랑이 폭풍의 언덕이라면, 성숙한 사랑은 항상 고요한 호수와 같다고 하겠다. 낭만적 사랑이 뜨겁다가 식고 만다면 성숙한 사랑은 항상 따뜻하다. 성숙한 사랑은 특별한 기교가 아니라 진정하게 살려는 삶 그 자체이다(제석봉, 2006).

2. 사랑의 유형

1) Lee의 사랑의 색깔

캐나다의 사회학자인 Lee(1975)는 사랑을 색깔(colors of love)로 유형화한 학자로 저명한데, 그는 사랑을 이해하기 쉽도록 6가지로 유형화하였다(천성문 등, 2005).

□ 일차적 사랑

① 열정적이고 낭만적인 사랑(Eros)

서로 만나자마자 마치 강한 전류에 감전된 것처럼 금방 사랑의 불꽃이 불붙기 시작했다는 표현이 이 사랑의 유형의 특징이다. 이것은 어떻게 보면 애인에 대한 사랑이기보다는 사랑 그 자체에 대한 사랑이라고 말할 수 도 있다. 이런 사랑을 하는 사람들은 첫눈에 금방 황홀한 사랑에 빠질 뿐만 아니라, 일단 그렇게 되면 한순간의 이별도 견딜 수 없게 되어버린다. 춘향과 이도령의 사랑이 그렇고, 로미오와 줄리엣의 사랑이 그렇듯이 그것은 큐피드의 화살이 심장을 뚫는 바로 그런 순간이다. 이런 사랑에 빠지면 우선 온 몸과 마음으로 두 사람이 하나 되기를 원하며, 특히 이 같은 사랑에서는 상대의 외모가 가장 중요한 요인이 된다. 그들은 자기의 감정, 생각, 지난날에 겪었던 경험 등 모든 것을 서로 알리고 알고 싶어 하며, 자기가 좋아하는 것, 희망사항 그리고 때로는 비밀까지도 서로 털어 놓는다. 이 같은 모든 정보가 그들에게는 서로를 더욱 단단하게 묶어 놓는 사랑의 사슬이 되는 역할을 한다. 뿐만 아니라 낭만적 애인들은 이 같은 정보에 기초하여 서로를 즐겁게 하는 말이나 선물을 주고받으며, 둘이 똑같은 스웨터를 입거나 선물에 자기이름의 첫 글자를 새겨 넣는다거나 함으로써 서로를 동일시하려 한다.

② 유희적 사랑(Ludus)

유희적 사랑을 하는 사람에게 있어서 정서적 관계란 즐기기 위한 도전이며, 이기기 위한 시합이다. 그 시합에 경험이 많아질수록 재주도 더욱 숙련되고, 시합을 재미있게 하기 위하여 다양한 전략과 전술을 개발하게 된다. 그 시합의 모토는 '이기고 지는 것이 문제가 아니라, 시합을 어떻게 하느냐가 문제'이며, 사랑을 하되 시합처럼 재미있게 그리고 정당하게 해야 하며, 너무 친밀해지지 말아야 한다는 것이다.

유희적 애인에게 있어서 사랑의 약속 같은 것은 서로 간의 금기 사항이며, 그들은 동시에 두 사람 혹은 그보다 더 많은 애인들과 사랑을 나누는 것이 예사이다. 그들은 여러 가지 형태의 외모를 골고루 좋아하므로 이 사람에게서 저 사람으로 쉽게 옮겨 가며, 어느 사람과도 심각한 사랑에 빠지거나 특별히 흥분하지 않는다. 성행위는 재미로 하는 것이지 책임을 져야 하는 행동이 결코 아니며, 사랑이란 인생에서 대단히 중요한 것도 아니다. 이런 사랑을 하는 사람들에게도 최소한의 지켜야 할 규칙은 있다. 가령 상대를 속이기 위하여 부당한 거짓말을 하지 않는다거나 그 시합과정에서 상대방에게 너무 심한 마음의 상처를 주지 않도록 배려하는 것 등이다.

③ 우정적 사랑(Storge)

우리는 주변에서 오랫동안 친구로 사귀다가 결혼하게 된 상들을 가끔 본다. 함께 가까이 지내다 보니 서로 편하고 좋고, 취미도 비슷하고,

말을 하지 않아도 저절로 통하고, 서로 감추는 것 없이 털어놓을 수 있는, 그래서 그들은 친구이자 서로 사랑하는 애인인 것이다. 이들의 사랑은 화끈하고 뜨겁고 낭만적이지는 않지만 우리 온돌처럼 은근히, 하지만 확실하게 사려 깊고 정답게, 서로를 진심으로 위한다. 합리적인 해결을 위하여 평화롭게 타협하며, 그것 때문에 사랑의 손상이 생기거나 헤어지는 경우는 거의 없다.

대개 이러한 사랑을 하는 사람들은 정서적으로 안정되고, 가족 간의 긴밀한 유대를 형성하고 있는 가정에서 자라난 사람들이다. 가정에서부터 서로의 사랑에 대한 믿음이 튼튼하게 자란 사람들은 쉽게 질투 같은 것은 잘하지 않는다. 대체적으로 좋은 친구로서의 사랑을 하는 사람들은 배우자에 대한 질투나 떨어져 있을 때 불안감 같은 것을 별로 느끼지 않는다.

□ 이차적 사랑

④ 소유-의존적 사랑(Mania) : 에로스와 루두스가 결합된 열광적인 사랑

초기에 그들은 너무나 흥분된 나머지 잠을 잘 이루지도 못하고, 잘 먹지도 못하며, 생각마저도 잘할 수 없게 된다. 그들은 완전히 사랑의 노예가 되어 상대방이 사랑을 확인하는 일로 모든 시간과 정력을 소모할 뿐만 아니라, 혹은 버림받지 않을 까 하는 불안으로 항상 마음 조이며 산다. 자기가 준 사랑에 대한 확실한 보답의 증거가 불충분하다고 생각될 때는 분하고 억울한 마음으로 가슴이 터질 것 같고, 조그만 배신의 기미라도 있을 때는 그렇게도 뜨겁던 사랑이 하루아침에 불타는 증오로

돌변해 버린다. 상대방이 데이트에 조금만 늦거나, 혹시 한 번이라도 약속을 어기게 되면 그 이유를 꼬치꼬치 따지며, 그것은 나를 그만큼 덜 사랑하기 때문이라고 해석한다. 집안에 일이 있거나 직장일이 바빠서, 혹은 몸이 좀 불편해서 얼마동안 못 만나게 되는 때가 있으면, '당신이 나를 진정으로 사랑한다면 어떻게 그럴 수 있느냐'고 하면서 사랑의 배신자라 몰아붙인다. 이렇게 함으로써 상대방을 불편하게 만들게 되고, 때로는 무거운 심리적 부담을 주게 되는 것에 대하여 그들은 조금도 양심의 가책을 느끼지 않는다. 오히려 그것은 모두 상대방을 사랑하기 때문이라고 주장한다. 이것은 사랑이기보다 하나의 중독현상이다.

⑤ 논리적 사랑(Pragma) : 스토르게와 루두스가 결합된 실용적 사랑

논리적 사랑을 하는 사람들은 현명하게 사랑을 하려는 사람들이다. '나는 내가 생각하는 남편 및 아버지(혹은 아내 및 어머니)의 조건을 만족시키지 못하는 사람과는 결코 연애를 하지 않을 것이다'라는 것이 이런 사랑을 하는 사람들의 전형적인 태도이다. 뿐만 아니라, 그들은 매우 현실적이기도 해서, 어떤 형의 상대를 자신이 좋아하며 혹은 필요로 하는지도 대개 정확히 알고 있다. 그러므로 그러한 조건을 가장 많이 만족시키는 사람이 나타날 때까지 참고 기다린다. 그들은 원하는 바가 이루어지지 않을 경우에 대비하여 가능한 대안적 방법까지도 충분히 생각해 놓고 있다. 이 사람들은 자기가 원하는 배우자의 외모, 교육수준, 가정배경 및 성격 등에 관하여 구체적으로 기준을 정해놓고 있을 뿐만 아니라, 자기 자신의 장점과 약점까지도 충분히 고려하고 있다.

논리적 사랑을 하는 사람이라 해서 낭만의 가치를 전혀 인정하지 않는 것은 결코 아니다. 다만 그들은 사랑이란 우선 두 사람의 실제적 양

립성에 기초해야 하며 또한 그것을 튼튼하게 하는 데 도움이 되는 것이어야 한다고 주장한다. 그렇기 때문에 논리적 사랑을 하는 사람들은 어느 액수의 돈을 저축할 때까지 또는 대학원을 졸업할 때까지, 아니면 어떤 자리에 승진할 때까지 사랑을 아예 하지 않는다는 가 혹은 유예하는 경우가 없지 않다.

⑥ 이타적 사랑(Agape) : 에로스와 스토르게가 결합된 헌신적 사랑

이타적 사랑이란 아주 조건 없이 좋아하고 돌보아 주며, 용서하고 베풀어 주는 자기희생적 사랑이다. 이것을 다른 이름으로 아가페적 사랑이라고도 부르며, 기독교 신앙에서 말하는 무조건적 사랑이나 불교에서 설파하는 관음보살의 대자대비적 사랑이 이에 속한다. 즉, 사랑이란 그것을 필요로 하는 사람에게 베풀어 주어야 할 의무와 같은 행위이며, 그것은 가슴보다는 머리로, 감정보다는 의지로 행하여지는 것이라고 말한다. 진정한 사랑이란 받는 것이 아니라 주는 것이며, 자기 자신보다는 사랑하는 사람의 행복과 번영을 더 생각하며, 상대방의 희망과 목표를 성취할 수 있도록 하기 위하여 자신의 희망이나 목표는 어떻게 되든 포기하는 것이라는 생각이다. 아무리 내가 상대방을 사랑한다 하더라도, 만일 그가 나 아닌 다른 사람을 더 사랑한다면 나는 기꺼이 물러날 수 있다고 생각한다. 이타적 사랑을 하는 사람들은 상대방이 자기에게 큰 심리적 고통을 안겨 줄 때에도 너그러운 자비심을 베풀어, 그것은 그 사람이 잘 몰라서 그랬거나, 순전히 실수로, 혹은 그도 어쩔 수 없는 외부적 압력에 의해서 그랬을 것이라고 해석한다.

사랑의 유형에 대한 분석결과, 미혼 남녀에게는 스토르게가 가장 높

은 비율로 나타났다(노익상, 2002), 반면 에로스에 해당하는 열정적 사랑이 결혼을 결정하는 데서 가장 중요한 요인이 되며, 일반적으로 남성이 여성보다 에로스적인 사랑을 많이 경험하는 경향을 보인다. 또한 행복한 결혼 생활을 하는 부부들은 사랑하는 양식이 같은 경향을 보인다. 루두스와 같은 이기적인 유형과 아가페 같은 이타적인 유형을 제외하고는 낭만적인 사람은 낭만적인 사람과 결혼하며, 동료적인 유형은 자신과 유사한 사람과 결혼하는 경향을 보인다. 이러한 유형화는 사랑의 개념화에는 유용하지만 실제로 나타나는 다양성을 지나치게 단순화시키는 문제점도 지적할 수 있다(정옥분 등, 2007)

2) Sternberg의 사랑의 삼각형이론

Sternberg(1986)는 사랑을 친밀(intimacy), 열정(passion), 헌신(commitment)이라는 세 가지의 정서적, 동기적, 인지적 요소로 나누어, 이 구성요소들이 어떻게 조합을 이루는가에 따라 다양한 사랑의 유형을 설명하는 '사랑의 삼각형이론(triangular theory of love)'을 제시했다. 친밀은 정서적 요소로서, 사랑하는 사람에게서 느끼는 가까움, 유대, 정서적 지지의 교환 등을 말한다. 열정은 동기적 요소로서 로맨스, 신체적 매력, 성적 커뮤니케이션으로 이끄는 충동을 의미한다. 사랑하는 사람을 그리워하게 하고, 가슴 설레게 하고, 함께 있고 싶고 일체가 되고 싶어 하는 강렬한 충동을 일으키는 것은 바로 이러한 열정 때문이다. 헌신은 단기적으로 상대방을 사랑하겠다는 결정이지만 장기적으로는 상대방과의 관계를 유지 발전시켜 나가겠다는 의지를 가리킨다. 사람마다 사랑하는 강도나 모습이 다른 이유는 바로 이 세 가지 구성요소의 비율이 다르기 때문이다(제석봉, 2006).

Sternberg(1988)는 세 가지 구성요소의 존재 여부에 따라 다음과 같이 사랑의 일곱 가지 유형을 제시했다.

① 좋아함(liking)

오직 친밀만 존재하는 경우로서, 우정과 같은 친구관계에서 볼 수 있는 현상이다. 좋아하는 사이에서는 서로 친밀함은 있지만, 뜨거운 열정이나 두 사람의 관계가 언제까지나 지속되어야 할 책임을 느끼게 하는 투신은 기대할 수 없다.

② 홀딱 반함(infatuation)

여기에는 열정만 있지 친밀이나 투신을 찾아볼 수 없다. 어떤 사람에게 홀딱 반했을 때 일어나는 흔히 겪는 경험이다. 아직 말 한 번도 걸어보지 못한 사이에서도 발생할 수 있기 때문에 친밀이나 투신이 가능하지 않다. 소위 말하는 '오빠 부대'의 소녀들이 스타에게 느끼는 감정이 여기에 속한다. 심하면 멀리서 상대방을 보고 실신하는 일도 발생한다.

③ 텅 빈 사랑(empty love)

사랑 없이 살고 있는 부부의 경우가 여기에 속한다. 사랑을 느끼지 못하고 결혼했든 홀딱 반해 결혼했든, 살다보니 열정이 식고 친밀도 사라져 일생을 함께 하겠다는 차디찬 약속만 지키고 사는 부부이다. 흔히 '자식 보고 산다'는 부부에게서 이러한 현상이 두드러지게 나타난다.

④ 낭만적 사랑(romantic love)

여기에는 친밀과 열정은 있지만 투신이 결여되어 있다. 서로 친밀하고 열정을 느끼지만, 아직 일생을 함께 하겠다거나 미래에 대한 약속이나 확신이 없이 사귀고 있는 상태이다.

⑤ 얼빠진 사랑(fatuous love)

열정에 사로잡혀 투신을 하지만 아직 따뜻한 친밀감이 형성되어 있지 않은 사랑이다. 미국에서는 헐리우드식의 사랑이라고도 한다. 서로 만나서 며칠 되지 않았는데 정열에 들떠 결혼을 하고 열정이 식으면 헤어지고 마는 얼빠진 사랑이다. 이러한 관계에서는 진정한 친밀감이 형성되지 않았기 때문에 투신이 오래 가기 힘들다. 열정이 식어도 책임감 때문에 마지못해 산다면 텅 빈 사랑으로 전락하고 만다.

⑥ 동료적 사랑(companionate love)

열정은 식었지만 친밀과 투신이 변함없이 유지되고 있는 관계를 말한다. 부부가 결혼하여 오래 살다보면 연애할 때와 같은 열정을 찾아보기 어렵다. 그러나 두 사람의 관계가 막역한 친구처럼 친밀하고, 두 사람의 관계가 손상되지 않고 유지될 때 동료적 사랑을 나누고 있는 것이다.

⑦ 완전한 사랑(complete love)

이러한 사랑은 결혼하여 오래 살아도 친밀, 열정, 투신 이 세 가지가 모두 살아 숨 쉬는 가장 완벽하고도 이상적인 사랑이다. 완전한 사랑이 불가능한 것은 아니지만 노후에 이르기까지 유지하기가 참으로 어렵다. 이러한 사랑을 가꾸기 위해서는 부부간에 부단한 노력이 요구된다.

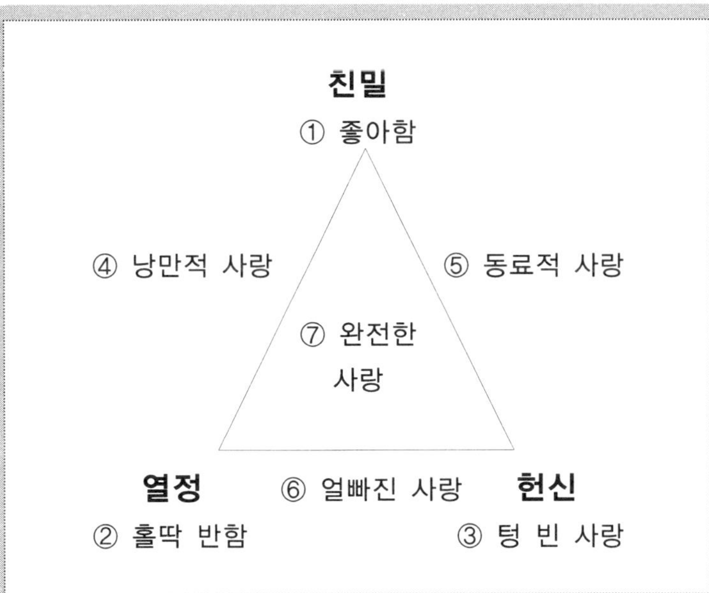

(그림 4-1) 사랑의 삼각형이론

3. 성숙한 이성교제

한때 '남녀칠세부동석(男女七世不同席)'이었던 시절이 현재는 '남녀칠세지남철(男女七世指南鐵)'로 바뀐 지 오래이다. 현대 사회에서 남성과 여성, 남학생과 여학생이 차별 없이 동등한 입장에서 서로 협력하며 세상을 살아가는 것은 바람직한 방향이다. 그런데 이성간의 교제 부분만 놓고 본다면 대한민국은 아직 소극적인 부분이 많다. 특히 가족분위기가 권위적이고 보수적이며 종교적일수록 이성교제에 대한 허용수위가 더 낮아지는 경향이 있다.

필자가 상담한 여학생의 경우를 살펴보자. 이 학생은 전형적인 가부장적 가정에서 성장하면서 자신의 소원이 있다면 늘 독립하는 것이라고 친구들에게 말하곤 하였다. 부모의 강력한 입시 지도 덕분에 수능성적은 잘 나왔는데 집 가까운 국립대학은 멀리하고 굳이 등록금도 비싸고 거리도 먼 사립대학을 선택하였다. 입학 후 기숙사를 권하는 부모에게 공부 열심히 해서 장학금 타려면 여러 명 쓰는 기숙사 보다 학교 인근의 원룸에 살면서 매일 도서관 가는 것이 훨씬 나을 것이라고 설득하였다. 자식 이기는 부모 없듯이 공부 열심히 장학금 타겠다는 말에 부모는 고개를 끄덕이며 원룸을 얻어주었다. 결국, 여학생은 자유를 만끽하였다. 처음에는 고양이를 키우다가 지금은 CC와 동거하고 있다. 부모는 아직 모르는 채.

이 사례가 자주 나타나는 일반적인 경우가 아니지만 가족상담 측면에서 몇 가지 상황을 고민해 볼 수 있다. 먼저 부모의 자녀양육 스타일이다. 자녀를 대하는 부모의 양육태도에는 학자마다 다양하게 접근하지만 통상적으로 부모가 권위에 의해 일방적으로 자기를 주장하는 군주형, 부모가 적절한 권위를 가지고 있으면서도 쌍방적인 커뮤니케이션을 하는 민주형, 부모의 권위 없이 자녀의 요구 또는 주장에 따라가는 익애형, 부모의 역할에 무관심하고 자녀를 무시하는 방임형으로 구분할 때 (Maccoby & Martin, 1983), 이 사례의 아버지는 권위적인 태도로 자녀의 행동과 태도를 절대적 기준 또는 정해진 틀에 끼워 맞추려는 전형적인 경상도 아버지였으며, 어머니는 좋은 대학 입학만이 자식의 성공을 보장한다는 철학으로 자식 뒷바라지에 최선을 다하다가 자식이 대학에 입학하자 자신의 몫은 다했다는 식으로 무관심한 방임형이었다. 이러한 자녀

양육 태도는 아동청소년기 동안 억압되어 잠재되어 있던 불만족이나 기대수준이 대학생이 되면서 뜻밖의 자녀 행동으로 나타난다. 또한 부모의 자녀양육태도가 권위적이며 이에 대해 불만이 클수록 독립에 대한 보상적 심리기제가 작용하여 '원 나잇 스탠드'와 같은 빠른 이성교제나 또는 혼전 임신으로 인한 스피디 웨딩으로 이어지는 경우도 있다.

이처럼 이성교제는 배우자선택이나 이성에 대한 안목을 키운다는 장점도 있지만, 사례에서 볼 수 있는 것처럼 몇 가지 문제점도 지적할 수 있다. 대표적인 문제는 성행위 통제 문제이다. 일반적으로 남성의 경우에는 사랑과는 별개의 문제로 성적 충동이 나타나지만 여성은 사랑과 성이 보다 일치되는 경향을 보인다. 쉬운 예로 남성은 포르노 영화에 쉽게 흥분하지만 여성은 그렇지 않은 경우가 많음이 이에 대한 반증이다. 그 결과 여성들은 빨리 성행위 통제문제에 직면하게 된다. 상대방 남성을 사랑하지만 성행위를 거부했을 경우, 여성은 관계의 단절을 우려하는 경향이 있다. 반면 성행위를 수락했을 경우, 관계가 파기되었을 때의 감정의 상처나 원하지 않은 임신으로 인한 강제적인 결혼이나 인공임신중절수술의 경험을 하게 된다. 이성교제는 그 관계가 어디까지나 피상적이며, 사랑의 감정이 개입되고 성행위가 이루어지기 시작하면 상대에 대한 이성적인 판단이 어렵게 된다. 그러므로 상대방의 감정을 상하지 않으면서도 성행위로 진행되는 속도를 늦추는 지혜가 필요하다(정옥분 등. 2007).

또한 한 사람과의 이성교제를 통해 결혼으로 연결되는 경우 보다 연애과정에서 몇 차례의 만남과 헤어짐을 경험하게 된다. '첫사랑은 깨진다'라는 말이 정설인 것처럼 회자되는 배경에는 이성교제의 연속성 보다 단절성, 이름 하여 실연의 기회가 더 많기 때문이다. 성숙한 이성교제를 위해서는 실연에 대해 왜곡적 사고 - '과잉일반화' : 실연의 문제를 지나치게 확대시켜 모든 대상이나 행위에 적용시키는 것, '개인화' : 사랑의 실패를 전적으로 자신의 잘못으로 돌리고 자책하는 것, '이분법적 사고' : 모든 관계를 성공과 실패라는 양극의 논리로 설명하려는 것, '재앙화' : 어떤 일이 초래할 수 있는 부정적인 측면만을 비합리적으로 생각함으로써 불안감을 느끼는 것 등-를 합리적 사고를 통해 논박할 필요가 있다. 이렇게 될 때 '비 온 뒤에 땅 굳는다'는 속담처럼 실연의 아픔을 인간관계 개선으로 승화시켜 나갈 수 있을 것이다.

exercise 4

사랑유형체크리스트

(천성문 등, 2005)

※ 각 질문에 대해 자신에게 해당된다고 생각되는 것 하나만 골라 ○표를 하되 사랑과 이성교제에 대한 생각이나 경험을 돌이켜 보고 답해 보세요.

질문	전혀 그렇지 않다	거의 그렇지 않다	보통이다	제법 그렇다	아주 그렇다
1. 우리는 처음 만난 후 즉시 서로에게 이끌렸다.	1	2	3	4	5
2. 우리 사이에는 강한 전기교류와 같은 작용이 일어난다.	1	2	3	4	5
3. 우리의 섹스는 매우 강렬하고 만족스럽다.	1	2	3	4	5
4. 내가 느끼기에 우리는 서로를 위해 태어난 것 같다.	1	2	3	4	5
5. 우리는 신체적으로 매우 빨리 이끌리게 되었다.	1	2	3	4	5
6. 우리는 서로를 진정으로 이해한다.	1	2	3	4	5
7. 내 연인은 내가 이상적으로 생각하는 신체적 아름다움을 갖고 있다.	1	2	3	4	5

질문	전혀 그렇지 않다	거의 그렇지 않다	보통 이다	제법 그렇다	아주 그렇다
8. 나는 내 연인에게 약간의 불확실함을 남겨두려고 한다.	1	2	3	4	5
9. 나는 나에 대해 모르는 것이 있다는 것 때문에 내 연인이 마음의 상처를 받지 않을 것이라고 믿는다.	1	2	3	4	5
10. 나는 때때로 서로에 대해 알아차리지 못하도록 해야 할 때가 있다.	1	2	3	4	5
11. 나는 사랑의 상처로부터 쉽게 그리고 빨리 헤어날 수 있다.	1	2	3	4	5
12. 만약 내가 다른 사람들과 한 행동에 대해 내 연인이 알아차린다면 그 사람은 화를 낼 것이다.	1	2	3	4	5
13. 내 연인이 나에게 너무 의존하려고 할 때 나는 약간 물러서고 싶어진다.	1	2	3	4	5
14. 나는 여러 파트너들과 사랑의 게임을 즐긴다.	1	2	3	4	5
15. 나는 실제로 사랑에 빠지고 나서 한참 후에야 사랑하고 있음을 깨닫는다.	1	2	3	4	5
16. 연인은 먼저 서로를 한동안 돌보는 마음이 있고 난 후에야 사랑을 할 수 있다.	1	2	3	4	5

질문	전혀 그렇지 않다	거의 그렇지 않다	보통 이다	제법 그렇다	아주 그렇다
17. 나는 내가 한 때 애정 관계에 있었던 거의 모든 사람과 좋은 친구관계를 유지하고 있다.	1	2	3	4	5
18. 가장 좋은 사랑은 오래된 친구관계에서 생겨나는 것이다.	1	2	3	4	5
19. 내 연인과 내가 언제부터 사랑하는 사이가 되었는지 정확히 말하기 힘들다.	1	2	3	4	5
20. 사랑은 실제로 깊은 우정관계이고 신비스러운 정서가 아니다.	1	2	3	4	5
21. 나의 가장 만족스러운 애정관계는 좋은 친구관계에서 발전된 것이다.	1	2	3	4	5
22. 나는 상대방과 진정으로 깊은 관계에 들어가기 전에 그 사람이 앞으로 어떤 사람이 될 것인지 생각해 본다.	1	2	3	4	5
23. 나는 연인을 선택하기 전에 내 인생을 주의 깊게 계획하려고 노력한다.	1	2	3	4	5
24. 비슷한 배경을 가진 사람을 사랑하는 것이 가장 좋다.	1	2	3	4	5
25. 연인을 선택하는 데에 주로 고려할 것은 그가 내 가족을 어떻게 보는가 하는 것이다.	1	2	3	4	5
26. 배우자를 고르는 데 중요한 요인은 그 사람이 좋은 부모가 될 것인가이다.	1	2	3	4	5

질문	전혀 그렇지 않다	거의 그렇지 않다	보통 이다	제법 그렇다	아주 그렇다
27. 배우자를 고르는 데 고려해야 할 것 중 하나는 내 직업에 대해 그가 어떻게 생각하는가이다.	1	2	3	4	5
28. 누군가와 심각한 관계가 되기 전에 나는 우리가 아이를 가질 경우를 생각해서 그 사람의 유전적 배경이 나의 것과 얼마나 잘 맞을지 알아보려고 한다.	1	2	3	4	5
29. 내 연인과 나의 일이 순조롭지 못하면 나는 위장장애를 일으킨다.	1	2	3	4	5
30. 사랑이 깨질 때 나는 너무 우울해져서 자살까지도 생각해 본 적이 있다.	1	2	3	4	5
31. 때로 사랑에 빠져 있다는 것에 너무 흥분해서 잠을 잘 수가 없다.	1	2	3	4	5
32. 내 연인이 나에게 신경을 쓰지 않을 때 나는 심신이 편치 않았다.	1	2	3	4	5
33. 내가 사랑에 빠져 있을 때 나는 다른 것에는 잘 집중하지 못한다.	1	2	3	4	5
34. 내 연인이 다른 누군가와 함께 있다는 의심이 생기면 나는 편안하게 있을 수가 없다.	1	2	3	4	5
35. 내 연인이 나를 한동안 무시한다면 나는 그 사람의 관심이 돌아오도록 하기 위해 때로는 어리석은 행동도 한다.	1	2	3	4	5

질문	전혀 그렇지 않다	거의 그렇지 않다	보통이다	제법 그렇다	아주 그렇다
36. 나는 연인이 어려울 때 내가 할 수 있는 일을 다 하려고 한다.	1	2	3	4	5
37. 나는 연인이 고통을 당하는 것보다는 오히려 스스로 고통을 당하려고 한다.	1	2	3	4	5
38. 내 자신의 행복보다는 내 연인의 행복을 우선시하지 않으면 나는 행복해질 수 없다.	1	2	3	4	5
39. 나는 내 연인의 소망을 이루도록 하기 위해 스스로의 소망을 기꺼이 희생한다.	1	2	3	4	5
40. 연인이 원한다면 내가 갖고 있는 것은 무엇이든 사용할 수 있다.	1	2	3	4	5
41. 내 연인이 나에게 화가 났을 때에도 나는 여전히 그 사람을 전적으로 그리고 무조건적으로 사랑한다.	1	2	3	4	5
42. 나는 내 연인을 위해 모든 것을 인내할 것이다.	1	2	3	4	5

※ 나의 사랑 유형은?(합계 점수가 높은 쪽이 나의 사랑 유형이 됩니다)

유형	열정적 사랑	유희적 사랑	우정적 사랑	논리적 사랑	소유적 사랑	이타적 사랑
번호	1~7번	8~14번	15~21번	22~28번	29~35번	36~42번
채점						

제5장 배우자선택과 부부유형

필자는 1994년부터 1999년까지 약 6년간 천주교 대구대교구에서 주관하는 가나강좌(미혼 남녀 혼인준비교육, premarital program)에서 대화법 강사로 참여한 바 있다. 결혼을 앞둔 커플 대상으로 하는 교육의 시작에서 반드시 던지는 질문이 '왜 결혼합니까?'이다. 웨딩 청첩장을 가지고 있는 예비부부들에게 던진 질문 치고는 식상하기 그지없지만 얼굴이 빨개져서 답을 못하는 커플을 제외하고는 대부분 '서로 사랑하니까!'라고 답한다. 마찬가지로 이혼법정에 선 부부에게 '왜 이혼하고자 합니까?'라고 물으면, '더 이상 사랑하지 않기 때문이에요'라고 매몰차게 답한다. 역설적이게도 연인은 사랑 때문에 결혼하고 또 사랑 때문에 이혼하는 것이다. 물론 '초라한 더블 보다 화려한 싱글이 낫다'며 이혼을 긍정적으로 바라보는 시선도 있지만 결혼에 대한 준비가 잘 이루어질수록 성공적인 부부, 행복한 가족 만들기는 쉬워질 것이다. 실제 다수의 미혼 남녀들이 결혼을 준비할 때 아파트 장만, 전자제품 장만, 신혼여행지 설계와 같은 물질적 혼수 준비에는 공을 들이는 반면 서로의 장점과 단점 알기, 대화법 증진, 건강 체크와 같은 정신적 혼수 준비는 무관심한 현실이다. 따라서 본 장에서는 배우자선택과 부부유형에 대해 가족심리학적 지혜를 탐색해 보자.

1. 배우자선택

1) 배우자선택요인

결혼은 해도 후회 안 해도 후회 그러니까 결혼하고 후회하는 것이 낫다라는 사람이 대부분이다. 우리는 인생을 살면서 끊임없는 선택과 결정의 연속선상에 살고 있다. 그 중에서도 나의 반쪽을 찾는 선택은 가장 중요한 결정이라 해도 과언이 아니다. 배우자를 선택하는 요인에 대해 가족관계학에서는 어떻게 보고 있는가? 본 절에서는 근접성, 유사성, 신체적 매력을 중심으로 살펴본다(정옥분 등, 2007).

① 근접성(proximity)

한국 사람이 서울에 사는 사람과 결혼할 가능성이 높을까? 아니면 지구 정반대인 아르헨티나의 부에노스아이레스에 사는 사람과 결혼할 가능성이 높을까? 당연히 물리적 거리의 근접성이 크게 작용할 것이다. 사람들은 이웃에 살거나, 같은 직장을 다니거나, CC이거나, 함께 취미나 종교 활동을 하는, 보다 근접가능성이 있는 사람 들 중에서 배우자를 구하려는 경향이 있다. 이처럼 특정한 지역이나 단체 내에서의 배타적인 상호작용은 공개적이고 경쟁적인 상황에서의 상호작용보다 상대에 대한 더 많은 관심을 유발시키는 경향이 있다. 그 결과, 모든 조건이 동일하다면 이러한 배타적인 상호작용은 보다 쉽게 좋아하는 감정으로 발전되며, 이를 '근접성 효과'라고 한다.

② 유사성(similarity)

근접성은 상호간의 친밀감 형성이나 배우자선택에서 가장 중요한 요인이지만 좀 더 깊은 관계로 발전하는 데는 또 다른 요인이 필요하다. 그 가운데 대표적인 요인이 유사성이다. 우리는 자신과 태도나 가치, 성적, 사회경제적 지위(SES) 가 유사한 사람을 좋아하는 경향이 있다. 혼인은 서로 다른 환경에서 자란 두 사람이 부부가 되어 공동생활을 영위하는 것이기 때문에 공통적인 기반을 갖는다는 것은 중요한 의미를 갖는다. 이러한 공통적 기반은 안정감을 부여해 주며, 서로에게 매력을 느끼게 해 주므로, 상호간에 유사한 요인이 많을수록 배우자로 선택할 가능성이 높아지는 것이다. 즉, 모든 조건에서 유사한 정도가 같다면 가장 손쉽게 접근이 가능한 사람과 결혼하려는 경향을 보이며, 접근 가능성이 같다면 여러 조건에서 자신과 가장 유사한 사람과 결혼하는 경향이 많다.

③ 신체적 매력(physical attractiveness)

'책의 표지로 그 책을 평가하지 말라'는 말이 있지만 '첫 인상(first impression)'과 같은 외모로 사람의 인상을 평가하는 경우는 빈번하게 나타난다. 한국적 상황에서는 '관상(觀相)' 보기가 그 예이다. 사람들이 신체적인 매력을 지닌 사람을 좋아하는 이유는 이들이 사회적 능력이나 자신감이 뛰어나고 성적으로도 적극적일 것으로 생각하는 경향이 있기 때문이다. 신체적 매력은 이성 간의 만남에서 남녀 모두에게 중요한 요인이지만 특히 남성의 배우자선택과정에서 중요한 요인 가운데 하나로 밝혀지고 있다. 외모에 대한 매력을 판단하는 문제는 개인차가 있으며, 여러 요인이 영향을 미친다. 외모에 대한 판단 기준은 문화적인 차이가 크게 작용하지만 스타나 모델의 외모가 그 기준이 되기도 한다. 그러나 일반적으로 사람들은 자주 보는 얼굴에 친근감을 느끼며, 균형 잡힌 평균적인 얼굴에 매력을 느낀다. 또한 자신과 닮은 외모를 가진 사람에 호감을 느낀다. 한 실험에서 자신의 얼굴을 반대 성의 얼굴로 재합성한 사진을 보여주었을 때, 사람들은 상당한 매력을 느낀 것으로 나타났다(Little & Perrett, 2002) 이성 부모의 외모도 관련이 있는 것으로 나타났다. 어떤 사람이 이성의 부모와 긍정적인 관계를 맺고 있다면 그 사람은 자신의 이성부모와 비슷한 배우자를 좋아할 것이다. 반대로 이성 부모와의 관계가 부정적인 것이라면 그 부모를 생각나게 하는 배우자를 선택하지 않을 것이다.

2) 배우자선택이론

배우자선택은 사회적 규제범위나 특정한 요인을 근거로 하여 즉흥적으로 이루어지는 것이 아니다. 배우자선택과정에서 각 개인은 자신에게 가장 적합한 최상의 배우자를 선택하기 위하여 복잡한 심리적 의사결정과정을 거치게 된다. 배우자선택의 의사결정과정에서 어떠한 과정을 거치는 가에 대한 통합적인 설명은 불가능하지만 이를 설명하고자 시도했던 여러 이론적인 관점-사회교환이론, 공평성이론, 보완욕구이론, 여과이론, 자극-가치-역할이론 등-을 간략히 살펴보자(정옥분 등, 2007).

① 사회교환이론(social exchange theory)

배우자선택은 일종의 교환과정으로 설명할 수 있다. 사람들이 상호관계에서 가지게 되는 느낌은 그들 관계에서 받는 보상과 비용에 의해 결정된다. 사람들은 배우자선택 과정에서 비용보다 더 많은 이익을 얻으려 하는 경향이 있으며, 그 결과, 자신에게 가장 많은 보상을 주는 사람을 배우자로 선택하게 된다는 것이다. 교환과정에서 비용이나 보상은 시대나 사회에 따라 차이가 있지만, 일반적으로 사회경제적지위(SES)나 신체적 매력, 직업, 학벌 등이 중요한 기준이 된다.

② 공평성이론(equity theory)

사회교환이론과 달리 공평성이론에서는 배우자선택과정에서 사람들은 보다 많은 보상을 추구하고 보다 적은 비용을 기대하는 것이 아니라 공평한 것을 추구하며, 이것이 가장 편안하고 행복감을 보장해 준다는 것이다. 일례로 우리나라 재벌간 혼인을 보면, 유사한 사회계층간의 동류혼(同類婚)이 주류를 이루고 있다. 이러한 결혼 풍속도는 바로 결혼이 두 집안 사이의 공평한 거래라는 관명이 크게 작용한 예로 볼 수 있다. 대부분의 사람들은 백마 탄 왕자나 백설공주를 꿈꾸지만 기대와 달리 여러 가지 조건이 유사한 사람과 결혼하게 되며, 이러한 동류혼적 원리는 누구도 손해 보았다는 느낌을 덜 받는, 가장 안정되고 균형 잡힌 배우자를 선택하게 한다.

③ 보완욕구이론(complementary needs theory)

Winch(1958)는 사람들은 일반적으로 자신과 성격이 상이한 사람들에게 끌리는 경향이 있다는 보완욕구를 주장하였다. 자신과 비슷한 특성보다는 서로의 성격이나 욕구가 다르다는 것이 보완적 역할을 하여 서로에게 매력을 느끼고 배우자로 선택하게 된다는 것이다. 그러나 후속 연구결과, 보완욕구이론은 크게 지지를 받지 못하였다. 실제 기혼자를 대상으로 성격의 유사성과 차이성을 조사한 결과, 유사한 경우(57.1%)가 다르다는 경우(42.9%) 보다 많은 것으로 나타났다.

④ 여과이론(filter theory)

배우자선택의 과정을 일련의 여과과정으로 보는 심리학적 접근도 있다. Kerckoff와 Davis(1962)는 배우자선택이 단순히 사회적 배경의 유사성이나 보완욕구에 의해 결정되는 것이 아니라 일련의 여과망을 거치면서 이루어진다고 보았다. 이 이론을 발전시킨 Udry(1971)는 두 사람은 이성교제에서 결혼에 이르기까지 여섯 개의 여과망-근접성, 매력, 사회적 배경, 의견일치, 상호보완성, 결혼준비상태-을 거치면서 대상이 좁혀져 배우자를 선택하게 된다고 하였다(그림 5-1 참조).

이러한 여과과정의 초기에는 유사한 특성이 보다 중요하며 후기로 갈수록 상호보완적인 용인의 영향을 크게 받는다는 것을 알 수 있다. 그러므로 유사한 사회적 배경이나 태도, 가치관을 갖지 못한 남녀는 초기에 관계가 형성되기 어렵고 상보적 요인을 갖지 못한 경우에는 궁극적으로 이루어지기 어렵다.

⑤ 자극-가치-역할이론(stimulus-value-rule theory)

Murstein(1970)은 Kerckoff와 Davis의 여과이론을 기초로 하여 배우자선택 과정에서 자극-가치-역할이론을 제시하였다. 자극단계는 상호간에 매력을 느끼는 단계로 이는 상대방의 신체적, 사회적, 정신적 속성들과 관련 있다. 두 사람이 가진 자극 속성이 공평하게 균형을 이룬다고 판단되면 서로에게 끌리고 관계가 지속된다. 자극단계를 거쳐 가치단계로 옮아가면 서로의 태도나 가치가 일치하는 지를 탐색하게 된다. 직업, 종교, 생활양식, 자기실현 등에 대한 상대방의 태도나 가치관을 탐색하여 서로 일치하면 다음 단계로 진전된다. 가치의 일치는 결혼의 필요조건은 되지만 충분조건은 될 수 없기 때문에 다음 단계에서는 역할의 조화(role-fit) 여부를 판단하는 과정이 필요하다. 역할 단계에서는 상호간에 역할에 대한 기대가 자신의 욕구나 성향과 일치하는 가를 점검하게 된다. 역할 기대가 일치하면 결혼으로 발전하고 그렇지 못한 경우 관계를 종결된다. 이 세 단계는 단계적으로 이루어지기도 하지만 반드시 순서대로 진행되는 것만은 아니며 동시에 이루어지기도 한다.

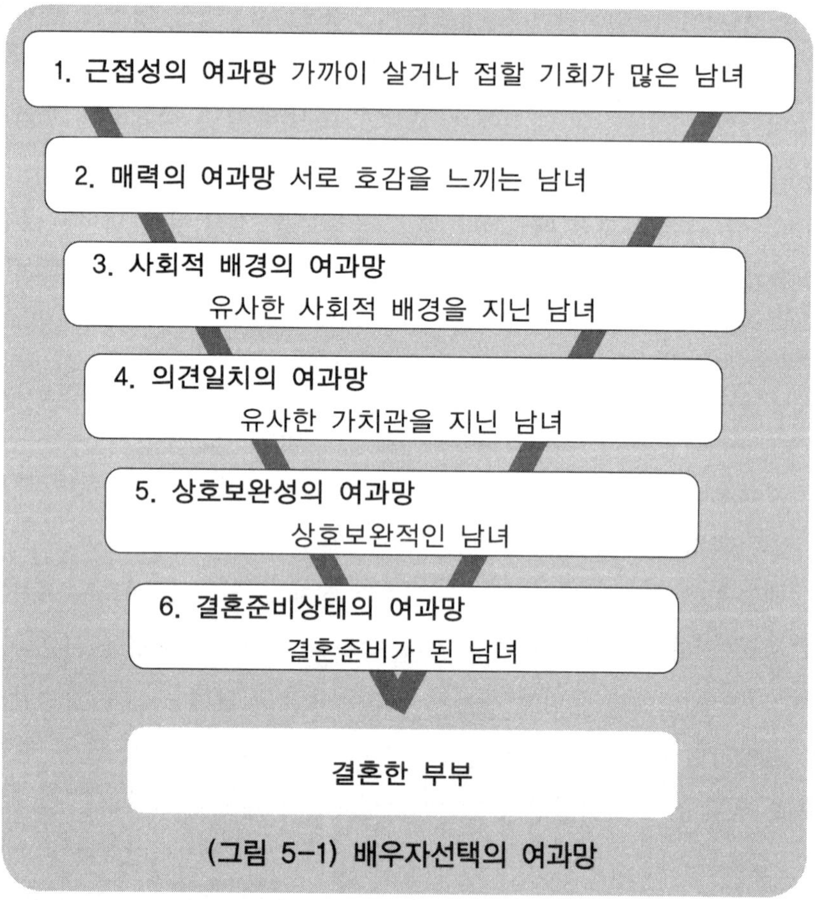

(그림 5-1) 배우자선택의 여과망

2. 배우자선택에 대한 불합리한 신념

'선택'이란 일생 동안 해야 하는 주요한 과제이다. 그러나 일생 동안 해야 할 선택 중 '배우자선택'만큼 우리 삶에 영향을 미치는 것은 없다. 배우자를 선택할 때 좋지 못한 영향을 미치는 것 중의 하나가 배우자선택에 대한 불합리한 신념일 것이다. 불합리한 신념이란 불합리한 사고나 기대를 말한다. 불합리성이란 비논리적인 것으로서 기본 목표를 달성하는데 방해가 된다. 배우자선택에 불합리한 신념이나 기대를 가진 사람은 배우자선택 과정에서 우유부단이나 실망과 좌절을 경험하기 쉽다. 배우자선택에 대한 불합리한 신념을 변화시키면, 불안과 실망과 좌절을 경감시킬 수 있을 것이다(제석봉, 2004).

① 천생연분은 오직 하나밖에 없다(The 'One and Only' belief)

'나에게 맞는 배우자는 이 세상에 딱 한 사람밖에 없다'는 신념을 가진 사람은 어떻게 될까. 과거에는 이러한 신념을 가진 사람이 흔했지만, 성혁명이 일어난 요즈음에 와서는 이러한 신념을 가진 사람이 흔하지 않다. 그러나 사랑했던 사람과 이별했거나 버림을 받았을 때, 이러한 신념 때문에 괴로워하는 사람이 무척 많다. 사랑했던 사람을 잃고 나면 세상 모든 것을 다 잃은 듯한 상실감에 젖는다. 그리고 다시는 그런 사람을 만날 수 없을 것 같은 괴로움에 시달린다. 그러나 '행복한 결혼생활을 할 수 있는 사람은 한 사람만 있는 것이 아니라, 여럿일 수 있다'고 생각하는 것이 더욱 합리적인 신념일 것이다.

② 내 상대는 완벽해야 한다(The perfect partner belief)

'배우자로서 완벽한 사람을 만나야 결혼하겠다'고 생각하는 사람들이 있다. 이러한 신념을 가진 사람은 상대방을 만나도 자신이 설정한 완벽한 기준에 맞는지 맞지 않는지 평가하기에만 급급하다. 이런 사람은 소위 말하는 '평가적 관계'(rating relationship)만 맺다가 만다. 상대방이 내게 어울리는지 어울리지 않는지 평가하는 데에만 초점을 맞추다보면, 자기개방과 상호이해를 통한 친밀한 관계의 형성과 발달이 불가능해진다. 이러한 신념을 가진 사람은 사랑하는 관계의 형성과 발달보다 '파트너 쇼핑'에만 골몰한다. 첫 눈에 완벽하게 보이는 사람도 언젠가는 불완전함이 드러나기 마련이다. 처음부터 자신에게 완벽한 사람은 존재하지 않는다. 완벽은 둘이서 긴 세월을 두고 가꾸어 나가는 것이다. 이러한 신념으로 배우자를 찾는 사람은 결국에는 자기 자신에게까지 실망이나 환멸을 경험하는 경우가 많다.

③ 내가 결혼할 상태에 놓여 있는지 확신이 서야 결혼하겠다(The perfect self belief)

결혼을 하고 싶어도 결혼해서 잘 살 수 있을지 자신이 없어 우유부단한 사람들도 있다. 결혼하기 전부터 유능한 남편, 유능한 아내가 될 수 있다고 확신할 수 있는 사람은 아무도 없다. 훌륭한 남편이나 훌륭한 아내가 될 자신이 있다고 공언하는 사람도 있지만, 그것은 어디까지나 상대방의 승낙을 얻기 위한 '허언'에 지나지 않은 경우가 많다. 성공적인 결혼은 두 사람의 노력과 협동을 통해 이루어지는 것이지, 어느 한 사람이 완벽하다고 해서 가능한 일이 아니다. 어떤 사람은 이러한 신념을 이성과의 친밀한 관계나 결혼을 두려워하는 합리화의 도구로 사용하는 경우도 있다. '누구나 어느 정도 남편 또는 아내로서 자신감이 있을 때 결혼해야 하지만, 대부분 어느 정도의 불안감은 가지고 출발한다'는 것이 보다 현실적인 신념일 것이다. 이러한 불안 때문에 결혼을 기피해서는 안 된다. 완벽한 사람은 세상에 하나도 없으며, 누구도 결혼해서 어떻게 살지 완벽하게 예측할 수 없다.

④ 둘이 잘 살 수 있을지 확인해보아야 결혼하겠다(The perfect relationship belief)

이러한 신념을 가진 사람은 결혼하기 전에 동거도 해보고, 계약 결혼도 해본다. 서로 떨어져서 살 수 있는지 헤어져, 다른 사람과 데이트도 해본다. 이는 상대방이 얼마나 질투하는지 시험해 보고 사랑의 강도를 측정해 보려는 시도이다. 이러한 부질없는 실험들은 상대방에 대한 신뢰나 투신이나 실패에 대한 두려움이 반영된 결과라 하겠다. 불행하게도 이 세상은 불완전한 사람들이 불완전한 관계를 맺고 사는 불완전한 세상이다. 앞으로 있을지도 모를 스트레스나 위기는 아무도 정확하게 예측할 수 없다.

'결혼하기 전부터 자기네 결혼생활이 어떠할지 확인해 볼 방법은 없다'는 것이 현실적인 신념일 것이다. 결혼은 데이트나 동거와 다르다. 다만 결혼하기 전에 다음과 같은 사항은 점검해 볼 필요가 있다. 둘이 결혼해 산다고 가정할 때 편안한 마음이 드는가? 서로 어울린다는 느낌이 드는가? 커뮤니케이션이 잘 이루어지고 갈등이나 문제가 발생해도 그 동안 잘 해결해 왔는가? 서로 신뢰하고 있다는 느낌이 드는가? 많은 가족 및 부부치료자들은 결혼 전에 다음과 같은 사항을 한 번 점검해 볼 필요가 있다고 권유한다.

- **동질성 : 종교적 신념, 사회경제적 지위, 연령 등이 유사할수록 성공 확률이 높다**
- **개인적 자질 : 정서적 건강성, 교육수준, 자기 존중감, 대인관계기술, 자아분화수준**
- **출신가정의 특징 : 과거의 가족관계**
- **중요한 타인들의 지지 여부 : 양가 부모의 결혼에 대한 태도**
- **기타 요인 : 결혼 전 임신 여부, 결혼의 이유**

⑤ 노력만 하면 된다(The Try harder belief)

어떤 사람과 결혼하더라도 노력만 하면 잘 살 수 있을 것이라는 신념을 가진 사람도 있다. 이것은 완벽한 사람이라야 결혼할 수 있다는 신념과는 정반대의 신념이다. 이러한 신념을 가진 사람은 배우자선택을 너무 쉽게 해버린다. 누구든 나를 데려가기만 해달라는 자세다. 특히 상대방은 결혼할 마음이 없는데 혼자 짝사랑해서 결혼하려고 하는 사람에게서 흔히 볼 수 있는 현상이다. 이러한 사람은 상대방과 어울릴 수 있을 것인지, 가치나 목표나, 기대나 상대방 집안 등을 신중하게 고려하지 않고 미성숙한 결혼을 할 가능성이 높다. 특히 Bowen이론에서와 같이 자아분화가 이루어지지 않아 정서적 단절의 일환으로서 정서적 충동으로 결혼하려는 사람에게 흔한 신념이다.

결혼이란 어느 한 사람만 노력한다고 해서 되는 일이 아니다. 왜냐하면 부부관계는 상호적 관계로서, 관계상의 문제를 해결하기 위해서는 혼자로는 힘들고 공동의 노력이 요구되기 때문이다. 한 사람이 노력한다 해도 상대방이 응하지 않아 불행한 결혼생활을 하는 경우도 대단히 많다. 특히 배우자 중의 한 사람이 다음과 같은 문제를 가지고 있을 경우에는 한 쪽에서 아무리 노력해도 성공적인 결혼생활을 이루지 못할 가능성이 많다. 따라서 결혼하기 전에 다음과 같은 문제를 가지고 있지 않은지 살펴볼 필요가 있다.

- **중독자: 알코올, 도박, 성, 음식, 일 등에 중독된 사람**
- **폭력적이거나 정서적으로 학대하는 사람**
- **너무 이른 나이에 결혼하는 사람(보통 20세 이하). 이른 나이에 결혼하려고 애쓰는 사람은 보통 자기 집에서 도피하고자 하는 무의식적 욕망을 가지고 있는 경우가 많다.**
- **성적으로 무감각한 사람**
- **종교적 편견이 심한 사람**

미혼 남녀를 대상으로 하는 상담자는 이러한 위험을 가진 사람과 사귈 때에는 결혼에 대한 의사결정에서 신중을 기하도록 조언할 필요가 있다. '두 사람이 다 성숙하고 적응할 수 있는 사람이라야 행복한 결혼생활을 영위할 수 있기 때문에, 배우자선택에 있어서 신중을 기해 선택해야 한다'고 생각하는 것이 보다 현실적이고 합리적인 신념일 것이다.

⑥ 서로 사랑하기만 하면 문제될 것이 없다(The Love is enough belief)

서로 매력을 느끼고 정열적으로 사랑한다고 해서 결혼하기에 충분한 것은 아니다. 앞에서도 언급한 바와 같이 상대방에게 홀딱 반했거나 낭만적 사랑에 빠져있을 때, 다른 문제는 안중에도 없다. 사랑만 한다면 문제될 것이 없다고 보는 것이다. 그러나 이러한 사랑은 일시적 정서적 충동이지 진정한 사랑이 아니다. 진정한 사랑은 일생동안 부부가 함께 가꾸어 나가야 하는 것이다. 사랑은 아무나 하는 것이 아니다. '사랑할 능력'이 있어야 사랑할 수 있다. 따라서 성숙한 사랑으로 가꾸어나갈 태세와 능력을 갖추고 있는 가 살펴볼 필요가 있다.

결혼하기 전에 이러한 사랑에 빠져있다고 해서 나쁜 것은 아니지만, 정서적 충동에만 휘말리지 말고 현실적인 안목에서 상대방의 자질, 가족관계, 갈등이나 스트레스 상황에서의 대처유형 등을 살펴볼 필요가 있다.

⑦ 결혼생활이 행복할지 동거해 보아야 안다(The cohabitation belief)

결혼해서 잘 살 수 있을지 미리 검토하기 위해 동거에 들어가는 사람들이 많다. 동거는 결혼과 근본적으로 다르며, 동거를 해보아도 행복한 결혼생활을 할 가능성을 높여주지 못한다는 엄청난 연구결과가 쏟아져 나오고 있음에도 불구하고 이러한 신념이 늘고 있다는 사실을 참으로 불행한 일이다. Booth와 Johnson(1988)은 동거 경험을 가진 부부와 동거 경험이 없는 부부관계를 조사한 결과, 동거 경험을 가진 부부가 부부간의 상호작용이 적고, 부부간의 불일치 수준이 높고, 결혼 불안정성 수준이 높으며, 이혼이나 별거의 비율이 동거 경험이 없는 부부보다 두 배나 높다는 사실을 발견했다. Stewart와 Olson이 17,204명의 부부를 대상으로 조사한 결과, 부부 만족은 동거하지 않았던 사람이 동거했던 사람보다 훨씬 높다는 사실을 발견했다(Stinnet et.al, 1991). 동거란 윤리기준을 무너뜨리고, 부모와의 긴장을 조성하며, 동거가 실패할 때 실망과 환멸을 느끼게 한다. 동거는 결코 성공적인 결혼의 시험 무대가 될 수 없다. 요즈음에 와서는 법적 결혼을 아예 포기하고 동거를 결혼의 한 대안으로 삼고 있는 사람이 늘어나고 있다. 동거를 하는 주된 이유는 결혼을 하면 서로를 구속하고, 경직된 역할에 묶이며, 자유가 제한된다는 이유 때문이다. 그러나 어떤 형태의 동거이든 동거는 친밀한 관계를 형성하는데 많은 장애를 초래한다.

⑧ 결혼은 눈 딱 감고 해야 한다(The choosing should be easy belief)

소위 말하는 노처녀와 노총각은 주위 사람들로부터 이러한 말을 자주 듣는다. 그러나 배우자를 선택할 때 너무 '재는' 것도 문제지만, 너무 쉽게 선택하는 것도 문제다. 어떤 부모들은 결혼하지 않고 있는 자녀에게 '다른 사람들은 결혼도 잘 하던데 너는 왜 그러지 못하느냐'고 힐난하는 경우가 많다. 결혼이나 배우자와의 만남은 운에 달려있다고 생각하는 사람들도 있다. 배우자선택이 운 또는 우연에 의해 이루어진다는 신화는 결혼 실패에 대한 책임감과 부부관계의 발달을 위해 각자 노력해야 한다는 책임감을 박탈시킨다. 결혼하기 전에는 둘이 얼마나 커뮤니케이션이 잘 이루어지는지, 서로 잘 이해하고 갈등을 잘 해결하고 있는지, 불일치를 잘 조정할 수 있는지 검토해볼 필요가 있다. '배우자선택은 그리 쉬운 일이 아니다. 따라서 신중을 기해 생각해 보아야 한다'는 신념을 가질 필요가 있을 것이다.

3. 부부관계유형

결혼할 때에는 대부분의 사람이 부푼 기대와 꿈을 가지고 있다. 누구나 행복하리라는 염원뿐 아니라 확신을 가지고 결혼한다. 그러나 대부분의 경우 의견의 불일치나 성격 및 생활양식 등의 차이로 인해 숱한 실망과 좌절을 경험하게 된다. 그러면 부부관계가 해체되거나 그럭저럭 적응하며 살아가게 된다. 따라서 이러한 실망과 좌절을 어떻게 해결해 나가는가에 따라 다양한 부부관계의 유형이 발달하게 된다.

Cuber와 Harroff(1968)는 결혼한 지 10년 경과된 400쌍의 부부를 대상으로 조사하여 부부관계의 유형을 다음과 같이 다섯 가지로 제시하였다(제석봉, 2006, 정은, 2009).

① 습관적으로 싸우는 결혼생활(conflict-habituated marriage)

'습관적으로 싸우는 부부'는 끊임없는 갈등과 긴장 상태에 놓여 있다. 부부간에 사사건건 의견이 맞지 않아 끊임없이 갈등을 빚는다. 싸울 때 보면 한시도 같이 살 수 없을 것 같지만, 그래도 입씨름을 해가며 그럭저럭 잘 견뎌 나간다. 아마도 이들 부부는 싸움하기 위해서 같이 사는지도 모른다. 이러한 부부는 갈등을 해결하려고 노력하지도 않고, 또 해결될 수 있으리라는 기대도 하지 않는다.

주요 특징으로는

- **심한 통제, 긴장과 갈등 존재**
- **혼자라는 것에 대한 두려움과 집착**
- **상대방을 화나게 하면서 통제하는 것에 대한 거짓 성숙(pseudo**

mastery) 경험 지속

② 활기를 잃어버린 결혼생활(devitalized marriage)

결혼해 살다 보면 소위 말하는 '사랑'이 식어 '한 지붕 밑에 살아도 남남처럼 살면서 활기를 잃어버린 부부'가 흔하다. 이러한 부부는 Bowen이 말한 '정서적 이혼'(emotional divorce) 상태에 놓여 있다고 해도 과언이 아니다. 부부간에 친밀감이나 상호소통을 찾을 수 없고 단지 법적으로 헤어지지 않고 살 따름이다. 이러한 부부는 서로에 대한 기대가 사라졌기 때문에 큰 싸움도 하지 않는다. 다만 자녀 문제나 사회적 체면 때문에 헤어지지 않고 살 따름이다. 한때 낭만적 사랑에 빠져 비현실적이요 환상적인 기대에 부풀었지만, 이제 권태와 판에 박힌 듯한 지루한 관계로 전락한 것이다. 따라서 부부생활도 행복과 기쁨보다는 의무와 책임감 때문에 계속되고 있다.

주요 특징으로는

- **불만족의 표현이 드물다.**
- **활동과 관심거리가 분리되어 있다.**
- **무감각과 냉담**
- **드러나는 갈등은 없으나 열정도 없음**
- **법적, 도덕적 구속력과 자녀들에 의해 유지되는 동맹관계**

③ 수동적, 자족적 결혼생활(passive-congenial marriage)

'별 뜻 없이 만나 그럭저럭 사는 수동적, 자족적 부부'도 없지 않다. 이러한 부부의 생활은 앞 유형의 부부와 별 차이가 없지만, 처음부터 사랑을 느껴 결혼한 것이 아니라는 점만 다르다. 이들이 결혼한 이유는 남들이 다 결혼하니까 그냥 편리 때문에 결혼했고, 타성에 젖어 있거나 자녀 때문이거나 재정적 문제 때문에 한 지붕 밑에 살아가는 부부이다. 서로 관심도 기대도 없이 살아가기 때문에 갈등도 비교적 적은 편이다.

주요 특징으로는

- **유쾌한 결혼**
- **서로가 편안하게 잘 맞는다고 느낌**
- **관심거리의 공유는 있으나 부부간 상호작용과는 크게 관련되지 않은 유형**
- **사회적 지지는 결혼생활 외부에서 획득**
- **모든 결혼이 다 그런 것 같다고 느끼는 경향**

④ 활기찬 결혼생활(vital marriage)

가장 이상적인 부부관계는 '생명력이 넘치고 활기찬 부부'라 하겠다. 어떤 심리학자는 이러한 유형의 부부를 자기실현형의 부부라고 부르기도 한다. 이 유형의 부부는 각자 자신의 길을 걸어가면서 서로 신뢰하고 존중하고 지지하는 가장 이상적인 부부이다. 이 부부는 서로 관심을 가지고 헌신하며 각자 자주성을 가지고 개인적 성장을 이루어 나간다. 부부 간에 솔직하고 개방적인 커뮤니케이션이 이루어지고, 갈등이 있어도 잘 대처 또는 해결해 나가며, 성적으로도 만족을 누린다. Ammons와 Stinnett는 이러한 부부관계를 맺고 있는 부부는 자기중심적이 아니라 이타적이고, 성적으로 개방적이고, 자아강도(ego strength)가 높고 스트레스에 대한 대처 능력이 뛰어나다는 특성을 발견하였다(Coleman, 1984). 이 유형의 부부들에게 가장 어렵게 여겨지는 일은 부부 각자 자기 자신의 개성과 상호성을 어떻게 조화시키는가에 있다고 하겠다. Cuber와 Harroff는 이 유형에 속한 부부가 가장 행복하고 만족스러운 삶을 영위하지만, 수적으로는 가장 드물다고 한다.

주요 특징으로는

- **적어도 한 가지 이상의 영역(가령, 자녀양육, 일)에서 열정적인 태도와 서로에게 보상을 주는 것이 매우 중요**
- **부부가 함께 열정적인 방식으로 일함**
- **개개인은 활동의 즐거움이 없어서는 안 될 사람으로 보임**
- **드러나는 갈등이 있을 수 있으나, 안정화시키는 힘과 정서적으로 서로를 보상해 주는 구속력이 바탕에 깔려 있음**

부부의 유형이 한번 정해지면 변화되지 않는 것은 아니다. 세월이 흐름에 따라 얼마든지 다른 유형으로 변화될 수 있다. 각자 어느 유형에 속하는지 살펴보고 보다 성숙한 유형으로 변화시켜 나가도록 공동의 노력을 할 필요가 있다. 부부관계가 성숙한 유형으로 발달하기 위해서는 무엇보다 효율적인 갈등해결과 커뮤니케이션을 통해 친밀감을 발달시켜 나가야 할 것이다.

exercise 5

연인(부부)친밀감척도

(제석봉, 2004)

※ 각 질문에 대해 자신에게 맞다고 생각되는 것 하나만 골라 ○표를 하되 사랑과 이성교제에 대한 생각이나 경험을 돌이켜 보고 답해 주십시오.

질문	전혀 그렇지 않다	거의 그렇지 않다	보통 이다	제법 그렇다	아주 그렇다
1. 우리는 의견 차이가 있더라도 싸움까지 하지는 않는다.	1	2	3	4	5
2. 우리는 함께 있을 때 편안하고 좋다.	1	2	3	4	5
3. 우리 둘의 관계를 떠나서는 사는 맛이 적어질 것이다.	1	2	3	4	5
* 4. 우리 둘이 있을 때 불안정감을 느낄 때가 많다.	1	2	3	4	5
* 5. 내가 좋아하는 일을 상대방도 좀 좋아했으면 한다.	1	2	3	4	5
6. 우리는 서로 솔직한 감정을 드러낸다.	1	2	3	4	5
* 7. 상대방과 잘 지내려면 많은 노력이 든다.	1	2	3	4	5

질문	전혀 그렇지 않다	거의 그렇지 않다	보통이다	제법 그렇다	아주 그렇나
* 8. 성생활이란 즐거움이라기보다 일처럼 느껴진다.	1	2	3	4	5
* 9. 상대방은 내 말을 듣는 척 할 때가 많다.	1	2	3	4	5
10. 우리는 의견이 달라도 서로 존중해 준다.	1	2	3	4	5
*11. 상대방과 나 사이에 거리감을 느낀다.	1	2	3	4	5
12. 나는 내가 누구라는 분명한 의식을 가지고 있다.	1	2	3	4	5
*13. 함께 살아도 외롭다는 생각이 든다.	1	2	3	4	5
*14. 상대방과 맺는 성적 관계가 별로 즐겁지 않다.	1	2	3	4	5
15. 우리는 서로 도움이 되고 있다.	1	2	3	4	5
16. 상대방은 내가 살아가는 방식을 존중해준다.	1	2	3	4	5
17. 우리는 다투는 일이 있어도 경멸하지 않는다.	1	2	3	4	5
18. 우리는 상대방의 가족과도 잘 지낸다.	1	2	3	4	5

질문	전혀 그렇지 않다	거의 그렇지 않다	보통이다	제법 그렇다	아주 그렇다
19. 성적으로 다가가도 상대방은 피하려고 하는 일이 거의 없다.	1	2	3	4	5
*20. 관계가 손상된다면 내 주장을 굽힌다.	1	2	3	4	5
21. 다른 사람과 비교해 보아도 내가 마음에 든다.	1	2	3	4	5
22. 우리는 삶의 목표가 서로 비슷하다.	1	2	3	4	5
23. 우리는 관계를 발달시키려고 관심을 기울인다.	1	2	3	4	5
24. 우리는 서로 털어놓고 말할 수 있다.	1	2	3	4	5

※ * 번호는 역채점(reverse scoring)

※ 우리 커플의 친밀도는?

요인	갈등 해결	조화	정체성	표현성	자주성	결합력	성적 친밀	애정
번호	1, 10, 17	5, 22, 23	4, 12, 21	6, 9, 24	7, 15, 18	3, 16, 20	8, 14, 19	2, 11, 13
채점								

제6장 가족기능

1. 가족기능의 이해

어떤 특성을 가진 가족이 건강하고 기능적이며 행복한 가족인가에 대한 관심과 연구는 가족상담 및 치료 분야 뿐 아니라 많은 사람들이 관심을 갖는 주제이다. 지금까지 가족기능에 대해 많은 연구가 이루어져 왔지만, 어떤 가족이 보다 건강하고 기능적인 가족인가에 대해 일치되는 결론은 쉽지 않다. 본 장에서는 가족상담 및 치료의 주요 이론에서는 가족기능을 어떻게 조망하는 가를 살펴보고, 가족 역기능을 대표하는 4가지 병리적 행동을 살펴본 후 인지 부부치료학자 Beck이 소개하는 환상적인 가족에 대한 이해를 높인다.

1) 가족상담 및 치료 주요이론의 가족기능 이해

① 대화가족치료이론

대화가족치료이론에서는 가족 커뮤니케이션의 다섯 가지 공리를 중심으로 가족을 이해하는데, 첫째, 원하든 원하지 않든 혹은 의식하든 의식하지 못하든 커뮤니케이션은 항상 이루어지는 속성을 가지고 있기 때문에 가족 간에 대화를 거부(원천의 부정, 듣는 사람의 부정, 내용의 부정, 맥락의 부정)하지 않고 커뮤니케이션이 원활하게 이루어지는 것, 둘째, 내용과 관계의 측면에서 대화에 참여하는 두 사람의 관계가 서로 존중하는 관계이거나 관계 규정이 서로 합의된 것, 셋째, 구두점의 원리에 근거해서 가족 간에 일어나는 여러 가지 일들에 대한 직선적인 사고로 생각해서 상대방이 원인이자 책임이고 본인은 그 결과일 뿐이라고 생각하는 것이 아니라, 관계 및 의사소통에서 서로가 서로에게 영향을 주고받는다는 순환적인 인과관계의 관점에서 일어나는 일을 전체적으로 지각할 수 있는 것, 넷째 디지털(언어, 논리적이고 이성적 측면의 대화)과 아날로그(비언어적, 감성적 측면의 대화)가 일치하는 대화를 하는 것, 다섯째 힘의 원리에서 대화에 참여하는 두 사람의 힘이 너무 비슷해서 경쟁하는 것이 아니라 서로 협조적으로 대화하거나 혹은 한쪽이 힘을 많이 가졌더라도 그 힘을 남용하거나 힘이 약한 상대방을 제압하는 데 쓰는 대화를 하지 않는 가족을 건강하고 기능적인 가족이라고 본다.

② 구조적 가족치료이론

구조적 가족치료이론에서는 가족 간에 경계가 분명하고(가족 간에 경계가 너무 엄격해서 정서적으로 냉랭하거나, 반면 경계가 너무 산만하고 제대로 설정되지 않아 가족이 서로 간에 지나치게 개입하지 않는 가족), 위계질서가 분명한 가족(부부가 가족 위계질서에서 가장 상위로 가족 의사결정 권한의 중심이 됨, 그 다음이 부모, 마지막으로 자녀 하위 체제의 순)이 건강하고 기능적인 가족이라고 보고 있다.

③ 전략적 가족치료이론

전략적 가족치료이론에서는 네 개 학파가 있는데 Satir, Haley & Madanes, MRI, Milan Group이 그것이다. 첫째, Satir이론에서는 가족성원 개인의 자기가치 및 자아 존중감과 일치적 의사소통을 가장 중요하게 보기 때문에, 건강하고 기능적인 가족은 가족성원의 자기가치감이 높고 자아존중감이 긍정적으로 형성되어 가족성원간에 자아존중감 위협에 대한 두려움을 숨기기 위한 이중적이거나 불일치적인 의사소통(회유형, 비난형, 초이성형, 산만형)을 하지 않고 일치적 의사소통을 하는 가족이다. 둘째, Haley & Madanes학파에서 Haley는 증상을 가족 내 권력과 힘의 관점으로 이해하기 때문에 부부관계에서 힘의 균형을 갖춘 가족이 기능적이라고 본다. Madanes는 증상을 보호와 관심으로 이해하는데 자녀가 증상을 통해 부모를 보호하는 역기능이 나타나는 것이 아니라 부모가 자녀를 보호하고 돌보는 위계질서가 바로잡힌 가족이 기능적인 가족이라고 본다. 셋째, MRI학파(Don Jackson에 의해 설립된 캘리포니아의 Mental Research Institute)에서는 가족들의 순환적 상호작용 및 피드백 고리를 중심으로 가족을 이해하므로, 가족들이 변화를 이루기 위해 아무런 소득이 없는 1차적 수준의 역기능적인 상호작용을 반복하는 것이 아니라, 순환적 상호작용에 대한 가족들의 자각을 통해 행동 이면의 가족 규칙을 변화하는 2차적 수준의 변화와 상호작용을 할 수 있는 가족을 건강하고 기능적인 가족이라고 본다. 넷째, Milan Group학파에서는 증상이란 비밀리에 진행되는 가족게임으로 보기 때문에 건강하고 기능적인 가족은 가족들이 비밀스러운 가족 상호작용이나 게임을 하지 않고 부부관계가 건강한 가족으로 본다.

④ 정신분석적 대상관계

정신분석적 대상관계 가족치료이론에서는 어린 시절 부모-자녀 간의 상호작용을 기초로 형성된 자기와 타인에 대한 내면적인 이미지라 할 수 있는 대상관계가 지금의 현재 관계에서 반복 재연되는 개인적 혹은 관계적인 어려움에 대한 이해와 통찰을 할 수 있는 가족을 건강한 가족이라고 본다. 그것은 부모가 양육과정에서 이 정도면 충분한 엄마노릇(일관성을 가지고 반응 수준이 높은 양육)을 통해 아이로 하여금 분리와 개별화를 달성하게 하고 통합(자기 자신과 타인이 좋은 대상과 나쁜 대상의 측면을 모두 가진다는 것을 이해)을 달성하게 하면 진짜 자기를 발달시키게 되므로 정체성이 확립된 성숙한 개인으로 성장 발달하게 되고 결국 더 건강한 가족관계를 형성하게 된다고 본다. 뿐만 아니라 지금-여기의 현재 장면에서 건강한 대상관계를 형성할 수 있는 가족과 그 개인을 건강하다고 본다.

⑤ Bowen의 가족치료이론

Bowen의 가족치료이론에서는 가족 간의 정서적 분화를 가장 중요하게 보기 때문에, 건강하고 기능적인 가족은 '자기분화(self-differentiation)'가 가능한 성숙한 개인들로 형성된 가족이다. 즉, 가족원들 간에 서로 감정적으로 강하게 얽혀 있거나 감정에 얽매여서 반응하는 가족이 아니라, 가족이라서 가장 소중하지만 그러나 개별성을 가지며 다른 사람들에게 분화되어 분명한 자아경계선을 설정해 놓은 가족이 건강하고 기능적인 가족이다(정성란, 2011).

2. 역기능적 가족의 4가지 행동

'잘 기능하는 가족(well-functioning family)'은 가족간 권력을 공유하고 가족성원의 개성을 존중하고, 분리와 상실에 대해 현실적으로 대처하는 능력을 육성시키는 구조를 가지고 있다. 이러한 가족은 다른 가족보다 따뜻하고 풍부한 감정을 드러낼 줄 알고, 세월의 흐름과 어쩔 수 없는 변화(자녀가 성장하여 부모보다 강력해 지는 것, 부모의 감퇴되는 능력, 피할 수 없는 사별)를 수용하려는 경향이 높다.

반면, '제대로 기능하지 못하는 가족'(예를 들면 자녀양육에 실패한 가족)은 어떠한가? Beavers는 가족기능의 효율성을 이해하기 위한 잣대로 '엔트로피(entropy)'라는 체계개념을 도입하고 있다. 엔트로피란 어떤 사물이 혼란 상태로 빠져 들어가는 경향을 나타낼 때 쓰는 용어이다. 따라서 엔트로피가 낮은 가족일수록 질서가 정연한 가족이라고 할 수 있다. 가족체계를 포함하여 모든 체계가 높든 낮든 어느 정도의 혼란(disorder) 상태에 놓여있기 때문에 모두 어느 정도의 엔트로피를 가지고 있다. Beavers는 폐쇄적인 가족체계일수록 엔트로피가 증대된다고 한다. 왜냐하면 자기 경계선 밖의 외부세계와 접촉하지 않고 보다 심한 혼란 상태로 빠져들기 때문이다. 오직 개방적인 체계만이 자기 경계선 내에서 엔트로피가 낮고 보다 조직화된 구조를 만들기 위해, 환경과의 상호작용을 통해 에너지를 얻을 수 있다. 그리고 이러한 에너지를 이용하여 폐쇄적인 가족과 같이 쇠락하지 않고 이에 맞서 싸울 수 있는 구조를 발달시킬 수 있다.

역기능적인 가족에서는 한두 가지의 역기능적 상호작용 유형이 보다 지속적으로 작용하고 또 가족관계의 특징을 이루는 경향이 많다는 사실이다. 먼저 가족들이 생활주기 내에 일어나는 여러 가지 위기에 대처하는 방법을 살펴보아야 한다. 이러한 위기는 성장의 기회를 제공하여 가족들로 하여금 미래의 발달과업에 보다 잘 대처할 수 있는 능력을 발달시켜 준다. 그러나 어떤 가족에서는 이러한 위기에 봉착하여 변화를 꾀하거나 유능감을 얻지 못하고, 오히려 가족들로 하여금 계속해서 서로 역기능적이고 성장지연적인 방법으로 대처하게 한다. 본 절에서는 가족 내에서의 네 가지의 공통적인 역기능적인 행동인 병리적 커뮤니케이션, 속박과 유리, 속죄양 그리고 고질적인 가족신화를 살펴보기로 한다.

① 병리적 커뮤니케이션

가족이 효과적으로 기능하기 위해서는 분명한 커뮤니케이션 채널을 마련하여 유지시킬 수단과 방법이 발달되어야 한다(Stachowiak, 1975). Beck와 Jones(1973)의 조사에 의하면 가족상담을 요청한 부부 사이에 가장 큰 문제가 커뮤니케이션 문제라는 사실이 밝혀졌다.

• 이중구속 메시지와 위장

역기능적인 가족에서는 서로 대화 대신에 연설을 하고, 상대방이 말을 할 때 고개를 돌리거나 시선을 마주치지 않으려는 것이 공통적인 현상이다. '이중구속 메시지(double-bind message)'를 교환한다. 이러한 이중구속적 상황에서는 한 사람이 다른 사람에게 말을 할 때, 여기에는 적어도 두 가지 또는 그 이상의 상반된 메시지나 요구를 담고 있다.

Laing(1965)은 가족 내에서의 갈등이나 상반되는 관점을 미혹시키거나 모호하게 하거나 가면을 쓰고 반응하는 현상을 '위장(mystification)'이라고 부른다. 이러한 가면효과는 갈등을 피하게 하는 것이 아니라 가리는 것이다.

- **대칭적 및 보완적 관계**

대화의 참여자들이 자기네들의 관계를 어떻게 규정하는가, 즉 누가 다른 사람에 대해 무엇을 말할 권리를 가지고 있는가가 더 중요한 문제이다. 사람들 간의 커뮤니케이션 유형과 관계는 '대칭적(symmetrical)'일 수도 있고, '보완적(complementary)'일 수도 잇다. 대칭적 관계에서는 참여자가 서로 상대방의 행동을 반영시킨다. 즉 A가 자랑을 하면 B가 한술 더 떠서, A로 하여금 더욱 자랑하게 하여 '한 술 더 뜨기'경쟁을 벌인다. 보완적인 관계에서는 한 사람의 행동이 다른 사람의 행동을 보완한다. 즉 A가 무엇을 주장하면 B가 복종한다. 이는 A로 하여금 더욱 자기주장적인 태도를 취하게 하여 B로 하여금 복종하게 만든다(Bateson, 1958). 대칭적인 관계의 특징은 동등성 및 상호 차이의 극소화이거나 아니면 경쟁성이다.

② 속박과 유리

'속박(enmeshed, 束縛)'이란 가족들 간의 상호작용에서 그들의 관계가 지나치게 밀접하고 강력하여 서로의 생활에 지나치게 관여하고 과잉염려를 하는 것을 가리킨다. 속박된 가족에서는 하위체계의 경계가 미분화되고 약하고 쉽게 뒤바뀐다(Minuchin, 1978). '유리(disengaged, 遊離)'된 가족의 가족성원들은 지나치게 자주적이요 독립적으로 기능하여 가족에 대한 충실성을 거의 찾아볼 수 없다. 이들은 가족끼리의 상호의존성이 없고, 필요할 때에도 가족들에게 도움을 청하지 않는다. 가족끼리 커뮤니케이션이 잘 이루어지지 않으며, 가족의 보호기능이 마비되어 있다. Minuchin(1974)은 이러한 현상을 간단한 예로 제시했는데, 속박된 가족의 부모는 자녀가 디저트를 먹지 않아도 몹시 당황하는 반면에 유리된 가족의 부모는 자녀가 학교에 가기 싫어해도 관심을 보이지 않는다고 한다.

- **비행조성의 가족**

어느 한 획기적인 연구(Minuchin, Montalvo, Guerney, Rosman & Schumer, 1967)에서 비행 아동을 많이 배출하는 가족을 조사했더니 이러한 가족의 특징은 지나치게 속박된 가족이거나 아니면 유리된 가족(또는 속박과 유리가 번갈아 일어나는 가족)이라는 사실이 발견되었다.

- **정신신체적 가족**

천식, 당뇨병 또는 신경성식욕부진증(anorexia nervosa)이 어린이의 생명을 위협하는 가족은 병의 원인이 이러한 병에 걸린 개인에게 있다기보다 가족 자체에 있다. 이러한 병의 원인이 심리적인 것이 아니라 신체적인 것이라고 하더라도 이러한 병의 정신신체적(psychosomatic) 요소는 정서적 스트레스에 의해 야기된 증상이 악화되었기 때문이다. 어린이의 정신신체적 증상은 가족체계를 조절하는 기능을 한다.

③ 속죄양

Bell(1975)은 가족들이 이렇게 하는 것이 자기집단 내의 복잡한 상호관계를 조정하는 데 최선의 방법이라는 사실을 발견했기 때문에 어린이에게 이러한 역할을 외부에서 부과한다고 주장한다. Bell은 다른 가족치료자들과 마찬가지로 한 가족에 장애아동이 있으면 가족들은 아동의 병을 영속화시켜서 이러한 장애를 유지시켜 나가려고 하는 것이 사실이라고 말한다. 이러한 경우 개인치료-장애를 치료하는 전통적인 방법-는 실패하기 마련이다. 왜냐하면 가족들이 다시 장애를 재발시키기 때문이다.

증상을 나타내는 '속죄양(scapegoat)'은 대체적으로 환자로 지목된 사람(IP: identified patient)으로서 전체 가족을 위해 병리적 문제를 짊어지고 있는 것이다. 속죄양이 된 사람은 가족들이 어떤 식으로 낙인찍느냐에 따라 다양한 증상을 나타낸다. 그 대표적인 것으로는 '버르장머리 없는 녀석, 멍텅구리, 천치, 바보, 사기꾼, 꾀병쟁이, 허풍선이, 악한 녀석'(Hoffman, 1971) 등을 들 수 있다.

④ 고질적인 가족신화

전체 가족뿐만 아니라 각 개인들도 신화(myth)-근거가 박약하고 자기기만적이지만 잘 체계화된 자기 자신에 대한 무비판적인 신념-를 견지하고 있다. 현실에 대한 왜곡과 부정뿐 아니라 상호위장이 이러한 신화를 구성하는 요소이다(Ferreira, 1966). Ferreira가 지적한 바와 같이 이러한 신화가 중요하다는 것은 가족들이 자기들의 상호작용을 시작하고 이러한 상호작용 유형을 유지하고 정당화시키는데 조직화된 신념으로 작용하고 있기 때문이다. 가족의 유형과 규칙은 가족의 신화, 신념 또 서로에 대한 기대로 바뀌어 서로 별 다른 생각 없이 자동적으로 행동으로 옮아간다는 사실에 주목할 필요가 있다.

- **가성상호소통**

역기능적인 가족에서는 대개 몇 가지의 신화를 가지고 있다. 정신분열증 환자의 가족구조를 일찍부터 연구해 온 Wynne은 이러한 가족이 자기들이 가지고 있는 신화에 짓눌려 '가성상호소통(pseudomutuality)'으로 상호작용하고 있다고 말하고 있다(Wynne, Ryckoff, Day & Hirsch, 1958). 그가 사용하는 가성상호소통이라는 말은 가족들이 겉으로는 서로 관계를 유지하려고 애를 써서 서로 개방적이고 이해심을 가지고 상호작용하는 것 같지만, 실제로는 서로 큰 거리감을 두고 있는 관계를 의미한다.

요약하면, 가족이 효과적으로 기능하기 위해서는 분명한 커뮤니케이션 채널을 수집하고 유지해야 한다. 역기능적인 가족에서는 이중구속적 메시지나 위장을 사용하는 병리적인 커뮤니케이션을 한다. 이중구속적 메시지를 받는 사람은 어떠한 반응을 하든 실패하기 마련이다. 그리고 위장을 사용하면 상대방은 실제 일어나고 있는 갈등을 가리려는 의도를 지닌 메시지를 보고 당혹과 혼란을 느낀다. 언어적 내용을 넘어 커뮤니케이션은 두 사람간의 관계를 규정한다. 대칭적 관계의 특징은 당사자간의 동등성과 차이의 극소화요, 보완적 관계의 특징은 그 반대이다.

속박된 가족에서는 하위체계 사이의 경계가 불분명하고 가족이 서로 상대방의 생활에 지나치게 관여한다. 극단적인 경우 가족으로부터 독립하려고 하면 배신으로 생각한다. 이러한 가족에서는 가족이 전능하다고 보기 때문에 자아에 대한 독립된 의식을 발달시키지 못하는 경우가 많다. 반면에 유리된 가족에서는 경계가 경직되어 있고 가족이 서로 독립되고 분리된 감정을 가지고 있다. 이러한 가족의 가족성원들은 가족 내에서 친근한 관계를 맺지 못하기 때문에 바깥 세계에서도 남과 관계를 맺지 못한다. 비행아동을 낳는 불안정한 결손가정은 대체적으로 극단적으로 속박된 가족이거나 유리된 가족이다. 그리고 정신신체적 가족은 전형적으로 속박된 가족이다.

어떤 가족에서는 가족 중의 한 사람을 속죄양으로 만듦으로써 다른 사람들과 차별을 두는데, 보통 이러한 속죄양에게는 가족불화의 원인으로 낙인이 찍힌다. 즉 가족 갈등을 이 속죄양에게 전가시킴으로써 가족 내에서 갈등의 원천을 가리려고 한다. 가족 신화의 고집은 자기기만적인 기제의 하나이다. 가족들은 이러한 신화를 토대로 하여 자기들의 많은 역기능적인 상호작용유형을 시작하고 유지하고 정당화시키려고 한다. 그리고 가성상호소통-가족들이 서로 개방적이고 이해성이 있는 상호작용을 하고 있다는 신화를 가지고 있으나 실제로는 그렇지 못한 관계-은 정신분열증이 발생하기 쉬운 전형적인 가족환경이라 여겨진다.

3. 환상적인 가족 만들기

앞에서 살펴본 것처럼 역기능적 가족의 부부간 대화는 주로 다음과 같은 커뮤니케이션 단절로 이루어진다(Beck, 2005).

"남편은 귀머거리야. 내가 말해도 듣는 법이 없어."
"아내는 어떤 일이든 쉴새 없이 재잘거리고 있어."
"남편은 어떤 일이든 묻기만 하면 방어적 태도를 취해."
"아내는 말끝마다 싸움을 걸어."
"남편은 고집불통이야... 내가 하는 말에는 전혀 관심이 없어."
"남편은 자기 속마음을 내비치는 법이 없어."
"그런 뜻으로 말한 것이 아니야."

이러한 말들은 전형적으로 문제가 있는 부부 사이에 많이 쓰는 말이다. 이러한 말은 단순히 부적절한 커뮤니케이션을 반영하고 있는 것 같지만, 보다 심각한 문제를 가리킬 때가 많다. 사소한 문제를 두고 커뮤니케이션하면서도 심각한 오해를 할 때가 있다. 이러한 오해는 좌절과 적대감을 낳아, 결국은 커뮤니케이션을 어렵게 하는 경우가 많다. 설상가상으로 단순한 대화조차 경쟁하고, 파워 플레이를 하고, 서로 가치를 떨어뜨리려는 장으로 삼고 만다. 서로 나누는 말이 명료화와 이해를 촉진하기보다 무기가 되고, 토의는 전투가 되고 만다.

그러면 어떻게 해야 기능적인 부부, 환상적인 가족을 만들 수 있을까? 인지 부부치료학자인 Beck(2005)은 "사랑만으로 충분하지 않다"의 저서에서 성공적인 부부의 요소를 다음과 같이 제안했다.

① 따뜻한 감정

세월이 흐름에 따라 홀딱 반했을 때의 열정(사랑하는 사람에 대한 강박적 사고, 이상화, 같이 있고 싶은 강렬한 욕구, 만났을 때의 설렘과 헤어질 때의 절망) 대신에 따뜻한 마음이 자리 잡는다. 사랑으로 맺어진 유대는 타격을 받지 않으면 계속 이어진다. 결혼한 지 40년이 흘렀는데도 부부가 서로를 바라볼 때에는 수십 년 전의 정서로 돌아간다고 말한 부부도 있다.

② 배려

배려는 상대방을 믿고, '당신은 나에게 얼마나 중요한 사람인지 모른다. 당신에게 일어나고 있는 일에 관심이 있고, 항상 당신을 돌보고 싶다'는 사실을 상대방이 느끼도록 하는 것을 의미한다. 배려의 두 가지 주요 특징은 배우자의 복지(welfare)에 관심을 갖고, 항상 도울 태세를 갖추고 있다는 것이다. 직장에 고용된 사람과 달리, 부부는 상대방에게 헌신하고 싶은 마음에서 돕는 것이다. 이와 같이 배려는 관심과 애정에서 우러나온다.

③ 애정 표현

애정의 표현은 배우자에게 따뜻한 감정을 불러일으킬 수 있는 확실한 방법이다. 그러나 세월이 흐르다보면 팔로 어깨를 감싸거나 포옹하거나 사랑한다는 말을 속삭이는 행동과 애정 어린 제스처는 점차 안방으로 국한된다. 그리고 부부사이가 멀어지면 이 모든 것이 한꺼번에 사라진다.

대부분의 부부는 연애할 때와 신혼 첫 해에는 서로 열렬히 사랑한다. 그러나 부부관계에 긴장이 발생하자, 신체적인 접촉과 사랑과 미소가 점차 사라졌다. 몇 차례의 가족상담을 받은 후, 따뜻한 말과 즐거운 미소가 긴장을 없애준다는 사실을 알고, 애정을 느낄 때에는 다시 이것을 표현하기 시작했다.

④ 수용

성숙한 사랑을 하는 부부관계에서는 무조건 상대방을 수용한다. 종교, 정치, 사람에 대한 견해가 서로 달라도 상대방을 비판하지 않고 차이를 인정할 수 있다. 상대방이 서툴고 약해도 비판적 자세를 취하지 않고 수용할 수 있다. 이러한 수용은 기운을 북돋운다. 그리고 상대방에게 수용되고 있다는 느낌을 들게 한다. 상대방의 흠, 결점까지 모두 전적으로 수용할 수 있다면, 안심하고 경계를 풀 수 있는 것이다.

가족상담 진행 중이었던 어떤 부부는 관계가 개선되어 감에 따라, 남편은 '아내에게 나의 있는 그대로를 드러낼 수 있게 되었습니다. 일부러 잘 보이려고 애쓸 필요가 없습니다. 있는 그대로의 저를 받아들여 주니까요'하고 말했다. 아내의 수용 태도는 지적인 성공에는 칭찬을 하고 어떤 실수도 용납하지 않던 부모의 태도와 사뭇 달랐다.

물론 수용한다고 해서 상대방의 결점에 대해 눈을 감고 지나간다는 것을 뜻하는 것은 아니다. 그러나 수용하는 분위기에서는 상대방과 가까워지는 것을 방해하지 않고 배우자와 함께 대처해 나갈 수 있다. 당신이 배우자를 사랑하고 둘이서 함께 '좋은 행동'을 목표로 삼을 때 부부 사이가 가까워질 수 있다. 배우자가 좋은 행동을 보일 때 사랑하겠다고 조건을 달면 결코 배우자와 가까워질 수 없다.

⑤ 공감

공감은 배우자의 감정-경험, 고통, 즐거움, 기쁨-을 함께 나누는 능력을 말한다. 걱정이 심하거나 마음이 들떠 있어도 일시적으로 공감할 능력이 상실된다. 가족상담 진행 중이었던 어떤 부부의 남편은 자신의 사업문제에 정신이 빠져, 새로운 고객을 얻어 좋아하는 아내의 기분을 읽지 못했다. 아내 역시 행복감에 도취되어 남편의 고통과 지원 요구를 의식하지 못했다. 상담 후 부인은 남편의 근심-특히 아내로부터 배척이나 버림을 받지 않을까 하는 두려움-을 더욱 정확히 깨닫게 되었다. 그 결과 부인은 남편을 기다리게 하지 않으려고 각별히 조심하고, 늦게 될 경우에는 전화를 하였다. 한편 남편은 구속을 싫어하는 아내의 마음을 이해하고, 무엇이든지 체계적으로 처리하려는 마음을 억제하려고 했다. 그리고 마음의 여유를 갖고 아내의 즉흥적 제안을 보다 선선히 받아들이려고 했다.

⑥ 민감성

배우자의 관심이나 상처받기 쉬운 점-예를 들어 남편은 아내로부터 버림받지 않을까 하는 두려움, 아내의 경우 남편으로부터 지배받지 않을까 하는 두려움-에 대한 민감성은 쓸데없는 고통을 줄이는 데 아주 중요하다. 어떤 사람은 다른 사람들보다 더 민감한 경우가 있는데, 이 점에 유의할 필요가 있다. 예를 들어 배우자가 당신이 한 행동에 대해 비판하거나 방어하는 대신 과잉 반응을 보인다면, 저변에 깔려 있는 문제가 무엇인지 생각해 보는 것이 좋다. 배우자와 함께 그의 마음속에 깔려 있는 두려움이나 관심이 무엇인지 차분하게 살펴볼 필요가 있다. 배우자의 과잉 반응을 충동이나 지배욕 같은 성격 탓으로 돌리려는 유혹을 이겨내야 한다. 이러한 과잉 반응은 마음 속 깊이 상처받기 쉬운 점이 숨어있다는 신호로 보아야 한다.

부인은 남편이 항상 제 때에 올 것을 요구하는 것은 아내에게 어떤 일이 일어나지 않았을까 하는 두려움 때문이라는 사실을 알게 되었다. 그리고 절도 있게 살았으면 하는 남편의 태도에 부인이 분노를 표하는 것은 지배받으며 살게 되지 않을까 하는 두려움 때문이라는 사실을 알게 되었다.

이러한 '문제'를 깨달았다고 해서 수정할 수 없다는 것을 뜻하지는 않는다. 사실 상담을 하면서 남편은 아내로부터 배척당하거나 버림받지 않을까 하는 두려움을 대부분 극복하였다. 또한 아내도 남편의 뜻을 따르면 자신의 자유나 자발성을 상실한다는 신념을 털어낼 수 있었다.

⑦ 이해

이해는 민감성과 비슷한 면이 있지만, 한 걸음 더 나아가게 한다. 배우자가 당신에게 어떤 문제에 대해 이야기하면서, 일일이 설명하지 않더라도 이해받고 있다는 느낌을 가질 수 있다. 나아가 이해는 배우자의 눈으로 사건을 볼 수 있다는 것을 의미한다.

부부싸움을 할 때 가장 먼저 희생되는 것이 상호이해이다. '어떻게 저 따위로 행동하는지 모르겠다'는 푸념을 보면 상호이해가 되지 않는다는 점을 분명하게 볼 수 있다. 물론 부부가 상대방을 이해하지 못하는 것은 상대방이 경직된 입장을 취하거나 서로 속이기 때문일 수도 있다. 그러나 더욱 심각한 문제는 갈등이 깊어질수록 상대방의 행동을 엉뚱하게 해석하려는 경향이 심해진다는 것이다. 이렇게 오해가 쌓이면, 상대방의 진정한 동기를 보지 않으려고 한다.

이러한 오해를 피할 방법이 여러 가지 있다. 그 중 하나가 배우자에 대한 당신의 자동적 사고가 합리적이고 이치에 맞는지 검토해 보는 것이다. 또 한 방법은 상대방의 의도에 대한 당신의 마음읽기를 검토해 보는 것이다.

⑧ 동료의식

배우자를 동료 또는 반려로 여기는 마음은 결혼 초기에는 강하지만, 세월이 흐를수록 옅어지는 것 같다. 남편과 아내는 수입, 육아, 가사 같은 문제에 골몰하다 보면, 같이 보내는 시간이 줄어들고 충돌도 잦아졌다. 남편은 직장 일에 몰두하면서부터 아내를 동료로 여기는 마음이 점차 약해졌다. 그러나 이것이 결혼생활에 미치는 영향을 알고 난 뒤부터 부부관계에서 이미 식어버린 불꽃을 다시 점화시킬 수 있었다.

동료의식은 훌륭한 결혼생활의 자산 중 하나인데, 부부가 함께 계획함으로써 얼마든지 발달시킬 수 있다. 함께 즐길 수 있는 활동을 생각하거나 부부가 함께 여행하거나 집을 꾸미거나 극장에 가는 것, 부부가 함께 여행하거나 집을 꾸미거나 극장에 가는 것, 부부가 함께 할 시간을 마련해 볼 수 있다. 하루하루의 삶의 순간 속에 부부가 함께 할 수 있다는 만족감을 통해 동료의 마음이 싹튼다. 함께 앉아서 텔레비전을 보거나, 함께 산책하거나, 설거지나 집안 청소 같은 일상적인 일을 함께 함으로써 일체감을 발달시킬 수 있다.

⑨ 친밀

친밀은 일상생활 속의 이야기를 함께 나누는 것에서부터 성관계와 같이 다른사람에게는 이야기할 수 없는 사적인 감정을 털어놓는 것에 이르기까지 그 범위가 넓다.

어떤 점에서 볼 때, 친밀은 배려, 수용, 민감성, 이해의 산물이라 하겠다. 마찬가지로 서로 오해하고 무차별적으로 비판하거나 비난하고 상대방의 욕구에 둔감하면 친밀감이 손상을 받는다. 부부가 서로 비판하고 징벌하고 지배하려들 때, 무엇을 잃게 되는지 생각해 보아야 한다. 갈등과 싸움으로 친밀감을 잃으면, 부부를 한데 묶는 세력도 사라져 버린다.

⑩ 우호

우호는 상대방을 한 사람으로 보려는 진정한 관심을 말한다. 이러한 특성은 일방적이거나 무언의 것이다. 한 조사에 의하면, 여자는 가장 막역한 친구로 남편을 꼽지 않고 다른 여자 친구를 꼽으나, 남편은 이와 반대로 아내를 가장 좋은 친구로 꼽는다는 사실이 발견되었다.

배우자를 진정한 사람으로 여김으로써 우정을 발달시킬 수 있다. 상대방의 관심사를 이끌어내기 위한 노력이 필요하다. 이러한 가교를 형성하기 위해서는 솜씨가 필요하다.

⑪ 기쁘게 하기

배우자를 기쁘게 하는 것도 행복한 결혼 생활에 없어서는 안 될 주요한 요소이다. 그러나 기쁨은 상호적인 것이어야 한다. 다시 말해 당신이 한 행동이 배우자에게 만족을 가져다 줄 수 있어야 할 뿐만 아니라, 당신도 배우자의 만족을 함께 나눌 수 있어야 한다. 이따금 틀에 박힌 일상에서 벗어나 특별한 일을 할 수 있어야 한다. 예를 들어 어떤 남편은 장모에게 전화를 하여 아내를 기쁘게 했다. 그러자 아내도 남편을 기쁘게 해 주고 싶었다. 그래서 서점에 갔을 때 남편이 아주 좋아할 책을 사서 선물했다.

나중에 부부가 서로를 기쁘게 할 프로그램을 짜는 방법을 설명할 것이다. 이렇게 하면 시들해진 부부관계가 활력을 되찾는데 도움이 될 것이다.

⑫ 지지

배우자로부터 지지를 받으면, 어려울 때 기댈 수 있는 튼튼한 바위와 같은 감을 느끼게 될 것이다. 배우자가 풀이 죽어 있을 때 기를 살리거나, 어려움에 봉착해 있을 때 문제가 무엇인지 찾도록 돕는 것이 얼마나 중요한 일인지 모른다. 배우자가 도움을 필요로 할 때 돕는 것은 당신이 배우자에게 항상 지지자요 후원자로 대기하고 있다는 느낌을 전달 해준다.

제7장 다문화가족의 이해*

1. 들어가며

현대 사회는 다원주의 사회이다. 다원주의 사회라 함은 정치적으로는 다두성(poliarchy), 사회적으로는 다핵성(coenocyte), 문화적으로는 다양성(diversity)의 성격을 가진 사회를 말한다(송복, 1990) 현대의 다원주의 상황에 있어서 특히 주목해야 할 것은 인종적(ethnic) 다양성에 기초한 '다문화'이다. 우리나라에서 다문화 문제가 사회적 주체로 떠오르기 시작한 것은 1990년대 중반 이후라 할 수 있다. 외국인 이주노동자의 증가와 국제결혼의 증가에 따라 자연스럽게 다문화에 대한 관심이 늘어나게 된 것이다.

2010년 현재 한국의 다문화 인구는 125만 명이며 총인구비율도 2.5%로 늘어났다. 40년 뒤인 2050년에는 인구의 약 8%를 차지할 것으로 전망된다. 그렇다보니 다문화에 대한 관심은 정부, 산업현장, 매스컴뿐 아니라 학계에서도 매우 높다. 다문화 관련정책을 예로 든다면 2005년 이후 본격화된 다문화정책은 중앙부처 법률이 4개, 지방자치단체의 외국인 지원조례가 무려 200개가 넘는다. 예산은 2009년 1053억 원, 2010년 1173억 원으로 해마다 증가하고 있다. 또한 전국적으로 160개에 달하는

---

* 본 장은 한국연구재단 등재지인 '다문화콘텐츠연구'(2011)에 게재된 연구논문이다. 다문화가족상담에 대한 인문학적 연구사례를 소개하기 위함이며, 관련 통계자료가 시의성이 부족함을 밝힌다.

다문화가족지원센터와 300개가 넘는 종교기관 및 시민단체가 이주노동자, 다문화가정, 외국인 유학생 등을 위한 프로그램과 상담을 다양하게 수행하고 있다. 한국의 다문화정책은 단기간에 압축 성장을 해온 셈이다(양기호, 2011)

다문화 사회로의 급속한 진행이 불가피한 현실에서 이주민의 증가는 저출산·고령화로 인한 노동력 부족해결, 다중언어 및 다문화성을 기반으로 한 글로벌 경쟁력강화와 같은 순기능과 불법 체류, 외국인 범죄, 인종적·문화적 편견과 차별로 인한 사회갈등 요인 내재의 역기능을 동시에 내포하고 있다. 이처럼 한국사회의 다문화현상에 대한 이해는 더 이상 분리된 사회현상이나 부분적 문화의 특수성으로 다룰 것이 아니라 사회구성원 전체의 문화적 현상으로 받아들여야 하며 이를 위한 다문화 이해의 필요성이 적극 제기되고 있다.

다문화 이해에 있어서 가장 중요한 열쇠가 되는 것 가운데 하나가 다문화 가족[1)]이다. 우리 사회는 국제적 지위향상, 세계화 및 외국과의 빈번한 교류, 인터넷의 발달로 인한 정보공유의 확산 등으로 국내외 인구이동이 급격히 증가하고 있는 한편, 저출산·고령화와 혼인수급의 불균형 등으로 외국인과 혼인하는 국제결혼이 빠른 속도로 증가하고 있다. 우리나라 전체 결혼 대비 국제결혼비율은 1990년 1.2%에서 2008년 11.0%를 차지하여 다문화가족은 상당히 빠른 속도로 증가하는 추세이다. 그 결과 다문화 가족의 자녀 역시 2006년 25,000명에서 2008년 58,000명, 2009년 103,000명으로 2배 이상 증가하였다. 다문화 가족을 구

1) 일반적으로 '결혼이민자'는 국제결혼을 행한 당사자 개인을 대상으로 하며 '다문화 가족'은 결혼 이민자와 그들 가족을 통칭하는 용어이다. 또한 본 연구에서는 다문화 가정이라는 일반적이고 대중적인 표현보다는 다문화 가족이라는 정책적, 학술적 용어를 지향한다.

성하는 결혼이민자의 출신국을 살펴보면 중국(조선족)이 30.4%로 가장 많고, 다음은 중국(한족 등 기타민족)이 27.3%, 베트남(19.5%), 필리핀(6.6%), 일본(4.1%), 캄보디아(2.0%) 순이며 연령대는 여성은 20대 이하가 남성은 40대 전후가 많았다. 또한 입국시기로는 2000년대 입국자가 81.1%를 차지하였는데 2000-2004년 입국자의 비율은 27.0%인 반면 2005년 이후 입국한 결혼이민자는 54.1%에 달해 최근 입국 인원이 높은 추세를 반영하였다. 한편, 다문화 가족을 위한 다양한 지원과 정책이 수행되고 있으나 현재 한국 사회의 다문화 가족은 사회적 편견, 사회문화의 부적응, 법적·제도적 차별, 가족갈등, 가족해체 등의 위기요인이 급증하고 있으며, 그 결과 가족 안정성 확보 및 사회통합을 저해하는 시급한 사회문제로 대두되고 있다.

이러한 우리 사회의 문제점을 해결하기 위해서는 다문화교육이 절실히 필요하다. 즉 한국 사회에서의 다문화교육은 인종교육뿐만 아니라 다양한 문화집단에 속해 있는 서로 다른 사람들의 상호 이해와 평등 관계를 중시하고, 인종, 성별, 사회적·경제적 지위(SES), 종교 등과 같이 서로 다른 집단들의 문화가 동등하게 가치 있는 것으로 인식하며, 학생들에게 자신이 속해 있지 않는 다른 문화에 대한 편견을 줄이고 다양한 문화를 올바로 이해시키려는 교육을 제공해야 한다. 그리고 민족이나 인종의 개념을 넘어서 평등을 향한 교육철학을 지향하는 방향으로 다문화이해교육의 방향을 제시할 수 있다.

최근 각광받는 문화콘텐츠 연구 가운데 신화와 같은 구비전승의 이야기 장르를 활용한 스토리텔링이 각광을 받고 있다(최혜실, 2009) 신화는 한 민족의 심층 깊숙이 잠재하는 생활의 단면사이다. 이 때문에 신화를 지닌 민족은 정신적 근원과 삶의 본질을 가지고 그들만의 문화를 창조하는 잠재적 역량을 지닌다고 할 수 있다. 그래서 신화는 한 민족 문화와 사상의 원형이다. 이러한 신화는 개인, 사회, 국가, 민족 혹은 다른 집단의 정체성과 관련하여 그 내면적인 성격을 상징화한다. 따라서 신화교육을 통해 모든 공동체와 종족, 민족들에게 정체성을 되찾는 일이 필요하다. 또한 각 민족의 도덕적 행위의 체계를 발견하고 통합하여 학습자의 인성과 행동의 모범을 추구해야 한다(노승우 2006).

따라서 다문화가족과 다문화이해교육을 통합하는 다문화콘텐츠의 개발은 시대적 과제로 등장한다. 이를 위하여 본 연구에서는 먼저 우리 사회에서 다문화가족이 차지하는 실태를 파악하고 이들을 위한 주요 정책과 다문화이해교육의 현실을 조망하고자 한다. 그리고 다문화가족을 구성하는 결혼이민자의 국적별 현황을 근거로 하여 최근 들어 결혼 이민자의 출입국 비중이 점증하고 있는 몽골(동북아시아)과 베트남(동남아시아)의 건국신화를 중심으로 문화원형(culture archetype)으로서의 동아시아 신화가 지닌 유사성과 차이성을 분석하며, 이러한 신화 연구를 토대로 스토리텔링방식을 활용한 다문화이해교육의 가능성을 파악하고자 한다.

2. 한국의 다문화가족과 다문화정책 그리고 다문화이해교육

한국 사회는 구성원의 출신국, 인종을 보면 이제 단일민족국가라고 부를 수 없는 것이 현실이다. 한국이 외국인 이민을 받아들이지 않는 비이민국가임에도 불구하고 장기거주 외국인의 비율이 전체의 2.5%(실제는 그 이상을 상회하는 것으로 추정됨)를 넘었다는 것은 한국 사회가 통념·이념상으로 그리고 실증적으로 더 이상 단일민족국가라고 할 수 없음을 의미한다. 따라서 변화한 한국 사회는 다출신국·다인종사회라고 지칭할 수 있다(김은미 등, 2009).

2010년 1월 1일 기준 우리나라의 외국인 주민 현황을 파악해보면 <표 7-1>과 같다. 행정안전부의 외국인주민현황조사에 의하면 2010년 1월 현재 한국 국적을 갖지 않은 결혼 이민자가 125,087명이고 혼인귀화를 통해 한국국적을 취득한 자가 56,584명이다. 따라서 혼인귀화자와 결혼이민자를 합친 다문화가족 가구수는 181,671명이 된다. 또한 국제결혼 가정자녀수는 남자가 61,734명, 여자가 60,201명으로 총 121,935명으로 조사되었다. 한편「다문화가족지원법」에 따른 다문화가족의 정의에 의하면 다문화가족은「재한 외국인 처우 기본법」상의 결혼 이민자 또는 「국적법」 제 4 조에 따라 귀화허가를 받은 자와 출생시부터 대한민국 국적을 취득한 자로 이루어진 가족이다. 이에 따른 다문가족은 154,333 가구로 추정된다(여성가족부, 2009).

〈표 7-1〉 외국인 주민현황(단위: 명)

구분	총계			한국국적을 가지지 않은 자			한국국적을 취득한 자			국제결혼 가정자녀		
	계	남	여	계	남	여	계	남	여	계	남	여
계	1.139,283	586,481	552,802	920,887	559,088	361,799	96,461	18,268	78,193	121,935	61,734	60,201

(행정안전부, 『2010 행정안정통계연보』, 2010)

여성가족부에서 실시한 전국다문화가족실태조사연구(2009)에 의하면

국적별 다문화가구수는 <표 7-2>와 같다. 이 조사에 의하면 다문화가족의 국적으로 중국이 전체의 2/3를 차지하였으며 이 가운데 조선족이 30.2%, 한족 등이 27.3%를 나타냈고, 뒤이어 베트남이 전체의 1/5 정도인 19.5%로 조사되었다. 그리고 필리핀(6.6%), 일본(4.1%), 캄보디아(2.0%), 몽골(1.4%) 순으로 나타났으며, 최근 들어 입국 비중이 점증하는 국가로 베트남과 몽골을 주목할 수 있다.

〈표 7-2〉 국적별 다문화가구 추계 현황(단위: 가구)

구분	전국	중국		베트남	필리핀	몽골	태국	캄보디아	일본	북미, 호주, 서유럽	기타
		조선족	한족 등								
계	131,702	39,834	36,040	25,700	8,762	1,835	1,733	2,645	5,445	2,417	7,291
비율	100.0	30.2	27.3	19.5	6.6	1.4	1.3	2.0	4.1	1.8	5.8

(여성가족부, 『2009 전국다문화가족실태조사연구』, 2009)

아울러 다문화 가족 관련 선행연구의 전반적인 동향을 정리하면, 먼저 초기에는 다문화가족의 출현 배경 및 형성 과정이 주류를 이루다가 다문화가족이 증가하면서 여성 결혼이민자의 특성, 가족생활, 경제생활 및 취업실태, 사회적 차별, 정책 수요 등을 주제로 하는 연구가 수행되었고, 대상도 여성 결혼 이민자에서 가족 단위로 농촌에서 전국단위로 연구범위가 확대되어 결혼이민자 가족 실태 파악에 대한 연구가 수행되었다.

이런 연구의 배경에는 한국에서 다문화 가족이 증가한 과정을 통상 '3세대'로 구분해서 살펴 볼 수 있는데 '제 1세대'는 6·25 한국전쟁이후 미군과 한국여성 사이에서 형성되었다. 한국전쟁이후 1년에 3,000명이 여성이 미군과 결혼하였다. 현재 미국에 사는 200만 명이 넘는 이민자들이 이들의 후손에 속하는 경우가 많으며, '제 2세대'는 1988년 서울올림픽에서 한국의 개가로 인하여 형성된 코리아드림을 좇아온 동남아 만성과 한국여성 사이에서 형성된 다문화 가족이 제 2세대를 이루었다. 올림픽제전 이후로 한국의 경제력이 세계에 알려지면서 경제적으로 풍요를 희구하는 외국 남성들이 대거 한국으로 몰려들었고 그들이 이룬 다문화 가족이 제 2세대를 이루었다. '제 3세대'는 2000년 이후 한국 농촌으로 시집온 외국인 여성을 어머니로 둔 다문화 가족들이다. 이 여성들의 한국 유입은 모국에서 경제적 빈곤을 탈출하기 위한 목적이 강하였다(조응태, 2010). 이러한 시대적 흐름을 배경으로 2000년대 중반 이후 여성결혼이민자 개인을 대상으로 한 연구에서 여성결혼이민자 가족을 대상으로 하는 연구로 경향이 변화하였다(정기선 외, 2007; 이순형, 2007; 설동훈 외 2006, 김유경 외, 2008). 이들 연구의 대부분은 결혼 이민자 개인보다는 다문화 가족을 대상으로 다양한 조사대상과 방법을 활용하여 관련 실태와 다문화가족의 욕구를 파악하고 있다는 점에서 연구 성과를 높이 평가할 수 있다.

한편, 다문화 가족을 위한 정책과 관련연구는 단기간에 압축 성장을 보여주고 있다. 다문화 가족을 위한 관련법과 제도로는 2007년 제정된 『재한외국인처우기본법』과 2008년 제정된 『다문화가족지원법』이 있으며 이를 중심으로 각 부처에서는 다양한 정책을 추진하고 있으며[2], 2009년 10월에는 다문화정책 진반을 총괄, 조정하는 기구로 국무총리실에 "다문화가족정책위원회"를 구성하여 다문화가족지원정책에 대한 효율적인 역할분담을 추진하고 있다.

2) 정부 주요부처별 다문화관련 정책을 정리하면 다음과 같다

이 가운데 문화콘텐츠와 관련하여 주무부서인 문화체육관광부의 다문화정책을 살펴보면, 2006년 다문화사회를 대비하여 문화적 지원 TF를 운영하여 이민자를 위한 한국어교육과 문화체험 지원사업을 추진하다 2007년 다문화정책팀을 신설하고 다인종·다문화 시대에 대비한 '다문화정책 추진방향'을 발표하였다. 기존의 차별배제, 동화주의 입장을 넘어서 문화다원주의에 입각한 문화다양성 존중, 문화향유권 확대 등을 내용으로 관련 법률의 제정, 검토와 유휴공간을 활용한 이주민 문화전용공간 확충 등 제도적인 기반을 마련하였으며, 결혼이민자의 한국문화 조기 적응을 지원하기 위해 '문화멘토'를 활용 결혼 이민자의 한국 사회 정착을 제고하였다. 또한 다문화가족정책과 관련하여 여성가족부는 2010년 4월 27일 다문화가족을 위한 포털사이트 '다누리'를 구축하여 다양한 언어(한국어, 영어, 중국어, 베트남어)로 정보(한국어교육, 한국사회 이해교육, 자녀교육정보 등 교육관련 서비스와 포털이용자를 위한 커뮤니티 서비스, 한국사회관련 다국어 뉴스서비스, 다국어 라이도 서비스, 상담 게시판

부처(가나다순)	정책영역	정책대상	정책초점
교육과학기술부	제도권교육, 인적자원개발	이주민, 자녀	다문화가족자녀교육지원, 학습능력향상 환경조성
노동부	고용	외국인노동자	외국인노동자 고용허가, 사회적 적응
문화체육관광부	문화, 예술, 체육, 관광	이주민, 일반 국민	다문화에 대한 인식제고, 이주민 문화언어적 적응 지원
법무부	출입국, 국적, 이민	입국외국인 전체, 일반 국민	외국인정책 총괄, 이주민 사회통합, 체류 질서
보건복지부	가족복지, 사회복지	다문화 가족	결혼이주 여성의 사회 적응,다문화가족의 복지 증진
여성가족부	성평등, 여성인권	결혼이주여성	이주여성의 인권 증진,이주여성의 사회적 적응
행정안전부	지방행정	이주민	이주민 지역정착 지원

(출처: 문화체육관광부, 『2009 문화정책 백서』, 서울: 문화체육관광부, 한국문화관광연구원, 2010, 361-362쪽)

등)를 제공하고 있다.

일반적으로 다문화이해교육이란 우리 사회의 모든 구성원들에게 다인종, 다문화사회로 접어들고 있음을 이해시키고, 소수 집단을 배려하여 다인종, 다문화가 평화적으로 공존할 수 있도록 하는 모든 교육을 말한다. 그것은 자문화중심주의적 시각에서 탈피하여 타문화, 특히 비주류 문화에 대한 인정과 그것과의 조화로운 관계 형성을 지향한다. 또한 다문화이해교육은 교육기회의 보상적 배분을 통한 격차 해소와 더불어 다문화이해교육의 시행을 통한 평화적 공존의식을 지향하는 것이다. 그런데 현재 우리나라의 다문화이해교육은 주로 여성결혼이민자들의 한국 문화에 대한 동화를 전제로 하고 여성의 가내역할과 밀접한 내용에 집중되어 있다. 따라서 우리나라의 다문화이해교육이 여성결혼이민자 정책이라는 명목하에 여성의 요구보다는 한국인 가족의 요구에 부응하는 또 다른 민족주의를 낳고 있는 것은 아닌지 점검할 필요가 있다(정연희, 2008).

3. 동아시아 건국신화 비교-몽골과 베트남을 중심으로-

전술한 것처럼, 우리 사회에서 동아시아 지역 출신이 다문화 사회의 주류를 이루고 있음에도 불구하고 그들에 대한 한국 사회의 차별과 편견은 여전히 진행형이다. 이러한 선입견과 편견이 내면화되어 세대를 넘어 전달되지 않도록 하기 위해서는 무엇보다 다양성에 근거하여 그들의 문화를 존중하는 개방적 태도가 요청된다. 이를 위한 첫걸음으로 본 절에서는 최근 들어 혼인귀화자와 결혼이민자의 출신국으로 점증하고 있는 몽골과 베트남을 대상으로 우리의 건국신화인 단군신화에 나타나는 생태소(生態素)를 비교틀로 하여 유사성과 차이성을 분석하고자 한다.

먼저 동북아시아 가운데 몽골의 건국신화를 살펴보면(조현설, 1998, 서상필 2008),

> "칭기즈 카한의 선조는 하늘이 점지하여 태어난 잿빛 푸른 이리였다. 그의 아내는 흰 암사슴이다. (그들은) 텡기스를 건넌다. 오난강의 발원인 부르칸 칼둔에 터를 잡으면서 태어난 것이 바타치칸을 낳았다."(몽골비사 1권 1장)

> "천계(天界)는 동과 서로 나뉘고, 동에는 44명의 사신(邪神)이 있고, 서에는 55명의 선신(善神)이 있어 서로 대립하고 있다. 애니미즘적 관념을 나타내는 이들 신격(神格)은 텡그리라고 한다. 동과 서를 합쳐 99명인 텡그리 외에 어느 쪽에도 속하지 않는 중간부에 또 텡그리가 있는데, 이들의 쟁탈을 둘러싸고 동과 서의 싸움이 벌어진다. 패배하여 지상에 떨어진 동천(東天) 수장(首長)의 시체 각 부분에서 쏟아져 나온 온작 마물(魔物)들이 인간에게 질병과 죽음 및 재앙을 가져다준다. 한편 서천(西天)의 수장(首長)은 아들을 내려 보내 그 마물들과 싸우게 한다. 마물의 대부분은 머리가 여러 개인 괴수(怪獸)인데 천신(天神)의 아들이 지상으로 내려오는 동기, 그때 천신에게서 받는 여러 가지 신기(神器) 등에 특색이 있다."(부랴트 몽골족의 건국신화 2)

몽골의 건국신화는 건국주인 칭기즈 카한의 신화화를 통해서 이루어진 것이 아니라 이와는 다른 방식, 즉 건국주의 선대를 부분적으로 신화함으로써 형성된 것이라 보아야 한다. 몽고의 건국신화 1에서는 몽골비사에 실린 여러 유형의 신화 중 '창랑백록형'(蒼狼白鹿型)을 제시했다. 이 건국 신화에는 푸른 이리와 흰 암사슴이 칭기즈 카한의 선조로 나타난다. 이러한 토테미즘은 단군신화 등장하는 토테미즘과 유사성을 발견할 수 있으며, 한편으로는 몽골이라는 생태적 적소(ecological niche)에서 나타나는 이리와 사슴의 등장 배경으로 단군신화에 나타나는 정주적 삶의 양식과 차이나는 유목적 삶의 양식을 발견할 수 있다. 또한 부랴트 몽골족의 건국신화에서는 서천의 수장이 아들을 내려 보내 마물과 싸우게 하는 점은 단군신화에 등장하는 환웅의 육화(incarnation)과 유사하며 하늘에서 내려올 때 가져온 신기는 천부인과 비슷한 성격인 반면 천계가 선과 악으로 나누어 대립하는 양상은 우리의 단군 신화에서 강조하는 제세이화, 홍익인간, 광명개천의 배경과는 다소 차이남을 알 수 있다.

다음으로 동남아시아 가운데 베트남의 건국신화를 살펴보면,

> "베트남 사람은 턴농(Than Nong, 神農)씨 자손으로서 4세손인 록뚝(Loc Tuc, 祿續)으로 하여금 낀 즈응 브엉(Kinh Duong Vuong)에 봉하여 남방을 다스리게 하였는데, 그 이름을 씩뀌(Xich Quy)국이라 했다. 씩뀌(Xich Quy)국은 현재의 운남성에서부터 바다에 이르는 지역이다. 이 낀 즈응 브엉(Kinh Duong Vuong)은 용왕(Dong Dinh Quan)의 딸 턴농(Than Nong, 神農)과 결혼해 아들 승람(Sung Lam)을 낳으니 이가 바로 락 록 꿘(Lac Long Quan)이다. 락 록 꿘은 씩뀌국을 다스려 백성들에게 농경을 가르치고, 음식을 만드는 법을 가르쳐 황금기를 맞이하였으나 용궁으로 은퇴하고 말았다. 한편, 북으로부터 라이(Lai) 황제가 씩뀌국을 정복하려 하자 용궁으로 은퇴한 락 록 꿘이 다시 출현하여 라이 황제와 대항한다. 얼마 후 라이의 사망으로 군사가 물러가자 락 록 꿘은 아리의 딸 어우꺼(Au

Co)와 결혼하고 어우꺼는 100개의 알이든 육신의 자루를 낳아 그로부터 100명의 아들이 부화하여 나왔다. 그리하여 락 록 꿘과 어우꺼는 100명의 아들을 반씩 나누어 50명은 아버지를 따라 용궁으로 가고 나머지 아들 50명은 어머니 어우꺼와 함께 풍쩌우(Phong Chau) 산으로 들어가 살게 된다. 이런 연유로 베트남 사람들은 용의 후손이라고 한다."

"어우 락(Au Lac, Bc 208-179)의 건국자가 꼬 로아(Co Loa)라고 하는 곳을 수도로 삼고 성을 쌓는데 자꾸 무너져 내렸다. 그 때 황금거북이 나타나 왕에게 이르기를 얼마 떨어지지 않은 산에 사는 흰 닭이 저주하기 때문이라고 하였다. 왕은 그 닭을 처치하고 나서야 성을 쌓는데 성공했다. 성이 완성된 후 거북이 자신의 발톱을 떼어주면서 그것으로서 석궁의 방사쇠틀을 만들라 했으니 왕은 천하의 신묘한 석궁(神穹)을 가지게 되었다."(어우 락의 건국신화)

베트남의 건국신화는 바다신과 산신의 결합을 통해서 이루어져 있는데 이는 단군신화의 천상계와 지상계의 결합과 유사하다고 볼 수 있다. 유독 차이나는 점은 우리나라를 비롯한 중국, 일본의 신화에서는 천상계가 나오고 신성시되고 있으나 베트남에서는 바다와 용궁이 특히 중요시되고 락 록 꿘이 나라를 위기에서 구하고 다시 돌아간 곳도 용궁이었다. 베트남 사람들을 용의 후손이라고 한 것도 이런 연유 때문이다. 베트남 건국신화에서 바다, 용왕, 용, 알이라는 생태소는 바다가 주생활 배경인 베트남의 지정학적 요인과 민족정서가 융(Jung)이 언급한 '집단 무의식'으로 작용한 것으로 해석할 수 있다.

다음으로 베트남 어우 락의 건국신화에 등장하는 흰 닭은 새로운 지배세력에 항거하는 집단이고 황금 거북은 타협 내지는 협조하는 세력을 상징한다. 새로 등장한 지배에게는 저항 보다는 타협집단이 더 많은 것이 일반적이다. 저항세력은 기존의 지배 집단 중에서 극히 소수일 뿐이다. 이렇듯 북부로부터 들어온 새로운 세력과 선주민 지배 집단 사이의 타협은 오랫동안 계속되는 베트남 역사의 한 전형이었다. 또 신묘한 석궁이란 새로 등장한 지배집단이 가지고 온 우월한 무기를 상징한다. 어우 락의 창건자인 안 즈엉 브엉(An Dung Vuong)에 이어 새로운 지배자로 등장한 인물이 찌에우 다(Trieu Da)로 남 비엣(Nam Viet)을 세웠는데 훗날 19세기에 수립된 베트남의 마지막 왕조 비엣 남(Viet Nam)은 여기서 유래하였으며 베트남은 비엣 남의 한국화된 발음이며, 어우 락의 건국신화에 등장하는 황금 거북은 가야의 건국신화에 등장하는 구지가에서 생태소의 유사성을 확인할 수 있다. 또한 가야의 건국신화에 나타나는 수로왕과 인도 아유타국의 공주 허황옥의 결혼은 가야건국신화의 배경 하에서 우리나라 최초로 국제 결혼한 인물로 볼 수 있으며 오늘날 다문화가족의 문화원형으로 모델링할 수 있을 것이다.

4. 신화의 스토리텔링 가능성과 다문화이해교육 방안

최근 다문화가족과 관련하여 감동을 주는 기업 이미지 광고(LG와 함께하는 사랑의 다문화학교)가 있다. 이 광고는 스토리텔링을 활용하여 기업의 일방적인 주장을 전달하는 광고에서 빗이니 이야기하고 하는 바를 드러낸다. 광고에 등장하는 전통적인 그림체는 조선시대의 생활을 그린 그 당시의 그림을 보는 듯한 착각에 빠져들게 한다. 당대에 혼혈 가족이 있을 수 없었음에도 불구하고 그런 인물들을 자연스럽게 배치하면서, 소비자에게 사랑받는 기업이라는 이미지에서 더 나아가 우리 시대의 중요한 화두인 '다문화 가족'에 초점을 맞춤으로써 브랜드 이미지 제고 효과를 달성 한 것이다. 또한 신화적인 상상력으로 문화콘텐츠를 성공화 시킨 대표적인 사례로 '해리포터' 시리즈 또는 '아바타'를 들 수 있다. 이처럼 스토리텔링 방식은 문화콘텐츠 개발의 새로운 코드로 등장한지 이미 오래이다. 따라서 본 절에서는 신화연구를 토대로 스토리텔링의 가능성을 파악하여 문화콘텐츠의 상상력을 극대화함으로써 다문화교육를 이해하는 단초를 제공하고자 한다.

흔히 스토링텔링(storytelling)은 규정할 때 스토리(이야기), tell(말하다), ing(현재진행형)의 세 요소를 감안한다. 그래서 스토리텔링은 신화나 전설 또는 사람 사는 이야기를 그냥 담화(discourse)하는 것이 아니라 서사 구조를 갖춘 이야기로 풀어주는 작업이다. 이를 위해 스토리텔링은 사건에 대한 진술이 지배적인 담화양식으로 사건 진술의 내용을 스토리라 하고 사건 진술의 형식을 담화라 할 때, 담화에 참여하는 현장성, 현재성을 강조하는 과정적 측면을 모두 담아야 한다.

그렇다면 신화는 어떻게 스토리텔링과정을 거쳐 다문화이해교육의 콘텐츠 가능성을 담아낼 것인가? 이를 위하여 먼저 우리나라 제 7차 교육과정에서 타문화이해를 위한 신화교육의 내용을 분석해보면, 초등학교의 경우 외국 신화가 수록되어 있지 않으며, 중학교 국어교과서에는 '길 잃은 태양 마차'가 수록되어 있고, 고등학교 문학교과서에서는 '삼태성 설화'(두산), '오디세이아'(한국교육미디어), '프로메테우스'(교학사), '일리아드'(천재교육) 등이 수록되어 있다. 이는 신화를 토대로 한 다문화이해 교육의 현주소가 대중에게 널리 알려진 그리스 ·로마신화, 일리아드·오디세이아의 작품 위주로 소재가 제한적이며, 다만 중국 연변 조선족의 설화인 삼태성 설화가 유일하다. 이런 현실은 다문화가족의 주류를 차지하는 민족과 국가에 대한 배려와 존중감 결여로 이어질 가능성이 높으며, 특히 다문화가족의 주요 구성원인 자녀들에게 정체감 혼란을 가져와 발달 과업의 위기를 낳을 수도 있다. 이를 예방하기 위한 다문화 이해교육의 방향으로 본 연구에서는 몽골과 베트남의 건국신화를 살펴보았는데 이를 토대로 스토리텔링 연구의 방향성을 탐색하면 다음과 같다.

첫째, 건국신화와 관련된 원형(prototype)의 발굴이다. 보통 건국 신화라 하면 맹목적인 애국심과 심정적인 추론에 의해 얻어지는 자국 민족주의 발로 가능성이 높다. 이 경우 신화의 보편성과 상상력에 제약을 제공할 수 있음으로 가능하면 고증을 근거로 한 실증적 접근이 요청된다. 물론 신화의 특성상 궁극적으로는 감수성과 상상력의 문제이기는 하지만 타당하고 설득력 있는 고증 자료의 뒷받침이 필수적이다. 본 연구에서 시도한 몽골과 베트남의 신화원형을 제대로 찾기 위해서는 고서뿐 아니라 종교, 미술사, 민속학 등의 통섭적 연구가 충분히 망라되어 활용되어야 할 것이다.

둘째, 건국신화 원형의 재현이다. 원형의 발굴에 이어 문화콘텐츠 소재로 재현해 내는 2차 작업을 위해 본 연구에서는 생태소라는 창의적 개념을 도입하였다. 단군신화의 예를 볼 때, 태백산과 신단수(神檀樹)는 인간과 하늘과 땅을 연결시켜주는 구실을 하였다. 또 환웅이 '風伯, 雨師, 雲師'를 거느렸다는 사실은 단군신화가 농경시대를 배경으로 하고 있음을 암시한다. 그리고 범과 곰의 등장이나 웅녀의 존재는 당시 우리 민족의 동물 숭배사상의 실체를 반영하는 점에서 볼 때 생태적 관점을 찾을 수 있다. 이러한 생태소를 몽골과 베트남의 건국신화에서도 동일하게 찾을 수 있다. 이러한 생태소를 중심으로 상상력이 가미된다면 그동안 소홀히 다루어졌거나 무관심했던 동아시아 다문화가족 출신국가에 대한 이해를 한층 더 발전시킬 수 있을 것이다.

또한 동아시아의 건국신화는 스토리텔링 방식 이외에도 신화의 상징적 해석을 통한 문학 교육적 접근도 병행가능하다. 신화는 민중적이며 민족적인 문학이기 때문에 그 작품 속에 녹아 있는 민족의 삶을 총체적으로 경험하고 이해할 수 있다. 즉 신화는 민족의 정서와 삶이 가장 원초적인 형태로 반영되어 있는 상징적인 구조물이자 모든 문학의 원형이다. 특히 건국신화에 자주 등장하는 동식물 관련, 언어적 요소, 신화 주인공의 정체성 확인은 해당 민족성의 재해석과 이해에 아주 중요한 형태소이다.

현재 우리나라의 다문화이해교육 역시 다문화정책처럼 단기간 압축 성장의 폐해를 드러내고 있다. 즉 다문화에 대한 인식의 변화 없이 동화적 자세로 교육만 강조하다보니 이웃 국가에 대한 존중과 배려가 제한적이다. 따라서 다문화이해교육에 있어서 신화는 중요한 코드이자 아이콘이며 문화원형이다. 오늘날 우리의 삶에는 신화와 신화의 상징, 신화의 내용이 풍부하고 넉넉하다. 이런 것들은 우리가 물려받은 인류 공통의 유산이다. 지도상으로 보면 상당한 거리를 두고 있는 문화권 사이에 놀라운 정도로 유사한 신화들이 존재한다. 이러한 공통성은 우리가 다양성 속에 내재하는 통일성의 아름다움을 깨닫도록 도와준다.

5. 나오며

다문화 인구가 125만을 훨씬 상회하는 현 시점에서 단기간 압축 성장을 보여준 우리나라의 다문화정책과 다문화이해교육에 대하여 점검과 반성이 필요한 상황이다. 실제로 우리 한국 사회는 다문화 가족에 대해 '하나'라는 슬로건을 내세우고 있지만 속을 들여다보면 편견, 부적응, 차별이 여전하며 인종 갈등, 가족 해체와 같은 사회병리현상이 점증하는 추세이다. 이를 해결하기 위한 전방위적인 노력이 진행되는 상황에 덧붙여 최근의 문화콘텐츠 연구 가운데 신화를 활용한 스토리텔링이 주목 받고 있다. 특히 한국신화, 설화, 민담에 대한 문화원형 발굴 및 재현이 꾸준히 이루어지고 있다. 이러한 연구에 근거할 때 다문화가족과 다문화이해교육을 통합하는 다문화콘텐츠의 개발은 시대적 과제이다.

이를 위하여 본 연구에서는 최근 들어 결혼 이민자의 출입국 비중이 커지고 있는 몽골(동북아시아)과 베트남(동남아시아)의 건국신화를 중심으로 유사성과 차이성을 단군신화의 생태소를 비교틀로 삼아 분석하였다. 분석결과, 몽골, 베트남, 한국의 건국신화에서 토테미즘 사상과 육화현상, 천지인의 조화 등을 공통적으로 발견(유사성)한 반면 생태적 적소개념으로 볼 때 동물, 식물의 특수성(차이성)을 찾을 수 있었다. 또한 건국신화 연구를 토대로 스토리텔링방식을 활용한 다문화이해교육을 위해 문화원형의 발굴과 재현을 위한 방향성을 모색할 수 있었다.

우리 민족의 신화를 다른 민족의 신화와 비교해 봄으로써 '같음'과 '다름'을 인식하는 것이 다문화이해교육의 방향성이다. 여기서 말하는 '다름'이란 차별성이 담기지 않은 '다양성'을 의미한다. 이 과정을 통해 민족 정체성 탐구는 물론 다른 민족의 문화까지 존중할 수 있게 된다. 무지개가 아름다운 것은 일곱 색깔 각각이 혼재(chaos)되기보다 고유한 조화(cosmos)를 이루기 때문이다.

제 2 부

가족상담의 실제

- TA상담을 중심으로-

제8장 가족을 위한 TA상담

제9장 TA상담의 기초이론

제10장 TA상담의 심화이론

제11장 TA 가족상담 프로그램

제8장 가족을 위한 TA상담

1. TA상담의 역사

1) TA의 창시자 : Eric Bern

Eric Lennard Bernstein
(1910. 5. 10~1970. 7. 15)

TA(Transactional Analysis : 교류분석, 이하 TA)상담이론의 창안자인 Eric Lennard Bernstein은 1910년 5월 10일 캐나다 몬트리올에서 의사인 David Hiller Bernstein(아버지)과 작가인 Sarah Gordon Bernstein(어머니) 사이에서 태어났다. 그는 행복한 어린 시절을 보냈는데, 특히 개업의였던 아버지와 무척 친했으며 아버지의 왕진을 즐겨 따라 다녔다. 사춘기 시작 무렵인 11살에 그의 아버지가 결핵으로 인해 38살이라는 젊은 나이로 세상을 떠난데 대해 큰 충격을 받았다. 이 사건은 그의 미래에 상당히 큰 영향을 미쳤는데 TA에 대해 전체적으로 조망한 Berne의 첫 번째 저서인 "Transactional Analysis in Psychotherapy"(1961)의 서분에는 라틴어로 '빈자의 의사이며, 의학박사였던 나의 아버지 데이빗을 기억하며(*In Memoriam Patris Mei David, Medicinae Doctor et Chirurgiae Magister atque Pauperibus Medicus)*'라고 헌정했다. 특히 가난한 유태인 이웃을 위해 무료

클리닉을 운영한 아버지의 모습에서 Berne은 사회적, 경제적 지위와 상관없이 모든 사람의 복지를 위해 묵묵히 헌신하고자 마음먹었던 것으로 보인다(Stewart, 1992:2). 아버지 사후 Bernstein은 홀어머니 밑에서 성장했고, 부모의 모교인 McGill 대학교 의학부에 입학하여 25살이 되던 1935년 아버지처럼 의사가 되었다. 그 후 미국으로 건너가 Yale대학 의학부에서 정신과 레지던트 과정을 거쳐 New York시의 Mt. Zion 병원에서 정신분석 수련을 받고 미국 시민권을 획득하면서 이름을 Eric Berne로 바꾸었다. 그리고 1940년 첫 번째 부인인 Ruth와 결혼하여 두 명의 자녀를 낳았다.

1941년 Berne은 뉴욕정신분석연구소(New York Psychoanalysis Institute)의 Freud의 제자였던 Paul Federn(1870~1950) 밑에서 정신분석 훈련을 받았는데 Federn을 통해 Berne는 '자아 심리학'(ego psychology)을 접하고 이를 나중에 자신의 성격 이론으로 발전시켰다.

그리고 세계 제 2차 대전의 발발로 1943년 미 육군 군의관으로 들어가 집단 심리치료를 다양하게 실시하였다. 이 시기에 작성한 정신의학과 정신분석에 대한 비판적 노트가 후에 TA 개발의 토대를 이루었다. 예를 들면 3년간 군 정신병원에 수용된 1만여 명의 군인을 대상으로 한 직관 실험(intuition experiment)을 통해 직관이 아주 타당하고 유익한 관찰 방법이며, 직관이 통찰(insight)을 강조하는 전통 정신분석보다 더 중요하며, 환자의 언어적 응답보다 비언어적 응답에 더 주목해야함을 발견했다. 그리고 군의관의 질문에 대해 군인의 반응을 관찰하여 세 가지로 분류하였는데 이러한 연구 결과는 후에 Berne의 자아상태와 커뮤니케이션 이론의 초석이 되었다.

1946년 군에서 제대한 뒤, New York에서 캘리포니아의 Carmel로 이

사를 한 Berne는 2년간 샌프란치스코 정신분석연구소의 Erikson에게서 다시 정신분석 훈련을 받았다. Erikson이 Berne에게 미친 영향은 크게 두 가지인데, 하나는 인간 발달을 전 생애동안 지속되는 구조화된 계열로 보아야 한다는 점과 또 하나는 개인의 생애와 성격은 사회적 틀(societal framework) 안에서 바라볼 때 제대로 이해 가능하다는 점이다. 샌프란치스코 보훈병원에서 세 번째 정신분석 수련과정을 가진 Berne은 1949년 첫 번째 부인과 이혼한 후 이혼 경력의 Dorothy와 재혼하여 두 명의 자녀를 더 낳았다. Berne은 1947년 "Mind in action"을 출판하였고, 이 책은 1957년 "A layman's guide to psychiatry and psychoanalysis"로 개정되어 나왔다. 1949년에는 저널에 실렸던 직관에 관한 여섯 편의 논문을 모아 출판했는데, 이것이 나중 TA 발달의 토대를 이룬 아이디어가 되었다. 계속 정신분석 훈련을 받으면서 1956년 샌프란시스코 정신분석학회에 가입 신청을 했지만, 정통 정신분석학의 일탈자로 간주되었는지 가입이 거부되었다. 이에 자극을 받은 Berne은 정신분석의 대안이 될 새로운 치료방법을 발달시키기로 결심했다. 그 해 말 직관에 관한 두 편의 논문을 완성하여 Parent, Adult, Child 자아상태라는 세 가지 개념을 처음으로 제시하면서 구조 분석이라는 이름을 사용하였다. 그 후에 쓴 논문들을 1957년에 출판하였고, 그 해 11월 미국 집단 심리치료 협회에 'Transactional Analysis: A new and effective method of group therapy'라는 논문을 실렸다. Berne은 이 논문에서 세 가지 자아상태 개념을 재진술하고 게임과 각본이라는 개념을 소개하였다. 이렇게 하여 TA 이론의 기본 틀이 완성되었다.

한편 Berne은 1950년대 초기부터 그가 정립을 시도한 이론을 중심으로 샌프란치스코를 중심으로 세미나를 계속해서 1958년에는 샌프란치스코 사회정신의학 세미나(The San Francisco Social Psychiatry Seminars, Inc.)로 발전시켰으며, 이 단체는 1962년부터 이 협회의 전문 학술지인 "The Transactional Analysis Bulletin"을 발간했다. Berne는 특히 정신의학이 문화적 차이 속에서 어떻게 시술되어야 하느냐 대한 문제에 깊은 관심을 가졌으므로 1948년부터 1960년까지 인도, 홍콩, 터키, 필리핀, 남태평양권의 여러 나라를 여행했으며 그 결과 1963년에는 "The Structure and Dynamics of Organization and Groups"를 출간하였다.

TA는 처음에는 의학 분야를 중심으로 보급되었으나 1964년 "The Games People Play"가 출판됨으로써 점차 많은 사람들에게 알려지게 되었다. 그리고 1968년에는 빈에서 개최된 The International Congress for Group Psychotherapy 회의에 보고되어 전 세계 심리학자의 관심을 모으기 시작했다. 한편 1967년 Berne는 두 번째 부인과 이혼하고 세 번째 부인 Torri와 결혼하였으나 1970년 초반에 또 이혼하였다. Berne이 세 번이나 이혼한 배경은 그의 저술 어디에서도 발견할 수 없으며, 오랜 지인에게도 분명한 이유를 밝히지 않았지만 아마 그의 성격과 인간관계 탓이라 추론할 따름이다(Stewart, 1992). Berne은 1970년에 "Sex in Human Loving"을 출간하였으며, 1970년 7월 15일 심장마비로 60세를 일기로 생을 마쳤다. Berne의 사후인 1972년 "What Do You Say After You Say Hello?"가 출판되었다.

Berne에 대한 기억은 사람에 따라 다르다. 어떤 사람은 아주 친절하고 칭찬을 잘하며 재미있는 사람이라고 하는 반면에, 성격이 냉정하고 경쟁적이라고 말하는 사람도 있다. 한 가지 확실한 것은 그는 분명한 사고가(clear thinker)로서 분명하게 사고하기를 즐겨 했고 타인에게도 분명한 사고를 요구했다는 사실이다. 이러한 그의 특징은 TA 이론 전체에서

면면히 흐르고 있다.

2) TA상담의 발달

Berne이 1957년 11월, 미국 집단 심리치료 협회에 실린 'Transactional Analysis: A new and effective method of group therapy'라는 논문을 통해 처음으로 TA라는 이름이 세상에 알려지게 되었다. 그리고 1961년 "Transactional analysis in psychotherapy: A systemic individual and social psychiatry"라는 책의 출판을 통해 TA의 기본 철학과 주요 개념이 정립되었고, 심리치료의 한 모델로서 자리 잡게 되었다. 1964년 "Games people play"라는 책이 국제적인 베스트셀러가 되었고, 정신분석과 결별한 그의 새로운 치료기법이 세상의 주목을 받기 시작했다. 그리고 1964년에는 국제교류분석협회를 결성하였다. 1960년대에 와서 그의 이론은 거의 완성되었다. 그러나 TA이론은 Berne 이후 눈부신 발전을 거듭해 왔다. TA이론의 발달은 다음과 같이 네 단계로 나눌 수 있다.

제 1기(1955~1962)는 Berne이 인간의 성격이 세 가지 자아상태로 구성되어 있다는 사실을 발견하면서부터 시작된다. 이 세 가지 자아상태(Parent, Adult, Child)는 인간의 사고와 감정과 행동을 설명할 수 있는 단서가 될 수 있다는 것이다. 다시 말해 말이나 목소리나 제스처나 얼굴 표정과 같은 '지금, 여기서'의 현상을 통해 성격을 관찰할 수 있는 길을 열어놓은 것이다. 이와 같이 관찰 가능한 이러한 기준은 한 사람의 과거 역사를 추론하고 또 미래 문제를 예측할 수 있는 토대를 제공한다. 1950년대 초부터 Berne이 주관해 오던 임상 세미나가 1958년에 '샌프란시스코 사회정신의학 세미나'(San Francisco Social Psychiatry Seminar, SFSPS)로 발전하여 매 주 목요일 Berne의 자택에서 열렸는데, 이 세미나는 오늘날까지 이어져오고 있다. 이 세미나에 참석했던 고전학파(Classical School)의 Claude Steiner, Jack Dusay, Stephen Karpman, Franklin Ernst 등이 TA 이론을 정립 및 발달시키는데 큰 기여를 하였다.

제 2기(1962~1966)는 두 사람 간에 일어나는 교류(transaction)에 관심을 기울이면서부터 시작되었다. 즉 두 사람이 커뮤니케이션을 할 때, 각 각 세 자아상태 중 한 자아상태에서 서로 자극과 반응을 주고받는다. 이러한 교류에는 세 가지 유형이 있다는 사실을 발견했다. 그리고 교류를 할 때에는 바깥으로 드러난 사회적 수준의 메시지 이면에 숨어있는 심리적 메시지도 있다는 사실을 알게 됨으로써, 게임을 분류하기 시작했다. TA가 널리 주목을 받게 된 것도 바로 이 시기이다. 이 시기의 TA는 정서에는 그다지 관심을 두지 않고 주로 인지적 접근방법을 취했다. Berne과 샌프란시스코 TA 세미나에 참석했던 사람들은 '사람들은 왜 같은 게임을 반복하게 되는 가'라는 의문에 답하려 했다. Freud의 강박증적 반복은 호소력은 있지만, 이러한 질문에 만족할만한 대답을 주지 못했다. TA에서는 이러한 질문에 대한 신빙성 있는 해답을 찾음으로써 제 3기에 접어들게 되었다. 이 시기에는 TA가 국제적으로도 널리 알려지게 되었다. 1962년에 Berne이 편집장이 되어 'Transactional Analysis Bulletin'이 출판되고, 1964년에는 국제TA협회가 결성되었다.

제 3기(1966~1970)는 인생 각본(life script) 개념과 각본에 대한 분석이 주로 발달된 단계이다. 인생 각본은 한 사람이 자기 삶의 방향을 결정하는 무의식인 인생 계획이다. 이러한 각본은 '아동기에 쓰여지고, 부모로부터 강화되고, 이후 겪게 되는 사건들을 통해 정당화되어, 결국 선택의 여지가 없는 결말로 치닫게 하는 인생 계획'을 말한다. 이 시기에는 정서적 재경험을 강조하는 시기였다. 내담자에 대한 각본분석을 통해 어린 시절 내린 결정을 깨닫게 할 뿐만 아니라 이러한 결정에 수반되는 감정을 재경험하도록 독려하였다.

Berne이 사망한 이후 TA의 발달은 제 4기(1970년부터 현재)로 접어들었다. 이 시기에는 '에고그램'(egogram)이 각광을 받기 시작했다. 에고그램이란 한 사람의 자아상태에서 발생하는 에너지의 양과 시간을 그림 또는 그래프로 나타낼 수 있게 해준다. 1970년 이후 각 자아상태의 에너지 수준을 높이는 기법들을 개발해 왔다. 이와 같이 TA의 임상적 적용에서는 각 기마다 특징을 이루었던 이론과 기법(자아상태, 교류와 게임, 각본분석과 재결정, 에고그램과 에너지 이동)이 다양하게 활용되고 있다. 이 4기는 TA 이론의 체계화를 이룬 시기이다.

1971년에는 Transactional Analysis Journal에서는 TA이론 및 실제에 뚜렷한 공적을 남긴 사람에게 수여하기 위해 Eric Berne기념과학상을 제정하였다. 이 상을 수상한 이론들을 보면 Steiner의 '각본 메트릭스', Karpman의 '드라마 삼각형', Dusay의 '에고그램', Jacqui와 Aron Schiff의 '수동성과 네 가지 디스카운트', Robert와 Mary Goulding의 '재결정과 12가지 금지명령', Crossman의 '보호'(protection), Kahler의 '미니 각본과 다섯 가지 드라이브', English의 '라켓과 라켓감정', Steiner의 '스트로크 경제', Mellord와 Sigmund의 '디스카운트와 재정의', Ernst의 'OK Corral', Erskine와 Zalcman의 '라켓 체계와 라켓 분석', James의 '자기 양육'(self-reparenting), Levin의 '발달 주기'를 들 수 있다. 이와 같이 Eric Berne 기념과학상을 수상한 이론들은 현대 TA의 근간을 이루고 있다.

TA를 통한 상담과 심리치료에 인간 가능성 운동(Human potential movement), 게슈탈트 심리치료, 참 만남 집단, 심리극 등 많은 기법들을 통합시켰다. 그리고 근래에 와서는 인지적 접근방법 외에도 정서적 활동적 접근방법을 취해 균형을 이루려고 한다.

2. TA상담의 철학

TA에서는 인간은 누구나 태어나면서부터 OK이며, 사고할 능력을 가지고 있고, 자기 운명을 자기가 결정하며 동시에 한번 결정한 것도 재결정할 수 있다는 철학적 가정을 띠고 있다. 그러면 TA에서 추구해야 할 변화의 목적이 무엇인지 살펴보자.

1) TA상담의 목표 : 자주성(autonomy)

Berne(1964)은 자주성이 인간이 추구해야할 이상으로 제시했다. 자주성에 대해 특별하게 정의를 내린 일은 없지만 Berne(1970)은 인간의 성장과 변화에 자주성이 왜 필요한지에 대해 다음과 같이 대해 강조한 바 있다.

인간은 자유롭게 태어난다. 그러나 인간이 배우는 첫 번째 일 가운데 하나는 들은 대로 행동하는 하는 것이며, 그렇게 행동하면서 평생을 보낸다. 따라서 인간은 부모에게 맨 처음 예속 당한다(first enslavement). 인간은 몇몇의 경우에만 자신의 선택권을 지니며, 자신은 자주적이라 위로하는 환상 속에서 영원히 부모의 가르침을 따르며 산다.

이 말은 모든 사람들이 어느 정도의 자주성을 획득할 수 있는 능력은 있으며 또한 자주성이 인간의 생득권임에도 불구하고, 실제로 자주성을 성취하는 사람은 많지 않다는 뜻이다. 진실로 자주성을 지닌 사람은 자기 통제를 할 수 있고, 자신의 운명을 스스로 결정할 수 있으며, 자신의 행동이나 느낌들에 대해 책임을 질 수 있고, 지금 여기에서 생활하는 데 있어 부적합하고 부적절한 패턴들을 과감히 버릴 수 있는 사람이 되는 것을 의미한다. 그렇다면 어떻게 하여야 자주성을 지니게 되는 것일까? Berne의 TA이론을 토대로 고찰할 때 인간이 자주성을 띠기 위해서는 자각과 자발성과 친밀이라는 세 가지 능력을 발달시켜 나가야 할 것이다.

ASIA: Awareness+ Spontaneity+Intimacy=Autonomy

① 자각(awareness)

자각이란 갓 태어난 아기와 같이 있는 그래도 순수하게 보고 듣고 느끼는 것을 말한다. Maslow의 자기실현된 사람의 특징처럼, 자기 자신이나 타인이나 인생을 있는 그대로 지각할 수 있어야 한다. 그러나 자라면서 우리의 자각 능력을 무디게 만들도록 체계적인 훈련을 받는다. 우리는 사물에 이름 붙이고, 남을 비판하는 데 정력을 쏟게 된다.

예를 들어 연주회에 가 있다고 가정하자. 연주를 할 때, '저 곡을 몇 년에 작곡했더라?', '템포가 좀 느리군', '언제 끝나지?', '차가 막힐 텐데 좀 끝나기 전에 나가버릴까?' 하고 온갖 상념에 빠져들기도 하고 내적 독백에 빠져들기도 한다. 있는 그대로 지각하려면 내 머리 속에서 들려오는 소리를 꺼야 한다. 들려오는 음악 소리를 있는 그대로 경험할 수 있어야 한다.

"성공하기 위해 태어나다"에서 James(1978)는 다음과 같이 자각하는 사람의 주요 특성을 기술하였다.

자각하는 사람(an aware person)은

- 현재의 직관을 왜곡하는 과거의 의견들을 버리고, 세상을 보도록 가르쳐진 방식이 아닌 개인적인 만남을 통해 세계를 인식한다.
- 삶이 일시적임을 알고, 현재의 본질에 감사한다. 자각하는 사람은 자아에 알려진 우주의 부분뿐만 아니라 아직 발견되지 않은 우주의 신비를 경험하기도 한다.
- 자신이 긴장하고 있는지 휴식하고 있는지, 열려진 상태인지 위축된 상태인지 알려고 자신의 신체 메시지에 귀를 기울인다.
- 감정과 환상의 내적 세계를 알며, 그것들을 두려워하거나 부끄럽게 여기지 않는다.
- 다른 사람의 말에 귀 기울이며, 그들이 말한 것에 적극적인 피드백을 주면서 경청한다.
- 몸과 마음은 지금 여기 상황에 맞게 반응한다. 예를 들어 미소 지으면서 화내는 말을 쓰지 않으며, 로마가 불타는 동안 악기를 연주하는 않는다.
- 자신이 어디에 있으며, 무엇을 하는지, 그것에 대해 어떻게 느끼는 지를 안다. 링컨은 "우리가 어디에 있는지, 어느 쪽으로 나아가고 있는지를 잘 안다면 우리는 무엇을 하고 어떻게 해야 하는지를 더 잘 판단할 수 있을 것이다"라고 말하였다.

② 자발성(spontaneity)

자발성이란 어떤 자아상태에서든 자유롭게 사고, 행동, 감정을 선택할 수 있는 능력을 말한다. 'A자아상태'를 충분히 활용하여, 성장한 사람으로서 사고하고 행동하고 느낀다. 원한다면 'C자아상태'에서 창조성과 직관성과 아동기에 누렸던 풍부한 감정을 느낄 수 있다. 또 필요하다면 'P 자아상태'의 명령에 동조하지 않고 현재 상황에 맞는 반응을 자유로이 선택할 수 있는 것이다.

사발적인 사람은 과거에 입력된 'P자아상태에 입력된 정의'(Parental definition)에 맞추기 위하여 현실을 왜곡하거나 재해석하지(re-interpreting) 않고, 세상에 대해 직접적으로(directly) 반응한다.

"성공하기 위해 태어나다"에서 James(1978)는 다음과 같이 자발적인 사람의 주요 특성을 기술하였다.

자발적인 사람(a spontaneous person)은

- 자기의 선택에 대해 책임을 지는데 자유로운 사람이다. 이 사람은 이미 결정된 삶의 스타일에 따라 살아야 한다는 강박관념을 버리고, 대신 새로운 상황에 대처하는 방법과 생각하고 느끼고 반응하는 새로운 방법을 탐색하기 시작한다. 따라서 가능한 행동 목록을 끊임없이 늘려 나가고 재평가한다.
- 독립적으로 결정할 수 있는 능력을 활용하거나 재충전한다. 이런 사람은 P자아상태와 C자아상태를 개인의 역사로 받아들이지만, 운명에 좌우되기보다는 새로운 결정들을 시도한다.
- 실제 자기가 갖고 있는 한계에서 자기 스스로 선택한 운명을 알고 책임을 진다. Frankle(1975)은 다음과 같이 말하였다. "인간이 본능을 받아들인다는 사실은 이를 거절할 수 있는 가능성도 있음을 전제조건으로 한다. 바꿔 말하면 인간은 결정의 자유를 지닌 존재이다. 예를 들어, 일란성 쌍둥이도 한 명은 범죄자가 된 반면, 한명은 범죄학자가 되기도 한다. 모든 것은 인간이 환경을 어떻게 다루고 환경에 대해 어떤 태도를 갖는지에 달려있음을 깨달아야 한다. 인간은 결정하는 것 보다 더 많이 행동해야 한다."
- '자기 자신의 일을 하는' 데 자유롭지만 속임수나 무관심으로 다른 사람에게 해를 끼치지는 않는다.

③ 친밀성(intimacy)

친밀성은 다른 사람과 진정한 감정과 욕구를 나누는 것을 말한다. 표현하는 감정이 진정할 때에는 라켓 감정을 느끼기 위한 행동이나 게임이 발붙일 수 없다. 친밀성을 발달시키기 위해서는 무엇보다도 개방적이어야 한다.

"성공하기 위해 태어나다"에서 James(1978)는 다음과 같이 친밀성을 발달시킨 사람의 주요 특성을 기술하였다.

친밀성을 발달시키는 사람은

- 마음의 것을 밖으로 내놓는 것을 배우고, 가면을 벗고 자아를 나타낸다. 그러면서도 항상 어른 자아상태의 자각을 유지한다.
- 친밀을 방해하는 방법으로 다른 사람과 교류하지 않으며, 무시하거나 교차교류를 하거나 게임을 하지 않는다.
- 지금 여기서 다른 사람들과 함께 존재하면서 개방적이고 진지해지려고 시도한다.
- 과거 경험들의 왜곡을 통해서가 아니라 자신의 독특함(uniqueness) 속에서 타인을 이해하려고 한다.
- 다음과 같은 비난을 사용하지 않는다.
  - "넌 네 어미처럼 칠칠치 못해 큰일이야"
  - "우리 아버지는 뭐든지 다 잘 고치는데 당신은 왜 수도꼭지 하나도 못 고쳐?"
  - "당신은 내 남동생하고 꼭 같네. 원하는 것 얻으려고 하루 종일 징징대는 게"
  - "너는 내 여동생하고 똑 같아. 자기 하고 싶은 대로만 하려고 하니. 나 원 참"
- 타인에게 따뜻함, 부드러움, 가까움을 표현한다.

자주성이란 '각본으로부터 벗어남'(freedom from the script)을 의미한다. 따라서 자주성이란 각본 신념에 따른 반응이 아니라, 지금 여기서의 현 상황에 적절한 반응으로서의 사고, 행동 또는 감정이라 하겠다. A자아상태를 지금 여기서의 상황에 적절한 사고, 행동 및 감정이라고 정의하였다. 그렇다면 자주적인 사람은 항상 A자아상태에 머물러 있어야 하는 것이 아닌가. 그렇지 않다. 자주적인 사람이라면 P, A, C 세 자아상태를 자유롭게 선택할 수 있어야 한다.

그러나 각본에 묶여 있을 때에는 어릴 때 내렸던 결정에 따라 반응할 자아상태가 결정되어진다. 자주적인 사람이라 해서 항상 A자아상태에 놓인 것이 아니라 하더라도, 이 세상에 대한 자료를 처리할 때 항상 A자아상태를 통해 이루어진다. 따라서 어느 자아상태에서 반응할지 선택할 때에는 A 자아상태의 자각을 통해 결정할 때 각본에 따라 반응할 때보다 선택의 폭이 훨씬 넓고 적절하게 반응할 수 있을 것이다. 각본에 의한 자아상태의 선택은 자신의 의식적 노력 없이 자동적으로 이루어지지만 자주적인 자아상태의 선택은 의식적 노력이 요구된다. A자아상태에서 자주적인 자아상태의 선택을 하다 보면 점차 익숙해질 수 있다. 마치 A자아상태에 긍정적인 C자아상태와 P자아상태가 내포되어 있듯이 자아상태의 이동이 신속하고 자연스럽게 이루어질 것이다. Berne은 이러한 사상을 전달하기 위해 '통합된 A자아상태'(Integrated Adult)라는 용어를 사용했다.

Shift에 의하면 자주적인 사람은 디스카운트, 재정의 및 공생 등의 수동성에 따르지 않고, 문제해결을 추구한다고 한다. 여기서 말하는 문제해결은 문제를 풀기 위해 생각하는 것만 의미하는 것이 아니라 해결을 낳을 효율적인 행동을 의미한다. 따라서 진정한 감정의 표현도 문제해결

기능을 수행한다. 문제해결을 할 때, 현실을 정확하게 지각하고 반응해야 한다. 디스카운트나 재정의를 통해서는 진정한 문제해결이 있을 수 없다. 이는 각본으로부터의 해방을 뜻한다.

TA를 기관이나 조직, 교육 장면에서 활용할 때, 그 목적을 '자주성'이나 '각본으로부터의 해방'에 두기 보다는 '효과적인 문제 해결'을 지향하는 것이 더 적절하다. 이런 상황에서 디스카운트와 미해결된 문제들은 사람들이 각본 상태에 있어서라기보다는 그릇된 정보전달(misinformed)에 기인한 것일 수 있기에 TA 전문가들은 각본 연구 보다는 정보를 어떻게 주고받는 지, 그리고 그 정보에 따라 행동하는 사람들을 위해 더 효과적인 정보 교환 방법을 개발하는 데 관심을 기울여야 한다.

2) '치료'에 대한 새로운 시각

Berne이 관심을 기울인 강조점 가운데 '치료'(cure)가 있다. 그는 TA 전문가들의 역할이 단지 내담자의 증상이 '호전되도록'(make progress) 돕는 것이 아니라 '환자를 치료하는 데 있음'(cure the patient)을 반복해서 강조하였다.

Berne는 저서 "집단 치료의 원리"(Principle of Group Treatment)에서 '개구리와 왕자'라는 은유를 통해 치료 개념을 설명한 바 있다. 그는 내담자의 증상이 '호전되는 것'은 개구리의 형편이 좀 더 나아지는 것(가령, 연못에서 생활하다 궁전에 가서 사는 것)인 반면, '치료'란 개구리가 껍질을 벗어 던지고 왕자나 공주로 다시 태어나 이전의 단절된 발전을 새로 시작하는 것을 의미한다고 하였다.

Berne의 제안 이후 많은 TA 연구자들이 치료에 대해서 다양한 의견을 제시하였는데 본 절에서는 치료를 '새로운 선택을 점진적으로 학습하는 것'(cure: progressively learning new choices)으로 보는 Stewart와 Joines의 주장을 종합한다.

각본 치료를 어떻게 규정하든 간에 '단번에'(once-for-all) 치료할 수 있는 것은 거의 없다. 치료란 새로운 선택을 실습하기 위해 점진적으로 학습하는 문제이다.

누구든지 자신의 각본이 의미 있는 변화를 겪을 때마다 몇 주나 몇 달 동안은 기분이 좋아짐을 경험한다. 그리고 어느 정도의 시간이 지난 후에는 다시 예전의 행동으로 종종 되돌아가 버린다. 때로는 예전 행동에서 괜찮았던 모습도 약간은 찾고자 한다. 그 차이는 예전의 행동과 예전의 행동에 더 이상 머무르지 않겠다고 인식하는 데 달려 있다. 오래전부터 해오던 예전 행동은 더 이상 만족을 주지 못하며 새로운 선택을 하도록 이끌고 나아가 변화하게 만든다. 예전의 행동은 더 이상 매력적이지 않으며, 건너뛰기도 한다.

다음의 시는 이러한 과정을 잘 요약한다(Stewart & Joines, 1987).

5장으로 된 자서전

Portia Nelson

1장

나는 길을 따라 걸었다네.
거기 길 옆에는 깊은 웅덩이가 있었지.
나는 거기에 빠졌다네.
나는 길을 잃고....어쩔 수 없었어.
내 잘못은 아니야.
길을 찾는데 평생이 걸린다네.

2장

나는 똑 같은 길을 따라 걸었지.

거기 길 옆에는 깊은 웅덩이가 있었지.

나는 못 본 척 했지.

나는 다시 거기에 빠졌다네.

내가 똑 같은 곳에 빠져 있다는 것을 믿을 수 없어.

하지만 내 잘못은 아니야.

빠져 나오는데 여전히 오랜 시간이 걸린다네.

3장

나는 똑 같은 길을 따라 걸었지.

거기 길 옆에는 깊은 웅덩이가 있었지.

나는 그곳을 보았지.

그런데 또 빠져버렸네…버릇이네..

내 눈이 뜨이고

내가 어디 있는지 알게 되었지.

이건 내 잘못이야.

나는 곧장 빠져나올 수 있었어.

4장

나는 똑 같은 길을 따라 걸었지.

거기 길 옆에는 깊은 웅덩이가 있었지.

나는 그 곳을 돌아서 걸었어

5장

나는 다른 길을 걷는다네.

3) TA상담의 적용 길잡이

Berne은 TA상담자가 지녀야 할 두 가지 치료의 슬로건을 주지시킨 바 있다. 첫째, TA 상담자는 무엇보다도 상처를 주어서는 안 된다고 하였다(*Primum non nocere*). 이 말은 사람의 상처에다 해석의 칼날을 댈 때는 꼭 필요한 곳에다 부드럽게 대야 한다는 뜻이다. 둘째, 인간은 치유를 향한 능력이 선천적으로 주어져 있다(*Vis medicatrix naturae*). 이 말은 치유란 사람으로 하여금 치유의 계기를 만나게 해주는 것이라는 뜻이다(Berne, 1966). 또 TA는 인간의 긍정성을 집단 내지는 조직 상황 속에서 극대화시킬 수 있는 치료적 잠재력을 지니고 있으며, 이런 사회적 내지는 집단적 성격은 개인의 내면적 문제뿐만 아니라 사회적, 경제적 내지는 정치적 갈등으로부터 파생되는 병리적 구조에 지대한 관심을 갖게 한다고 하였다. 그러므로 오늘날 미국의 경우, TA는 인종문제, 사회정의, 조직의 민주화와 같은 사회적 갈등을 치유하는 도구로 많이 활용되고 있다.

문제는 미국이라는 문화적 환경과 학문적 풍토에서 창안되고 발전되어 온 TA상담을 우리나라에 무비판적으로 수용해서 활용하면 곤란하다는 점이다. 이에 대하여 이기춘(1998)은 다음과 같이 몇 가지 선행조건을 제시하였다.

먼저 한국적 상황에서 TA를 치유나 의식 개혁의 차원에서 활용하려면 좀 더 개방적인 문화와 풍토가 조성되어야 한다. 예를 들면, 개인의 비밀이나 가정의 문제를 사회적인 측면에서 노출시키는 것이 부덕의 소치로 되어 있는 유교적 '수치의 문화' 전통 속에서 '집단 문화'라는 개념에 익숙해지지 않고서는 집단 체험의 기능은 제한을 받을 수밖에 없다. 예술로서 그리고 과학으로서의 치유나 변화는 문화의 목표에 저항하기

보다는 그러한 목표를 풍요롭게 함으로써 그 기능을 더 잘 수행할 수 있기 때문이다. 이런 점에서 개방적이며 민주적인 집단문화, 사회풍토의 창조는 집단변화에 필수적이다.

둘째, TA를 한국적 상황에서 적용하려고 할 때 유념해야 할 점은 TA 개념의 재해석 문제이다. TA의 기본 전제는 모든 인간은 근본적으로 자신의 운명의 주체이지 객체가 아니라는 것이다. 그러므로 인간은 자신의 자주성에 힘입어 자신의 운명을 조정하고 변화시킬 수 있다고 본다. 바로 그러한 긍정성을 나타내는 Parent, Adult, Child, Racket, Game, Script, Stroke 등의 TA 개념들이 우리의 문화적 토양 속에서 어떻게 형성되고 지탱되는 지를 면밀히 검토해서 맥락적 의미(contextual meaning)를 드러나게 하는 해석학적 작업이 필요하다. 이러한 재해석의 작업은 비단 TA에만 국한된 것은 아니지만, 특히 집단 예절(group etiquette)을 바탕으로 하는 TA에 있어서 해석학의 문제는 더욱 절실한 것이라 하겠다.

제9장 TA상담의 기초이론

1. 구조분석

1) 세 가지 자아상태

내가 부모나 부모와 같은 권위적인 인물(parent-figure)들의 행동이나 사고나 감정을 모방하고 있다면, '어버이 자아상태(Parent ego-state, 이하 P자아상태라 부름)'에 놓여 있다. 내가 하는 생각이나 행동, 내가 느끼는 감정이지만 P자아상태에서 일어나는 사고나 행동이나 감정은 주요한 타인의 것을 따라 하는 것이다. 따라서 '빌려온 자아상태(borrowed ego-state)'라고 하기도 한다. P자아상태란 과거 부모와 같은 주요한 타인을 그대로 모방한 듯이 생각하고 느끼고 행동하는 것을 말한다. P 자아상태에서 일어나는 사고나 행동이나 감정은 좋든 나쁘든 모두 부모나 주요한 타인이 하던 사고나 행동이나 감정을 편집하지 않고 있는 그대로 내투(introjection) 또는 수용한 것이다.

내가 어렸을 때 했던 것처럼 행동하거나 사고하거나 감정을 느낀다면, '어린이 자아상태(Child ego state, 이하 C자아상태라 부름)'에 놓여 있다. C자아상태는 어린 시절 자주했던 사고나 감정이나 행동의 재연(re-play)이지만, 모두 어린 시절의 것들만 의미하는 것은 아니다, 비록 최근의 경험이지만 자신이 직접 했던 경험이라면 C자아상태의 내용이 될 수 있다. 따라서 '역사적 자아상태(historical ego-state)'라 하기도 한다.

P자아상태에서의 사고나 행동이나 감정이 주요한 타인의 것을 모방한 것이라면, C자아상태에서 일어나는 사고나 행동이나 감정은 모두 과거에 자신이 직접 경험했던 내용들이다. C자아상태에서 하는 생각이나 행동이나 감정은 마치 아동기 시절을 재연하는 것과 같다. 다시 말해 현재의 상황에 과거 아동기 시절의 전략으로 대처하려고 한다.

그리고 내가 성장한 사람으로서의 나의 능력과 자원을 활용하여 내 주위에서 일어나고 있는 사건에 대해 지금-여기서의 직접적인 반응으로서 행동하고 생각하고 감정을 느낀다면 '어른 자아상태(Adult ego state, 이하 A자아상태라 부름)'에 놓여 있는 것이다. A자아상태에서의 사고나 행동이나 감정은 어린 시절의 것들을 재연하는 것도 아니고, 과거 부모와 같은 주요한 타인의 것을 모방한 것도 아니다. A자아상태에서의 사고, 행동, 감정은 과거의 영향으로부터 벗어나 '지금-여기에 대한 직접적인 반응(direct response to the here-and-now)'인 것이다.

뇌에 심각한 손상이 없는 한 누구나 자료 또는 정보처리능력을 가지고 있다. A자아상태는 사실에 입각하여 정보를 수집(지각)하고, 자극이나 정보를 평가하고, 합리적이고 객관적으로 사고하고, 미래를 위해 이러한 정보를 저장하는 역할을 한다(James & Jongeward, 1971). 따라서 A자아상태가 제 기능을 해야 과거 부적절한 P와 C의 영향에서 벗어나 현실을 있는 그대로 지각하고 P나 C의 비효율적인 측면을 파악 및 통제하고 더욱 현실적이고 효율적인 방안을 모색할 수 있다.

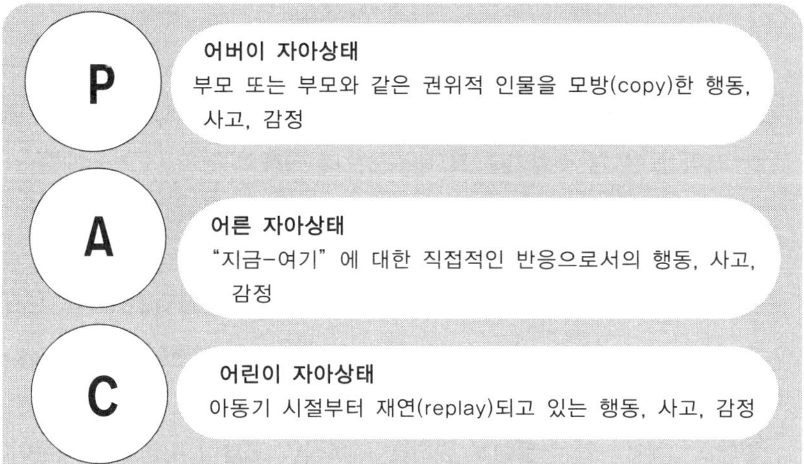

(그림 9-1) 세 가지 자아상태

TA에서는 일상적으로, '어버이'(P), '어른'(A), '어린이'(C) 상태에 놓여있다고 말한다. 각 자아상태를 세분화시키지 않고 단순히 세 가지의 원으로만 구성된 그림을 일차구조모형이라 부른다. 자아상태를 통해 성격을 분석하는 과정을 구조분석(structural analysis)이라 하는데 TA이론의 핵심을 이룬다.

2) 자아상태의 이동

우리는 P, A, C 중의 특정 자아상태에서만 머물지 않고 부단히 이동한다. 어느 자아상태에서 많이 머무는가에 따라 그 사람의 특징을 드러낸다. 고등학교 1학년인 윤주는 시험 후 주말을 맞아 모처럼 집에서 쉬려고 하는데 학원선생님으로부터 급하게 보강이 있다는 연락을 받았다.

윤주가 어떤 자아상태에 놓여 있는지 체크해 보기로 하자.

- 모처럼 맞는 주말에 보강 있다는 학원 선생님의 이야기를 듣는 순간 윤주는 맥이 풀린 채 수화기를 탁 내려놓으며 아파서 못 간다고 핑계댈 걸이라는 생각이 퍼뜩 들었다. 이 때 윤주는 _______ 자아상태에 놓여있는 것이다.
- 그러나 잠시 후 모처럼 맞는 주말에도 쉬지 않고 보강해주시려는 선생님의 열정적인 모습을 생각하고는 짜증부리지 않고 학원에 가려고 마음을 먹었다. 이 때 윤주는 _______ 자아상태에 놓여있는 것이다. 왜냐하면 휴일에도 회사에 가서 열심히 일하는 아버지의 모습이 떠올랐기 때문이다.
- 학원에 가기 위해 윤주는 승강장에서 버스를 기다리며 어떤 차가 오는 지, 버스 번호는 몇 번인지 계속 주시한다. 이 때 윤주는 _______ 자아상태에 놓여있는 것이다.
- 주말이어서 그런지 버스가 제 때 도착하지 않고 계속 시간만 흐른다. 시계를 보니 가슴이 철렁 내려앉는다. 바쁘게 가도 지각할 상황이다. 이 때 어느 _______ 자아상태로 이동했는가? 이러한 감정은 어릴 때 늑장부리다 지각했을 때 선생님에게 벌받을까봐 두려웠을 때 자주 느꼈던 감정이다.
- 그러나 윤주는 생각을 바꾸어, '선생님은 주말에 도로가 주차장처럼 변한다는 사실을 알고 계시겠지. 학원 선생님은 합리적이고 좋으신 분이니까...'라고 생각하니 마음이 안정이 된다. 이 때 윤주는 ________ 자아상태로 이동했는가?

건강하고 균형 잡힌 성격이 되려면 세 자아상태를 모두 필요로 한다. 우리가 부딪치는 문제를 해결하여 보다 유능하고 효율적인 삶을 살기 위해서는 A자아상태를 필요로 한다. 사회에 적응하기 위해서는 P자아상태에서 가지고 있는 일단의 규칙을 필요로 한다. 그리고 C자아상태에서 어린 시절에 즐겼던 자발성 창조성 직관적 능력을 발휘할 수 있다.

3) 자아상태의 정의

자아상태란 일관성 있는 사고, 감정, 행동 체계(coherent system of thoughts, feelings, and behaviors)라 할 수 있다. Berne(1966)은 자아상태를 '일관된 유형의 행동과 직접적으로 관계된 일관된 유형의 감정과 경험'이라고 정의했다.

첫째, Berne은 자아상태를 항상 '일관되게'(consistently) 발생하는 감정과 경험의 결합(combination of feelings and experience)으로 정의한다. 예를 들어 윤주는 약속 시간이 지났을 때 어릴 때 지각하여 벌을 받았던 기억을 떠올렸다(경험). 이와 동시에 윤주는 두려움(감정)을 느꼈다. 윤주는 아동기를 이렇게 재경험하면서, 일관되게 이러한 아동기의 정서를 느끼는 것이다. 윤주가 아동기 경험에 대한 모든 기억에다 여기에 수반되는 감정이 C자아상태를 이루는 것이다.

둘째, 각 자아상태마다 특징적인 행동들이 일관되게 나타난다는 사실을 암시하고 있다. 시간을 두고 윤주를 자세하게 관찰했더라면, 서로 구별되는 세 가지 단위의 행동적 신호들(P, A, C)을 나타냈을 것이다. 이 세 가지 단위들은 분명하고도 일관성 있는 차이를 드러낸다. 예를 들어 윤주가 심장이 뛰면서 눈을 크게 뜨고 손톱을 계속 물어뜯는 신호들은 C자아상태를 가리키는 것들이다. 그리고 잘 지켜보면 P나 A자아상태를 가리키는 신호들도 발견할 수 있을 것이다.

특정 자아상태에 속한 감정과 경험을 드러낼 때, 이 자아상태에 속한 행동들도 드러내기 마련이다. 예를 들어 윤주가 학교에 지각했던 아동기 기억을 경험하고 두려움을 느낄 때, 어릴 때 자주 했던 이러한 행동들은 윤주의 감정 및 경험과 직접적으로 관련을 맺고 있는 것이다.

4) 자아상태의 특징

자아상태란 이론적 구성개념이 아니라, 실존적 현상에 관한 세 가지 범주를 말한다. 자아상태는 무게도 잴 수 없고 손으로 만질 수도 없다. 자아상태는 우리 몸이나 뇌의 어떤 부분에 위치하고 있는 것도 아니다. 왜냐하면 자아상태는 하나의 사물이 아니기 때문이다. 자아상태는 일단의 현상(phenomena), 즉 서로 연관되어 있는 일단의 사고와 감정과 행동을 가리키는 명칭이다.

① Freud의 id, ego, superego와 자아상태

Berne이 인간의 성격을 이와 같이 세 가지 자아상태로 분류한 것을 보고 Freud의 이드, 자아, 초자아로 분류한 성격이론과 유사하다고 보는 사람들이 많다. 물론 이 두 모형에 유사한 점이 전혀 없는 것은 아니다. TA에서 말하는 P는 판단과 비판 기능을 하는 초자아와 유사하고, A는 현실검증의 기능을 하는 자아와 유사하고, C는 본능과 충동의 저장소인 이드와 유사하다고 말할 수 있겠다. 그러나 이 두 모형 간에는 근본적인 차이가 있다.

첫째, 이드, 자아, 초자아는 순수 이론적이요 가설적인 구성 개념이지만, P-A-C 세 자아상태는 '관찰가능한 행동적 단서'라는 사실이다(Dusay & Dusay, 1989).

둘째, Freud가 말하는 세 가지 성격구조는 일반화된 것이지만, TA의 세 자아상태는 개인마다 다르다.

② 자아상태에 대한 오해

세 가지 자아상태 모형을 지나치게 단순화시켜 '사고할 때'에는 A자아상태, '감정을 나타낼 때'에는 C자아상태, '가치판단할 때'에는 P자아상태에 놓여 있다고 말하는 경우가 많다. 따라서 P를 '가르침을 받은 나' 또는 '비판하는 나', A를 '생각하는 나', C를 '느끼는 나'라고 도식화시켜 말한다. 그러나 이와 같이 단순화시킨 모형에서는 P, A, C 어떤 자아상태에서든 다 같이 사고하고 느끼고 가치판단을 할 수 있다는 사실을 간과하기 쉽다. James와 Jongeward(1971)는 지금 현재의 상황에 적절한 감정의 표현도 A자아상태에 속한다는 사실을 강조한다.

또한 단순화된 모형이 가지고 있는 더욱 큰 결함은 자아상태의 시간 차원을 고려하지 않고 있다는 사실이다. P와 C는 어디까지나 과거의 반영이라는 사실이다. C상태에서는 '나의 과거에서부터의' 행동과 사고와 감정을 재연하는 것이고, P상태에서는 '내 과거의' 부모나 부모와 같은 권위적 인물에게서 모방한 행동이나 사고나 감정을 드러내는 것이다. 그러나 A상태에서는 현재 성장한 사람으로서의 능력을 발휘하여 상황에 반응하는 것이다.

5) 구조적 병리학

세 자아상태 사이에는 '경계(boundary)'가 있다. 자아상태와 자아상태 사이의 경계는 일종의 반투막과 같아 정신 에너지의 이동이 가능하다(Berne, 1980; Clarkson, 1992). 건강한 성격이 되기 위해서는 자아상태 간의 경계가 분명하면서도 동시에 개방적이어야 한다. 그러나 경계가 모호하거나 경직될 때는 병리적 성격을 드러낸다. Berne은 경계로 발생하는 두 가지 문제를 '오염(contamination)'과 '배제(exclusion)'로 명명하였다.

① 오염

우리는 P나 C자아상태의 내용을 마치 A자아상태의 내용인 것처럼 생각할 때가 있다. 이 때에는 A가 P나 C자아상태로부터 오염되어 있는 것이다. 이와 같이 한 자아상태는 다른 자아상태를 침범할 수 있다. 침범되거나 오염된 자아상태는 제 기능을 할 수 없다.

- **P자아상태의 침범**

P가 A를 침범, 또는 A가 P로부터 오염(Parent contamination)되었을 때에는 A자아상태가 P자아상태의 지배를 받게 된다. 따라서 A자아상태가 제 기능을 하지 못하기 때문에, P의 '슬로건'을 마치 A의 '실제'처럼 착각한다. 다시 말해 과거 외부로부터 입력된 정보가 현실에 맞는지 틀린지 식별하지 못하고 무조건 맹목적으로 신봉한다. Berne은 이를 '편견'이라 부른다.

P가 A를 침범한 사람의 대표적인 특징이 바로 편견이 심하고 무엇을 맹신하고 있다는 점이다. 이러한 사람은 자기 편견이나 맹신을 현실로 착각한다. '성은 불결하다'든가, '여자는 남자보다 머리가 나쁘다'는 등의 편견, 사이비 종교에 대한 맹신, 기타 자기비하, 자기과신, 엘리트 의식도 P가 A를 침범한 사람의 특성이다. P가 A를 침범한 사람은 음식, 종교, 계급, 지방색, 성과 관련된 주제에 편견이 심하다. 이러한 사람은 편견만 가질 뿐 아니라 감정과 정서를 동시에 나타내게 된다. 침범이 심하면 환각을 경험하기도 한다(James, 1971).

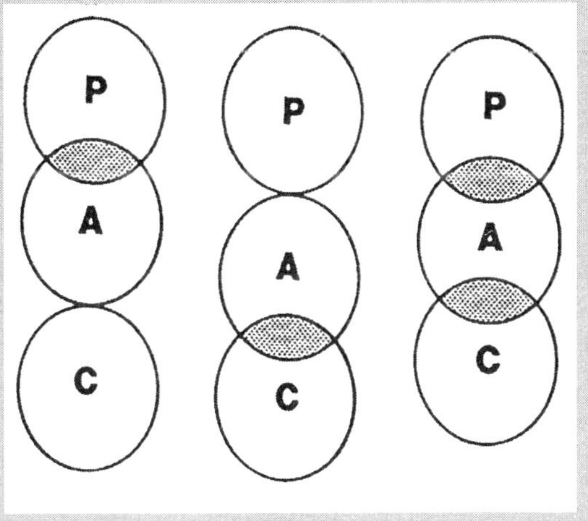

(그림 9-2) 오염

- **C자아상태의 침범**

C가 A를 침범, 또는 A가 C로부터 '오염(Child contamination)'되었을 때에는 어린 시절부터 견지해오던 신념의 영향을 받아 사실에 입각하여 지각하고 사고하는데 방해를 받는다. C가 A를 침범하여 A가 제 기능을 하지 못하기 때문에, 아동기의 상황을 현재의 상황으로 착각하고 있는 것이다. Berne은 C의 침범에 의해 일어나는 전형적인 신념을 '망상(delusion)'이라고 부른다. 이러한 망상의 예는 다음과 같다. C의 침범이 심한 사람은 사신이 구세주라든가 세상의 통치자라는 등의 망상을 경험하기도 한다. 아동기 초기부터 심각한 정신외상적 경험을 겪어 C와 A의 혼재가 심한 사람은 '내가 죽고 난 다음에라야 어머니가 나를 사랑하게 될 것이다', '사람들이 우주선으로 나를 죽이려고 한다' 등과 같은 망상을

나타내기도 한다.

- **P와 C로부터의 이중 오염**

A자아상태가 P와 C 두 자아상태 모두로부터 오염 또는 침범당할 때에는 '이중 오염'(double contamination)이라고 부른다. 이러한 경우에는 P의 슬로건을 내걸면서 C의 신념으로 확인한다. A가 P와 C의 이중 침범으로 제 기능을 하지 못하기 때문에, P의 슬로건과 C의 아동기적 신념 또는 전략이 현실에 맞지 않다는 사실을 깨닫지 못하고 맹목적으로 따른다. 예를 들어

(P): "사람들을 함부로 믿어서는 안된다."는 P의 편견과 더불어
(C): "나는 아무도 믿지 않을 것이다."라는 C의 신념이 결합을 이룬다.

현대의 일부 TA이론가들은 일단 침범이 일어난 사람은 P와 C가 모두 침범한다고 주장한다. 이와 같이 경계가 이중으로 침범된 사람은 자기 자신, 타인 및 이 세상에 대해 낡고 왜곡된 신념을 견지한다고 말한다. TA에서는 이러한 신념을 '각본신념'(script belief)이라고 부른다.

② 배제

어떤 사람은 세 가지 자아상태 중 특정 자아상태를 사용하지 못하고 있는데 이를 '배제'(exclusion)라고 한다. (그림 9-3)에서 볼 수 있듯이 자아상태를 배제시킬 가능성은 세 가지이다.

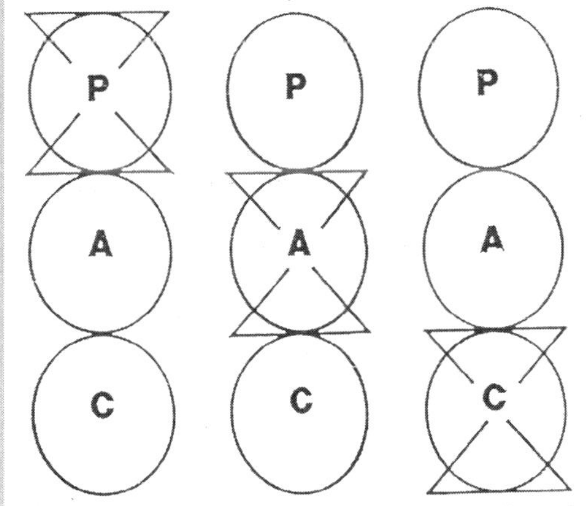

(그림 9-3) 배제

- **P자아상태의 배제**

P자아상태를 배제시킨 사람은 어떻게 세상을 살게 되는지 상상해 보라. 이러한 사람은 어릴 때부터 주요한 타인으로부터 배우거나 모방한 기존의 생활양식이 결여되어 있다. 다시 말해 세상에 대한 기존의 규칙(ready-made rule) 없이 살고 있는 것이다. 따라서 매 상황마다 새로이 규칙을 만들어가며 살아야 한다. 이러한 사람은 주위 사람들로부터 주입된 기존의 규칙이 없기 때문에 직관적인 LP를 잘 사용할 수 있다.

- **A자아상태의 배제**

A자아상태를 배제시킨 사람은 어떻게 세상을 살지 상상해 보라. A를 배제시킨 사람은 성장한 사람으로서의 현실검증 능력을 사장시키고 있

다. 그 대신 P와 C 간의 내부 대화(internal Parent-Child dialogue) 또는 투쟁만 듣고 있다. 따라서 사고나 행동이나 감정은 모두 이러한 P와 C 간의 내부 투쟁을 반영하고 있다. A가 기능하지 못해 현실을 검증할 수 있는 능력이 없기 때문에, 행동이나 사고가 현실과 괴리되어 이상한 성격을 드러낸다.

(C): 이놈의 회사, 확 집어치워버릴까?
(P): 회사 그만 두면 식구를 다 굶어 죽이려고 그래?
(C): 과장 얼굴만 쳐다봐도 소화가 안돼서...
(P): 참 나 같은 인간은 어디에 써먹지?
(C): 어디 확 도망이라도 가버릴까...

이와 같이 A가 제 기능을 하지 못하기 때문에, 효율적인 현실 지각이 어렵고 사실에 입각한 문제해결능력이 결여되어 있으며, P자아상태와 C 자아상태 간의 갈등을 통제하지 못한다.

- **C자아상태의 배제**

C를 배제시킨 사람은 아동기부터 저장해온 기억이 막혀 있다. '어릴 때는 어땠어요?'하고 물으면, 그 시절을 잘 기억하지 못한다. 사람들이 성장한 후 표현하는 감정도 대부분 C자아상태에서다. 따라서 C를 배제시킨 사람은 감정이 없는 '쌀쌀한 사람'이거나 '사교성이 결여된 사람'일 경우가 많다. 이러한 사람은 놀 줄을 모르고 휴식(relax)도 모르며 남의 도움도 받을 줄 모른다.

지금까지 세 자아상태 중 어느 한 상태를 배제시킨 경우를 살펴보았다. 그러나 세 자아상태 중 두 자아상태를 배제시키고 사는 사람들도 많다. 이 때에는 한 가지 자아상태만 기능한다. 예를 들어 A와 C를 배제시키고 P 자아상태만 기능하는 사람은 '일관된 어버이(constant Parent)', P와 C를 배제시키고 A 자아상태만 기능하는 사람은 '일관된 어른(constant Adult)', P와 A를 배제시키고 C 자아상태만 기능하는 사람을 '일관된 어린이(constant Child)'라고 부른다.

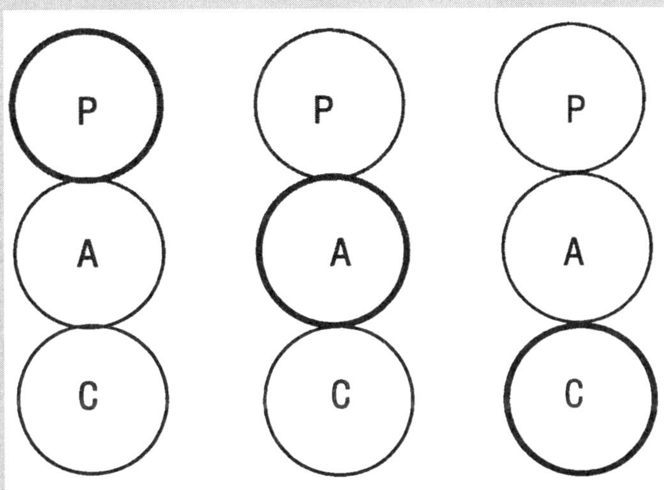

a) 일관된 P　　b) 일관된 A　　c) 일관된 C

(그림 9-4) 일관된 자아상태

• 일관된 어버이

P 자아상태와 다른 자아상태 간의 경계가 경직되어 A와 C를 배제시키고 있는 사람을 '일관된 어버이'라 부른다. 이러한 사람은 세상을 살아가면서 어떤 일에서든지 'P의 규칙(Parental rule)'을 적용하려고 한다. "이 계획이 어때?"하고 물으면, "좋아. 계속 추진해"하고 대답한다. "기분이 어때?"하고 물으면, "항상 그렇지 뭐. 좀 조용히 해줄 수 없겠어"하고 말한다. 항상 P자아상태에서만 머물고 있는 사람은 어떤 자극에 대해서든지 주로 P상태에서만 반응한다. 따라서 다른 사람을 어린 아이 같이 취급하고, 지나치게 간섭하고, 자기에게 의존적이고 복종하기를 요구한다. 이러한 사람들은 대체로 근면하고 의무감이 강하며, 판단적이고 비판적이고 훈육적이다. C자아상태에서 볼 수 있는 웃음이나 울음, A자아상태에서 볼 수 있는 객관적 합리적 측면이 결여되어 있다. P자아상태의 경계가 경직되어 있는 사람은 어떤 문제이든 다 답을 가지고 있으며, 지배적이고 권위주의적이며 권력행사를 많이 한다.

P자아상태에 경직된 사람은 자비로운 독재자나 남을 돕는데 일생을 바치는 거룩한 성자의 역할을 하는 양육자 또는 구원자의 행동양식을 드러내기도 한다. 예를 들어 "필요할 때에는 언제든지 나를 불러라"하고 항상 도와줄 태세를 갖추고 있는 사람, "나는 없어도 되니까 너나 가져라"는 철저한 자기 희생자, "걱정하지 마라. 항상 내가 도와 줄테니"하고 말하는 영원한 구원자가 이러한 유형에 속한다. 이와 같이 남을 돕는다는 것은 좋다. 그러나 지나친 도움은 상대방의 독립성 자주성의 발달을 저해시켜 득보다는 해를 입히는 경우가 더 많다.

• **일관된 어른**

A자아상태의 경계가 경직되이 P나 C의 자아상태로 정신 에너지가 이동할 수 없는 사람은 객관적이고 지적이며 사실과 정보처리에만 관심을 둔다. 이러한 사람은 감정과 동정이 없으며 삶을 즐길 줄 모른다. 이러한 사람은 계획가요, 정보 수집가요 정보 처리자라고 할 수 있다. 이러한 사람은 직업도 사람을 대하는 직업보다는 회계, 프로그래밍, 엔지니어링 등과 같은 목적지향적인 직업을 좋아한다. 남을 돌보거나 따뜻한 온정을 표하는 P와 삶을 즐기거나 재미를 추구하는 C자아상태의 기능이 약하기 때문에, 대인관계가 차갑고 딱딱하고 무미건조하기 짝이 없다. A자아상태의 경계가 경직되어 있는 의사는 수술을 앞둔 환자에게 "너무 걱정하지 마세요. 최선을 다하면 얼마든지 고칠 수 있습니다"하고 위로하지 않고, "이 수술은 잘해봤자 성공률이 40% 밖에 되지 않습니다"하고 사실 그대로의 정보만 전달한다.

• **일관된 어린이**

C자아상태의 경계가 경직되어 P나 A의 자아상태로 정신 에너지가 이동하지 못하는 사람은 성장하기를 거부하는 피터팬과 같이 영원한 소년 또는 소녀이다. 항상 아동기에 머물고 있는 듯이 행동하고 사고하고 느낀다. 어려움에 봉착하면 감정을 앞세운다. 성장한 사람으로서의 현실 인식이나 현실 검증 능력이 발달되어 있지 않고, 기존의 가치 체계도 없다. 따라서 남들이 보기에 미성숙하고 신경증적 사람으로 보인다. 이러한 사람은 자기 자신에 대해 생각할 줄 모르고, 자기 스스로 의사결정을 하지 못하고, 자기 행동에 책임질 줄 모른다. 사람을 대하는데 양심을 찾아보기 힘들고, 자기를 돌보아 주는 사람에게만 달라붙는다. 이러한 자

아경계를 가진 사람은 예술이나 운동에 성공을 거두는 수도 있다. 그러나 A의 기능이 적절하게 행사되지 못하기 때문에, 돈을 충동적으로 탕진하여 파탄하는 경우도 많다.

지금까지 특정 자아상태가 제외된 경우를 살펴보았다. 그러나 특정 자아상태를 제외시켰다 하더라도 그 자아상태가 전혀 기능하지 못하는 것은 아니다. 예를 들어 어떤 사람이 'C자아상태가 제외된 사람'이라 할 때, '특별한 상황을 제외하고는 여간해서 C자아상태에 들어가지 않는 사람'이라고 생각하는 것이 좋을 것이다.

③ 병리적 성격구조의 개선

건강한 성격은 첫째, 자아의 경계가 분명해야 한다. 앞에서도 살펴본 바와 같이 경계가 분명하다는 것은 각 자아상태가 필요할 때 제 기능을 다하는 것이다. 사람들이 살아가는 데에는 세 가지 자아상태가 다 필요하기 때문이다. 둘째, 경계가 개방적이어야 한다. 경계가 개방적이어야 정신 에너지가 한 자아상태에서 다른 상태로 쉽게 이동할 수 있다. 만일 경계가 경직되어 있으면 다른 자아상태로의 자발적인 이동이 불가능하다. 따라서 TA에서는 자아의 경계가 모호하여 서로 침범하거나 자아의 경계가 경직되어 정신 에너지가 다른 자아상태로 이동하기 어려울 때 부적응적 행동을 유발한다고 본다. 현재까지 자아상태를 치료하기 위한 이론과 기법은 다음과 같이 다양하게 발달되어 왔다(Clarkson, 1992).

- **경계의 설정과 '통합된 어른 자아상태 기능'의 활성화**(Decontamination & Integrated Adult ego-state functioning)
- **어버이 자아상태 치료**(Psychotherpy for Parent ego states)
- **새로운 어버이 자아상태의 창조 및 양육**(Creating/providing new

Parent ego states)

- **어린이 자아상태 치료**(Psychotherapy for Child ego states)
- **새로운 어린이 자아상태의 창조 및 양육**(Creating/providing new Child ego states)

구조적 관점에서 상담을 할 때에는 내담자의 다음과 같은 측면에 초점을 맞출 필요가 있다.

- **내담자는 주요한 타인의 감정 태도 행동 중에서 어떤 것을(아무 의심도 하지 않고) 그대로 받아 들였는가?** (Parent)
- **내담자가 과거 자신의 직접적인 경험 중에서 현재까지 고수하고 있는 비합리적이거나 비효율적인 사고나 행동이나 감정은 어떤 것인가?** (Child)
- **지금-여기서의 현실에 맞는 감정이나 태도나 행동은 어떤 것들이 있는가?** (Adult)

2. 기능분석

자아상태는 구조와 기능이라는 두 가지 측면에서 살펴볼 수 있다. 구조적 모델이 각 자아상태 내에 '무엇'(what)이 들어있는가를 보여 준다면, 기능적 모델은 우리가 이것을 '어떻게'(how) 사용하는가를 보여준다. 다시 말해 구조적 자아상태 모델이 자아상태의 내용에 관심을 기울인다면, 기능적 모델은 그 과성에 관심을 보이는 것이다.

Structure = 'What?' = Content

Function = 'How?' = Process

세 가지 자아상태는 다섯 가지의 기능을 수행한다. A자아상태는 따로 기능을 나누지 않지만, P자아상태는 '통제적 어버이(Controlling Parent)' 또는 '비판적 어버이(Critical Parent, 이하 CP로 부름)'와 '양육적 어버이(Nurturing Parent, 이하 NP로 부름)'라는 두 가지 기능으로 나눈다. 또 C 자아상태는 '자유로운 어린이(Free Child, 이하 FC로 부름)'와 '순응하는 어린이(Adapted Child, 이하 AC로 부름)'라는 두 가지 기능으로 나눈다. 이와 같이 세 가지 자아상태의 다섯 가지 기능을 분석하는 것을 기능분석(functional analysis)라 한다(Stewart & Joines, 1987).

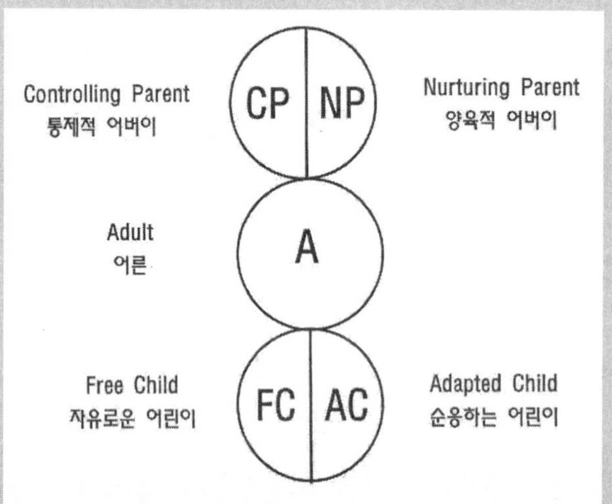

(그림 9-5) 자아상태의 기능분석

1) 통제적 어버이(CP)와 양육적 어버이(NP)

어린이가 자랄 때 부모는 첫 모델이 된다. 부모는 각자 독특한 방법으로 자녀들의 신체적 정서적 요구에 부응한다. 부모는 자녀를 기르면서 자기들이 가지고 있는 신념, 가치, 태도, 인생관뿐 아니라 자녀에 대한 기대를 전달한다. 부모는 이러한 신념과 가치와 태도를 모범을 통해서 보여줄 뿐만 아니라, 암시나 지시나 훈육을 통해 주입시키기도 한다. 어린이는 자라면서 이러한 부모의 사고나 행동이나 감정을 내면화시켜 나감으로써 P 자아상태가 형성되기 시작한다. 따라서 P자아상태는 주로 가족들간의 상호작용에 의한 산물이라 하겠다(Pitman, 1991). 그러나 P 자아상태의 형성에는 부모만 영향을 미치는 것은 아니다. 부모의 역할을 하는 주위 어른들의 태도와 행동, 만화나 TV에서 본 내용도 P자아상태의 형성에 큰 영향을 미칠 수 있다.

CP

어린이들은 엉금엉금 기어 다니기 시작하면서부터 부모의 통제와 제재를 받기 시작한다. 부모는 어린이들에게 "이렇게 해라, 저렇게 해라." "이렇게 하면 안된다."하고 하루에도 수없이 지시와 명령을 한다. 또한 부모는 끊임없이 규칙이나 예의범절을 가르치고, 위험한 행동이나 규칙에 벗어난 행동을 하면 제지하고 통제한다. 그리고 부모의 말을 듣지 않거나 부모가 설정한 기준에서 벗어나면, 꾸짖기도 하고 질책하기도 하고 비판하기도 한다. 부모는 또한 자녀에게 대한 기대뿐 아니라, 자기네 견해와 신념과 가치와 때로는 편견까지 전달한다. 이와 같이 부모나 어른들의 가르침과 통제를 본받아 다른 사람들을 가르치고 통제하고 비판하는 기능을 CP라 한다.

NP

부모는 자녀들의 행동을 통제하고 비판하기만 하는 것은 아니다. 부모는 자녀들의 신체적 정서적 욕구를 충족시켜 주기도 한다. 배가 고플 때 먹여주고 힘들고 어려울 때 달래 준다. 어린이는 부모의 따뜻한 보호와 배려 속에 자란다. 부모는 온정과 애정을 표현하고, 위로와 칭찬과 지지와 격려를 하기도 한다. 아버지나 어머니는 머리를 쓰다듬어 주고, 등을 도닥거려 주고, 껴안고 입 맞춰 주기도 하고, 침대 옆에서 자상하게 동화를 읽어주기도 한다. 그리고 넘어져서 무릎이 벗겨졌을 때에는 쫓아와 어루만져 주고 반창고를 붙여 주기도 한다. 이와 같이 부모가 보여준 행동을 본받아 남을 도와주거나 온정과 지지와 격려를 표현할 때에는 NP가 기능하는 것이다.

2) 자유로운 어린이(FC)와 순응하는 어린이(AC)

FC

내가 어린 시절에 자주 했던 사고나 행동이나 감정을 나타내는 것은 C자아상태이다. 어린이가 처음 태어날 때에는 그 어떤 것에도 구애를 받지 않고 하고 싶은 대로 한다. 배가 고플 때에는 울고, 가지고 싶은 것이 있을 때에는 떼를 쓴다. 주위 사람들이 제지를 할 때에는 화를 내거나 앙탈을 부린다. 동화책이 재미있어서 시간 가는 줄 모르고 읽었다. 이러한 행동들은 다른 사람의 기분에 맞추기 위해서가 아니라, 바로 우리가 하고 싶은 대로 한 것이다. 이와 같이 어느 누구의 제지도 받지 않고 자기가 하고 싶은 대로 하던 아동기와 같이 행동할 때는 FC 상태이다. FC는 '부모의 규칙(Parental rule)'이나 규제에 얽매이지 않던 아동기 시절의 행동을 재연하는 것이다. FC는 우리 개인 속에 있는 훈련되지 않은 자발적 충동적 정서의 표현을 말한다. FC는 그 어떤 것에도 구애받지 않는 자발적인 감정의 표현이요, 창조성의 원천이기도 하다. FC를 '자연스러운 어린이(NC, Natural Child)'라고 부르기도 한다.

AC

우리는 어릴 때 이 세상에 적응하고 주위 사람들로부터 인정이나 칭찬을 받기 위해 우리 하고 싶은 대로 하지 못하고 부모나 주위 사람의 기대나 요구에 순응하지 않으면 안되었다. 아버지와 함께 이웃 어른을 만났을 때 마음이 내키지 않더라도 인사를 해야 했다. 소매로 코를 푸는 것이 편하고 좋았지만, 부모가 노려보고 있을 때에는 마지못해 손수건으로 코를 풀어야 했다. 마음대로 뛰어 놀고 싶어도 아버지가 집에 계실 때에는 어머니가 조용히 하라고 타일렀기 때문에 아버지가 집에 계시는 날에는 쥐죽은 듯 조용하게 보내야 했다. 때로는 화나 성질이 나도 부모에게 야단을 맞을까봐 참고 지냈다. 이와 같이 부모의 기대에 순응하기 위해 취했던 행동양식을 재연할 때 AC자아상태에 놓여있다고 하겠다. AC는 어릴 때부터 자기 마음 내키는 대로 행동하다가 주위로부터 야단이나 꾸중을 받았기 때문에, 주위의 눈치를 보며 주위의 기대에 부응하기 위해 발달하는 것이다. 이와 같이 주위 사람이나 예의나 질서나 규칙이나 법에 맞추기 위해 자기 자신을 억제할 때 AC상태에 놓이는 것이다.

어릴 때 부모가 내진 규칙이니 기대에 반항할 때도 있었다. 아버지가 등을 돌리고 계실 때 아버지 몰래 동생에게 험상궂은 표정을 짓기도 했다. 어머니가 곁에 계실 때 웃음을 띠고 있어야 한다는 것이 싫어, 어머니에게 보여 주려고 온 종일 부루퉁한 표정을 지었던 때도 있었다. 이렇게 행동할 때 부모의 요구에 순응한 것 같지만 뒤로는 딴 짓을 한 것이다. 자라고 난 뒤에도 여전히 이러한 방식으로 반항하는 경우가 많다. 물론 본인 자신은 반항인줄 모르고 할 때도 많다. 직장에서 상사가 힘든 일을 떠맡겼다. 그러나 정해진 시간까지 도저히 할 수가 없었다. 상사에게 일을 끝낼 수 없었다고 보고하면서, "그것 봐라. 제 시간에 가능한지" 하고 속으로 모호한 만족을 느낀다. 어릴 때 어머니가 간식을 억지로 먹이려고 할 때에도 이와 비슷한 '반항적 만족'을 느낄 때도 있었다. 초기의 일부 TA 심리학자들은 반항을 따로 분류하여 '반항하는 어린이(RC, Rebellious Child)'라고 불렀다. 그러나 본서에서는 최근의 조류에 따라 AC의 한 부분으로 간주한다.

3) 어른 자아상태(A)

기능모형에서 A는 나누지 않는다. A는 P나 C와 같이 과거의 영향을 받지 않고, 성장한 사람으로서의 자기 능력을 동원하여 '지금 여기에서'의 상황에 대해 가장 직접적이고 적절한 반응을 하는 것을 말한다. 즉 A 자아상태에서는 사실 또는 현실에 입각하여 지각하고 정보를 수집하며, 객관적인 입장에서 사고와 추리를 하여 의사결정을 한다. 따라서 효율적인 문제해결을 위해서는 A의 기능이 활성화되지 않으면 안된다. 이와 같이 A자아상태는 현재의 상황에 적응하기 위한 일단의 자주적인 감정과 태도와 행동으로 특징지어진다.(Berne, 1980; Clarkson, 1992).

A는 현재의 상황에 효율적으로 적응하기 위해, P와 C 두 자아상태에서 오는 정보가 현재의 상황에 적절한지 적절하지 못한지 판단을 하며, 자아상태들 간의 갈등과 긴장을 중재하는 역할도 한다. 특정 상황에서 발생하는 P나 C의 반응이 현재에 적절하다고 판단될 때에는 이를 표현

케 하지만, 현재의 상황에 적절하지 않다고 판단될 때에는 이를 통제하여 보나 적절한 대안을 찾는 것도 A의 기능인 것이다. 따라서 A의 기능은 정서적인 건강과 성숙에 큰 영향을 미친다.

A자아상태는 인과관계를 따지고 부모에게 질문을 하기 시작하는 유아기에서부터 발달하기 시작한다. '하늘은 왜 푸르지?', '엄마, 애기는 어디서 나와?', '배가 부른데 어머니는 왜 자꾸 간식을 먹으라고 할까' 등의 질문은 모두 A자아상태에서 나오는 질문이다. 라디오에서는 왜 소리가 나는지, 어떻게 해야 부모님이 기뻐하실지 생각하는 것도 A자아상태에서의 반응이다. 어떤 옷을 입을까, 어떤 놀이를 할까, 동생이 저지른 일을 어머니에게 말을 할까 말까 의사결정을 내리는 것도 A자아상태에서의 반응이다. A자아상태의 활용은 자랄 때 부모의 양육태도가 큰 영향을 미친다. 부모가 어린이의 질문에 '귀찮게 하지 마! 지금 바빠'하고 배척하거나, 자녀를 과잉보호하여 스스로 탐구할 수 있는 기회를 박탈할 때에는 A자아상태의 발달을 저해시킨다.

4) 기능의 효율적 사용과 비효율적 사용

- **CP와 NP의 긍정적 부정적 측면**

CP와 NP는 모두 다 긍정적인 측면과 부정적인 측면을 다 지니고 있다. 일부 TA 심리학자들은 '긍정적 CP(OK CP 또는 CP+)'와 '부정적 CP(not-OK CP 또는 CP-)', 그리고 '긍정적 NP(OK NP 또는, NP+)'와 '부정적 NP(not-OK 또는 NP-)'로 나누기도 한다.

부모는 자녀에게 예의범절을 가르쳐야 하고 조상 대대 내려오는 미풍양속을 전달할 수 있어야 한다. 회사에서 상사는 아랫사람이 회사의 규칙을 준수하지 않아 조직에 심각한 피해를 줄 때 이를 통제할 수 있어야 한다. 의사는 흡연하면 건강에 치명적인 손상을 입게 될 환자에게 담배를 끊도록 제재를 가해야 한다. 어린이가 쓰레기를 아무 곳에나 버릴 때 지나가던 어른은 쓰레기를 모아 쓰레기통에 넣는 법을 가르쳐야 한다. 이와 같이 부모가 자녀에게 예의범절을 가르치거나 위험을 막으려고 하거나 회사의 상사나 의사가 조직이나 건강에 이롭지 못한 행동을 통제할 때에는 긍정적인 CP이다. 그러나 부정적인 CP를 사용하는 경우도 많다. 부모나 상사가 지나치게 비판적이어서 항상 자녀나 아랫사람을 경멸하고 디스카운트하고 가치를 떨어뜨리거나 부정적 자아개념을 심을 때에는 부정적인 CP라고 하겠다. CP를 사용해도 부정적으로 사용하는 사람은 항상 남을 경멸하고 비판적이고 억누르려고 한다. 특히 부정적 CP를 많이 사용하는 부모는 자녀에게 불행한 정신외상적 경험을 입히기 쉽다. 또한 부정적인 CP가 강한 사람은 남의 말을 경청하지 않고 만사를 자기 주장대로만 끌고 나가며 남을 무시한다.

다른 사람들에게 따뜻한 관심과 온정과 배려를 나타내고, 남을 지지하고 격려하며, 남이 필요로 하는 도움을 줄 때 긍정적 NP이다. 긍정적인 NP를 활용할 수 있어야 남과 따뜻한 인간관계를 맺을 수 있고, 상대방의 가슴 속에 사랑과 가치를 심어줄 수 있다. 그러나 NP가 지나칠 때에는 부정적인 NP가 된다. NP가 지나치게 높은 어머니는 과잉보호가 심해 자녀가 자기 스스로 할 수 있는 기회를 주지 않는다. 이러한 부모 밑에 자란 어린이는 자주성이나 독립성이 발달되기 힘든다. 직장에서도 상사가 부하에게 '어디 어려운 일은 없어? 있다면 말해요. 내가 도와줄테니'하고 말하면 긍정적 NP이다. 그러나 '이리 나와 내가 할테니까...'하고 일을 빼앗아 혼자서 끝낸다면 부정적인 NP이다. 부정적인 NP가 심한 사람은 상대방이 하는 일을 신뢰하지 못하고 믿지 못해 참견과 간섭이 심하다. 부정적인 NP가 심한 사람은 아마도 상대방을 무력하게 여기는 디스카운트의 경향이 심한 사람일 것이다. 특히 우리나라 어머니는 자녀를 위해 자기 자신을 희생시키려는 경향이 강하다. 남편과 갈등이나 불화가 심해도 '자식보고 산다'는 말을 많이 한다. 그러나 남을 돌보는 일과 자신을 돌보는 일에 적절한 균형이 필요하다.

- **FC와 AC의 긍정적 측면과 부정적 측면**

FC도 긍정적인 측면과 부정적인 측면을 다 가지고 있다. 내가 FC 상태에 있을 때에는 부모의 규칙이나 제재에 신경 쓰지 않고 내 하고 싶은 대로 했던 아동기의 행동과 사고와 감정을 재연하고 있는 것이다. 우리가 자라고 난 뒤에 우리 자신을 있는 그대로 표현할 수 있고, 자기주장을 할 수 있고, 또 자기개방(self-disclosure)을 할 수 있는 것도 FC 상태에서다. FC는 생산적일 수 있고 또 삶의 즐거움을 경험하게 한다. FC를 지나치게 억압하면 심리적 신체적 건강에 해롭다. 많은 사람들은 어릴 때 '표현하지 못한 어린이 자아 감정(Child feeling)'을 지닌 채 성인기에 도달한다. 예를 들어 어릴 때 화를 내다 부모에게 혼이 났다. 부모는 화내는 행동을 허용하지 않았다. 따라서 부모의 기대에 부응하기 위해서는 무조건 참아야 한다는 사실을 알았다. 따라서 아무리 억울한 일을 당하더라도 참기만 했다. 화를 억제하기만 하면 신체적으로 긴장을 느끼거나 우울을 경험할 수 있다. 따라서 치료 중에는 화난 감정을 표현하게 한다. 그러나 FC는 매력적인 측면만 가지고 있는 것이 아니다. 인간은 사회적인 동물이다. 남과 더불어 살아가려면 질서나 소속된 집단 또는 사회의 규칙이나 도덕에 순응하지 않으면 안 된다. 주위를 의식하지 않고 자기 욕구나 충동을 있는 그대로 드러낸다면 자기중심과 방종으로 흐르기 쉽다. 남들과 식사할 때 트림을 하거나, 스피드를 즐긴다고 오토바이를 타고 도심 한 복판을 전력 질주하는 것과 같은 '검열 받지 않은 행동들(uncensored behaviors)'은 부정적 FC에서 일어나는 것이다. 이와 같이 질서나 도덕이나 규범을 무시하고 자기 하고 싶은 대로 행동하면 부적응을 초래하게 된다.

AC도 긍정적인 측면과 부정적인 측면이 있다. 이 세상에 적응하고 또 남들로부터 인정받고 수용되기 위해서는 질서와 규칙과 규범을 따라야 한다. 횡단보도를 건너갈 때에는 어릴 때 아버지가 가르쳤듯이 주위를 살펴보고 건너간다. 사람들 앞에 지나갈 때에는 '실례합니다'하고 지나간다. 이웃 사람을 만나면 '안녕하십니까'하고 어릴 때 배웠던 대로 인사한다. 이와 같이 AC 자아상태에서 생산적이고 건설적인 행동을 할 때에는 '긍정적 AC(OK Adapted Child)'라 하겠다. 그러나 성장한 뒤 현재 상황에서 적절하지 못한 아동기의 행동양식을 재연할 때에는 '부정적인 AC(not-OK Adapted Child)' 상태이다. 예를 들어 어린 시절 부모가 말할 때 나서다가 야단을 많이 맞았다. 따라서 어른 앞에서는 나서지 않았다. 그러나 자라고 난 뒤에도 아동기 때와 같이 남 앞에 나서기를 두려워하고, 남 앞에서 자기 의견을 개진할 때 얼굴이 붉어지고 말을 더듬는다면 건강한 적응을 할 수 없는 것이다.

3. 에고그램

1) 기능과 에고그램

Dusay(1977)는 자아상태의 다섯 가지 기능이 차지하고 있는 에너지의 양을 나타낼 수 있는 직관적 방법을 고안했는데, 이것을 '에고그램(egogram, 자아도표)'이라 한다. 구조분석에서의 세 가지 원이 어느 자아상태에서 자극을 주고받는지 나타내 준다면, 에고그램은 개인의 다섯 가지 기능이 어느 정도 에너지가 가지고 있는지, 다시 말해 각 기능을 얼마나 많이 사용하고 있는지 보여준다. 에고그램에서 이 다섯 가지 기능이 어떻게 디스플레이되는가에 따라 생활 스타일이 나타나고 타인들과 상호작용 방식이 드러난다. 에고그램은 척도를 통해 작성하는 방법도 있지만 대체로 내담자의 행동을 관찰하면서 직관적으로 그린다. 그러면 에고그램 작성방법을 살펴보기로 한다. 에고그램을 작성하기 위해서는 먼저 (그림 9-6)과 같이, 옆으로 다섯 가지 기능을 나열한 후, 각 기능을 사용하는 정도에 따라 그 위에 수직으로 막대를 그려 나간다.

일상생활에서 다섯 가지 기능 A를 가장 많이 사용하고 NP를 가장 적게 사용한다면 (그림 9-7)과 같이, 가장 많이 사용하는 기능을 가장 높게, 가장 적게 사용하는 기능을 가장 낮게 그린다. 막대의 높이는 각 기능을 사용하는 시간의 양을 나타낸다. 각 막대를 얼마나 높이 그리는가 하는 문제는 크게 신경 쓰지 않아도 된다. 각 기능 중에 어느 기능을 더 많이 사용하는가 하는 상대적 비교를 위한 것이기 때문이다.

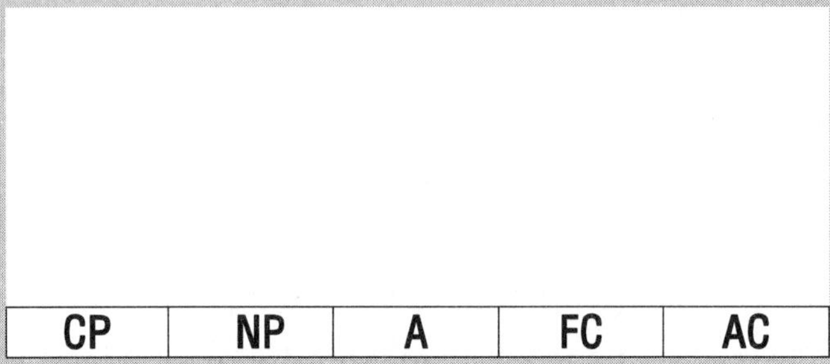

(그림 9-6) 에고그램 그리기

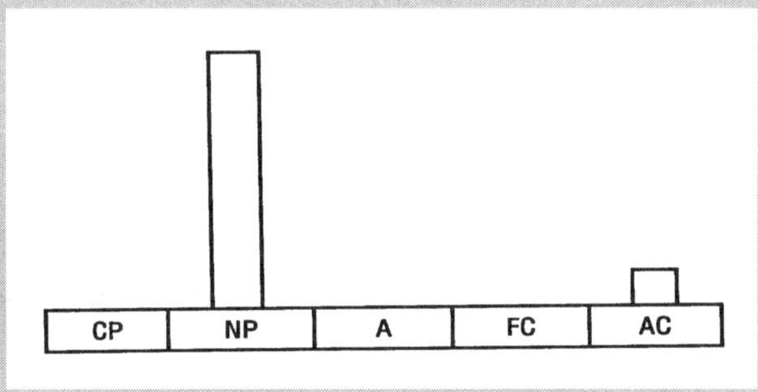

(그림 9-7) 가장 높은 기능과 낮은 기능

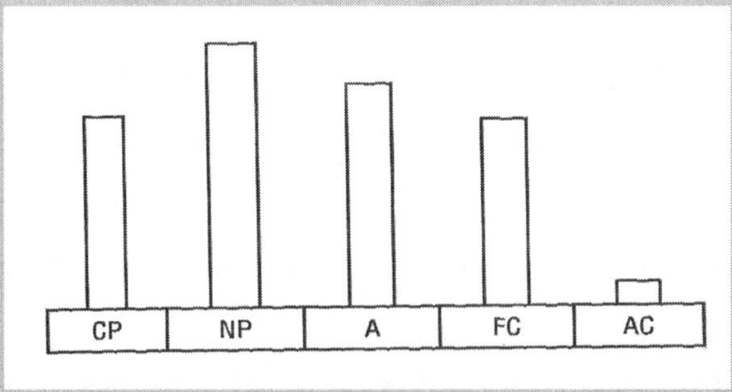

(그림 9-8) 나머지 기능 채우기

Dusay는 직관적인 방법으로 에고그램을 작성하는 것이 좋다고 했으나, 본 장 끝에 질문지법을 통해 자신의 에고그램을 파악할 수 있는 척도를 제시하였다. 직관적 방법과 검사를 통한 에고그램의 차이를 비교해 보면 좋을 것이다

2) 에고그램의 해석

CP는 상대방을 통제하고 비판하고 비난하는 성격적 측면을 나타낸다. 또한 CP는 자기주장적이고 지시적이고 규칙을 만들고 자신의 가치체계를 강조하고 남의 행동을 규제 또는 제한하며 자기 권리를 옹호하려는 경향을 나타낸다. 따라서 CP가 지나치게 높을 때에는 독단적이요 강압적 성격을 나타낸다.

NP는 남을 돕고 돌보고 배려하고 지지하고 격려하고 온정을 나타내는 성격적 측면이다. 따라서 CP가 높은 사람은 타인의 흠을 잘 발견하는 반면에, NP가 높은 사람은 타인의 강점을 잘 발견하고 치하할 줄 안다. 따라서 NP가 높은 사람은 공감적이고 상대방에게 가치를 심고 그의 성장을 촉진한다. 그러나 NP를 부정적으로 사용하면, 상대방을 지나치게 간섭하고 침범하여 상대방의 자주성이나 독립성을 잃게 하거나 질식케 할 수도 있다. NP를 부정적으로 사용하는 상사는 무의식적으로 아랫사람을 신뢰하지 못하고 디스카운트하여 일일이 자신이 나서서 챙기려고 한다.

A는 P나 C와 같은 과거의 영향을 받지 않고 지금-여기에 대한 직접적인 반응을 하는 기능이다. A는 자신과 환경에 대한 정보를 객관적으로 받아들이고 이를 저장하고 인출하고 처리한다. A가 발달되어야 사실에 입각하여 지각하고, 지각한 내용을 합리적이고 객관적으로 정보처리를

하고, 삶을 사는데 준거틀(frame of reference)로 삼는다. A는 사실과 객관적 논리적 정보들을 비정서적인 방법으로 처리하기 때문에 컴퓨터의 기능과 흡사하다고 하겠다. 따라서 A가 지나치게 높으면 사람이 딱딱하고 냉정하고 인간미가 없다.

FC는 자신의 생각이나 행동이나 감정을 있는 그대로 솔직하고 정직하고 진솔하게 드러내는 기능이다. FC가 높은 사람은 자발적이고 호기심이 많으며, 쾌활하고 재미있고 유머가 많고 자유분방하며 열성적이며 직관적이다. 그러나 FC를 부정적으로 사용하면 남의 의식하지 않고 자기 마음 내키는 대로 행동하며 충동적이고 지나치게 정서적(overemotional)이다.

AC는 외부의 요구에 순응할 뿐만 아니라 예의범절, 규칙, 또 자신이 설정한 이상적인 기준에 순응하는 것을 말한다. AC가 발달되어야 타인의 입장을 고려하고, 타인의 마음에 들려고 하고, 타협적이고 적응적이다. '반항하는 어린이(Rebellious Child)'도 AC에 속한다. AC를 부정적으로 사용하면 타인의 말에 맹목적으로 순종하고, 죄책감이 심하고 우울을 경험하는 경우가 많다. 또 어떤 사람은 어린 아이처럼 발끈 성질을 내보이는 경우도 있다. AC가 지나치게 높은 사람은 대체적으로 자기주장을 할 줄 모르며 주의를 많이 의식하고 타인의 눈치를 보는 데 급급하다.

사람들은 저마다 독특한 성격을 가지고 있기 때문에, 각자 다섯 가지 기능이 서로 다른 양을 지닌 채 균형을 이루고 살아가게 된다. 가장 높은 막대가 가장 많은 시간과 에너지를 사용하는 기능을 가리키며, 막대의 높이가 낮을수록 그 만큼 사용하는 시간과 에너지의 양이 적다고 할 수 있다. Dusay(1977)는 '항상성 가설(constancy hypothesis)'을 제시했다. 다시 말해 한 자아상태가 에너지를 많이 사용하면 그 만큼 다른 자아상태의 활동이 위축될 수밖에 없다는 것이다. 에고그램을 해석할 때에는 첫째, 다섯 가지 기능 중 어느 기능을 가장 많이 사용하는지 살펴본다. 가장 많이 사용하는 기능이 그 사람의 주기능을 이룬다. 예를 들어 CP가 가장 높다면 'CP 우위형'이다. 만일 AC가 가장 높다면 'AC 우위형'이라 하겠다. 각 우위형의 기본적인 특징을 고려한다.

- CP 우위형: 이상이 높고, 원칙을 중시하고, 위계와 질서를 중시한다. 부정적으로 사용하면 권위주의적, 비판적, 독선적, 타인 부정적 성격을 드러낸다.
- NP 우위형: 이해와 수용이 높고 남을 돌보기 좋아하고 타인 긍정적이다. 부정적으로 사용하면 간섭과 침범이 심해 상대방을 질식시킨다.
- A 우위형: 사실에 입각해 지각하고 객관적, 합리적, 논리적이며 과거 편견이나 정서에 지배되지 않는다. 부정적으로 사용하면 정서가 결여되어 냉정하고 인간미가 없다.
- FC 우위형: 자발적이고 자유분방하며 삶을 즐기고 창조적, 자기 긍정적이다. 부정적으로 사용하면 충동적이고 자기 기분 내키는 대로 행동한다.
- AC 우위형: 타인에게 동조적이고 타인의 입장을 중시하고 타인의 눈에 들고 싶어 한다. 부정적으로 사용하면 맹목적으로 순종하거나 뒤에서 반항한다.

둘째, 어느 기능이 가장 활용되지 않고 있는지 살펴본다.

- CP가 가장 낮다: 타인이나 사회를 비판할 줄 모른다. 남에게 이용당하거나 멸시받기 쉽다.
- NP가 가장 낮다: 타인에게 관심이나 동정이 없고 칭찬할 줄 모르며 남과 관계를 잘 맺지 못한다.
- A가 가장 낮다: 사실에 입각해서 정보를 받아들이지 못하고, 과거 P와 C

의 영향을 많이 받는다. 비합리적이고 감정적이라 문제해결이 어렵다.

- FC가 가장 낮다: 자기표현을 할 줄 모르고 자신을 지나치게 억압하며, 즐길 줄 모르고 향락적인 것을 싫어한다. 창의력과 직관력이 낮고 열의가 적다.
- AC가 가장 낮다: 남이나 규범을 의식하거나 순응하는 일이 드물고 자기 고집대로 하며 융통성이 없다.

셋째, 기타 다른 자아상태와의 고저를 생각하며 종합적으로 살펴본다. 예를 들어 (그림 9-9)의 경우, FC가 가장 높아 FC 우위형이지만 CP도 상당히 높기 때문에 FC와 CP를 동시에 고려할 필요가 있다. FC가 높아 자기 감정을 자유롭게 표현하는 활동적인 여성이지만, CP가 높기 때문에 남에게 비판적이고 독선적인 경향을 띨 수 있다. 따라서 상대방에 대한 비판적인 언사를 서슴없이 사용할 가능성이 높다. 더욱이 NP와 A와 AC가 동시에 낮기 때문에 이러한 가능성을 더욱 높인다. NP가 낮아 남의 감정을 상하게 해 놓고도 미안한 감정을 가지지 않고, AC도 동시에 낮아 남의 비위를 맞추거나 눈치를 보려고 하지도 않는다. 또한 A가 낮기 때문에 현실을 올바르게 지각하지 못하고 CP의 편견을 현실로 착각하기 쉽다. 이러한 여성은 언뜻 보기에 어린이 같이 자유분방하면서도 당당하여 매력적인 여성같이 보일지는 몰라도, 대인관계에서는 자기긍정 타인부정의 자세를 띠어 원만한 인간관계를 맺지 못한다. 그리고 CP, A, AC가 다 같이 높으면서 NP와 AC가 낮으면 자기비판적 또는 자기파괴적 경향을 띠는 경우가 많다.

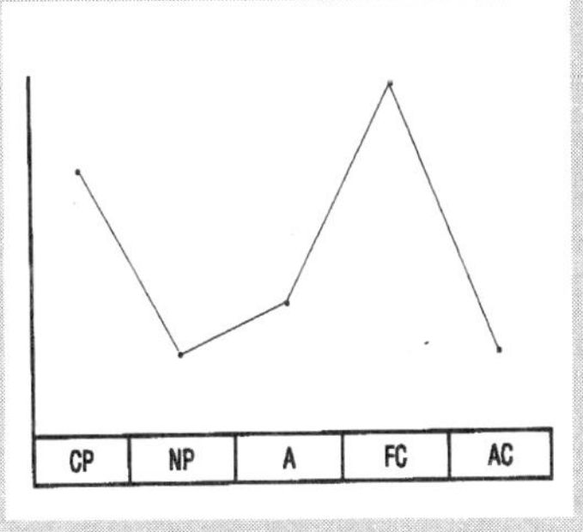

(그림 9-9) 매력적이지만 히스테리칼한 여자

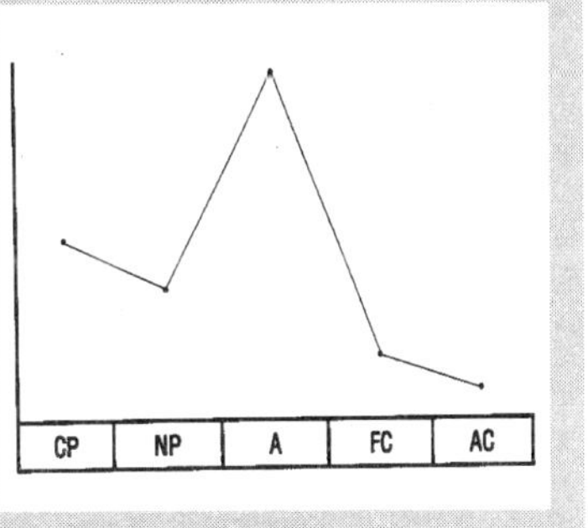

(그림 9-10) 두뇌명석하지만 자기중심적인 사람

(그림 9-10)은 A 우위형으로서 철저한 합리주의자라고 할 수 있다. 판단이 정확하고 일을 매끈하게 처리한다. 그러나 FC와 AC가 동시에 낮기 때문에 유머 감각도 없고 완고하여 인간적으로 재미가 없는 사람이다. 그리고 CP가 높아 매사 비판적이고 남의 흠을 잘 잡는 사람이라 하겠다. 더욱이 NP가 낮아 남이 어려운 일에 처해도 적극적으로 나서는 경우가 적다. 이러한 사람은 전반적으로 보아 매사 깔끔하고 두뇌가 명석하지만 자기중심적 성향을 드러낼 가능성이 많다.

3) 여러 가지 에고그램 사례

어떤 에고그램이 가장 이상적인 에고그램인가 하는 질문을 많이 한다. 그러나 어떤 에고그램이 좋고 어떤 에고그램이 나쁘다고 일반적으로 말할 수 없다. 그러나 에고그램의 균형에 대해서는 어느정도 일반화가 가능하다. 예를 들어 종 모양의 에고그램은 심리적인 에너지가 비교적

균등하게 분배되어 균형잡힌 에너지 체계를 보여주고 있다.

'돈 후안'의 에고그램을 보면 FC가 가장 높아 쾌락을 추구하고 성적인 밀회를 즐긴다. NP가 낮기 때문에 자기가 사귀던 여자와 헤어져도 미안한 마음을 느끼지 못한다. A가 적당히 높기 때문에 여자를 찾는 방법을 논리적으로 알고 있고, AC가 낮아 남의 이목을 두려워하지 않는다.

여기에 비해 '벽의 꽃'(wallflower, 무도회 같은 곳에서 상대가 없는 여성)은 AC 우위형으로서 남이 어떻게 생각할 것인가에 대해 신경을 많이 쓴다. FC가 가장 낮아 자기 자신을 드러내지 못하고 남 앞에 잘 나서지 못하며 즐길 줄 모른다. 끝으로 우울을 느끼거나 자살을 기도하기 쉬운 사람의 에고그램을 보면, CP가 높기 때문에 비판 의식이 강하지만 동시에 AC도 높아 이러한 비판 의식을 바깥으로 드러내지 못한다. 따라서 비판적 공격적 성향이 자기 내부로 향해 자기비판으로 흐르기 쉽다. 따라서 자신을 무가치하게 생각하고 자기 처벌의 형태를 취하기 쉽다. 동시에 FC와 NP가 낮기 때문에 타인과 즐겁고 따뜻한 인간관계를 맺기 어렵다.

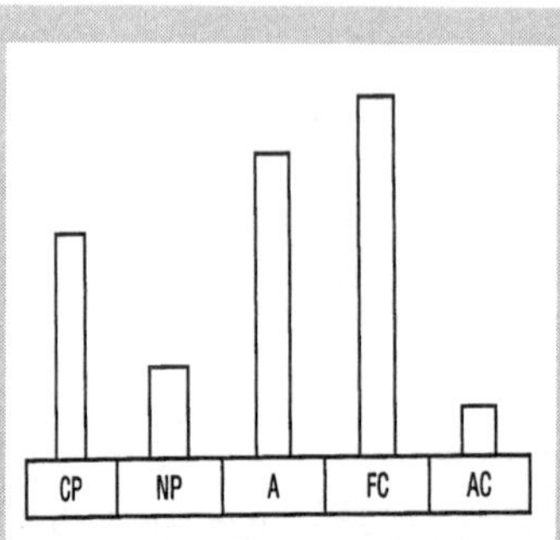

(종 모양)

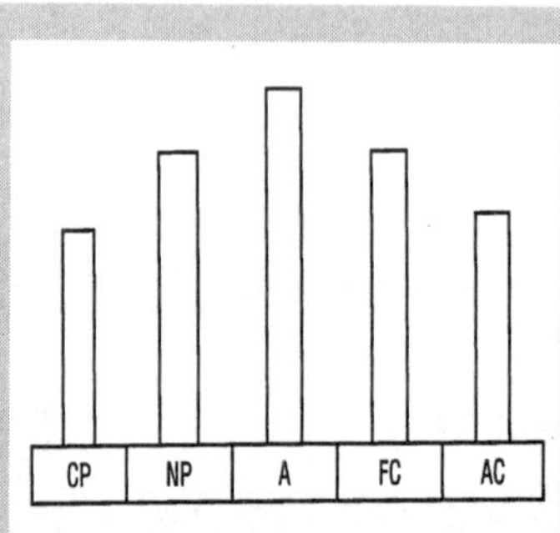

(돈 후안)

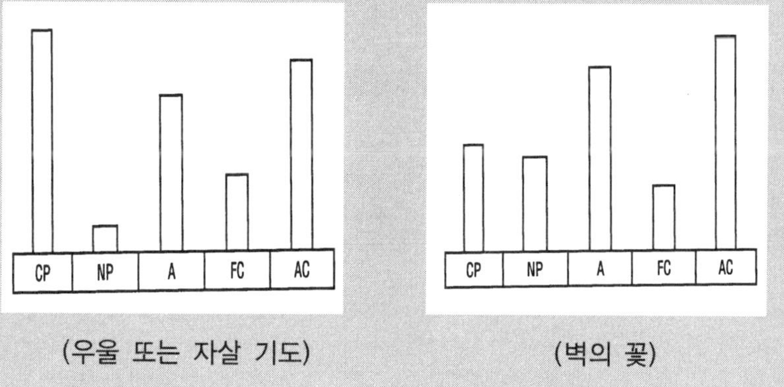

(그림 9-11) 여러 가지 에고그램의 예

4. 교류

을 가다 친구를 만났다. 나는 반가워서 '요즘 어떻게 지냈니? 보고 싶었어'하고 말을 건냈다. 그러자 친구도 '그래 나도 궁금했어! 그 동안 어떻게 지냈어?'하고 대답했다. 우리 두 사람은 서로 교류를 한 것이다. 먼저 말문을 연 것이 자극(S, Stimulus)이라면, 여기에 대답한 것이 반응(R, Response)이다. 따라서 TA에서 말하는 교류란 '교류적 자극과 교류적 반응을 주고받는 과정'이라 하겠다. 우리는 사람들을 만나면 말로 인사하는 일 외에도 미소를 짓거나, 절을 하거나, 악수를 하거나 아니면 눈살을 찌푸리는 등 여러 가지 반응을 나타낸다. TA에서는 이것을 '스트로크(stroke)'라 하는데, 교류란 두 사람 이상이 스트로크를 주고받는 것이다.

이렇게 인사를 나눈 다음 계속해서 대화가 이루어진다. 이러한 대화는 앞의 그림에서 보듯이, 각자가 가진 세 가지 자아상태 중 한 상태에서 자극이 나가고 또 상대방의 세 가지 자아상태 중 한 상태에서 반응이 나온다. 이와 같이 자아상태 모형을 통해 커뮤니케이션 과정을 분석하는 것을 '교류분석(analysis of transaction)'이라고 한다. 그러나 자극과 반응을 주고받는 과정뿐 아니라 전체 이론도 교류분석이라고 부르기 때문에 이와 구별하기 위해 '교류과정 분석'(transactional analysis proper)이라고 부른다.

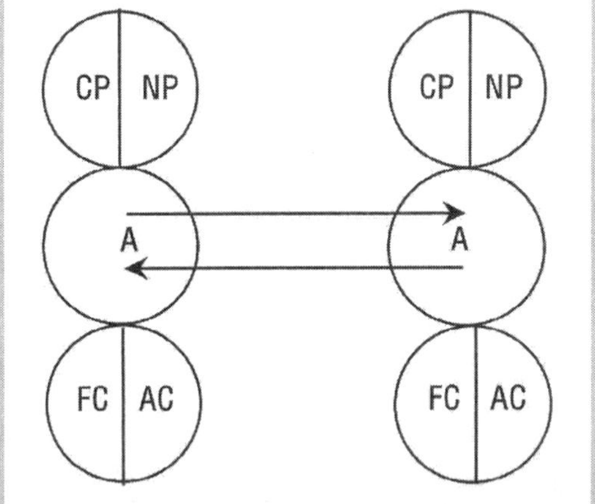

(그림 9-12) (A→A), (A→A)의 상보교류

교류분석에서 커뮤니케이션 과정을 분석할 때, 그림에서와 같이 자아상태를 원으로 표시하고 커뮤니케이션의 방향을 화살로 표시한다. 이러한 화살을 공식적 용어로 '벡터(vector)'라고 부른다. 그리고 S는 자극, R

은 반응을 가리킨다.

교류할 때에는 어떤 자아상태에서든 다 자극과 반응이 일어날 수 있다. 그러나 (표 9-1)에서와 같이, 어떤 자아상태에서 메시지를 보내는가에 따라 의도가 다르다. 또 교류를 할 때 상대방의 어느 자아상태로 메시지를 보내는가에 따라 기대하는 반응도 다르다. 예를 들어 정보를 얻기 위해 메시지를 보낸다면, 상대방이 A자아상태에서 반응하기를 기대할 것이다. 그리고 상대방을 꾸중하기 위해 CP에서 자극을 보낸다면, '다시는 그런 일을 하지 않겠다'고 AC에서 반응하기를 기대할 것이다. 이와 같이 자극과 반응이 어떻게 오가는가에 따라, 교류의 유형을 상보교류, 교차교류, 이면교류로 나눈다.

(표 9-1) 자아상태와 메시지를 보내는 의도

자아 상태	메시지를 보내는 의도
CP	통제, 비판, 질책 훈계
NP	온정, 배려, 도움, 지지, 격려
A	질문, 정보의 교환
FC	남의 이목을 생각하지 않고, 자유로운 표현
AC	상대방의 기분에 맞추거나 자신을 억제

1) 상보교류

어머니가 아들에게 지금 '몇 시냐?'고 물었더니 아들은 '세시 삼십 분입니다'하고 대답했다. 어머니와 아들은 둘 다 '지금 여기서'의 정보

(here-now information)를 교환했기 때문에, A자아상태에서 자극과 반응을 주고받은 것이다. 얼굴 표정이나 목소리를 보아도 A자아상태였다. 이와 같이 자극과 반응이 서로 평행선을 이루는 교류를 '상보교류(complementary transaction)'라고 한다. 상보교류란 자극과 반응이 평행을 이루고, 자극을 보내는 사람이 상대방에게서 기대했던 자아상태에서 반응이 올 때를 말한다. 따라서 이러한 상황에서는 교류가 계속 이어질 수 있는 것이다. 따라서 상보교류를 '평행교류(parallel transaction)'라고 부르기도 한다.

상보교류는 A자아상태 외의 다른 자아상태에서도 얼마든지 일어날 수 있다. 한 회사 사원이 오늘도 30분이나 늦게 출근했다. 바쁜 일 때문에 초조하게 기다리던 과장이 '박 대리. 지금 도대체 몇 시야? 납품 시간이 얼마 남은 줄 알기나 해?'하고 야단을 쳤다. 박 대리는 머리를 긁적이며 '과장님 죄송합니다. 차가 어떻게 밀리는지... 다음부터는 이런 일이 없도록 하겠습니다'하고 사과했다. 과장은 상대방의 행동을 꾸짖으며 앞으로 지각하는 일이 없도록 통제하려고 P에서 메시지를 보냈다. 박 대리는 과장에게 사과하며 과장의 말에 순응했기 때문에 C에서 반응을 보낸 것이다. 여기에서도 자극과 반응이 평행을 이루고 있기 때문에 상보교류가 이루어진 것이다.

교류의 분석은 구조분석 외에도 기능분석을 사용하면 보다 상세한 측면을 나타낼 수 있다. 예를 들어,

> 아내 (의자에 푹 주저앉으며): 여보 냉수 좀 떠다 주지 않겠어요? 하루 종일 청소를 했더니 피곤해 죽겠어요!
>
> 남편 (따뜻한 목소리로 미소를 지으며 말한다): 그 힘든 일을 혼자서 하면 어떻게 해! 휴일에 같이 하지 않고서...

아내가 FC에서 말을 했더니 남편은 NP에서 반응을 했다. 아내는 남편에게 물을 떠다 달라고 할 때 남편이 NP에서 도와주기를 기대했던 것이다. 이러한 교류도 상보교류에 속한다. 그러나 남편이 화를 내며 '하루 종일 직장에서 고생하다 온 사람에게 무슨 심부름이야!'하고 비난을 퍼부었다고 하자. 구조분석에서 보면 (C→P) 대 (P→C)의 상보교류 같지만, 기능분석을 통해 볼 때 다음에 살펴볼 교차교류가 되는 것이다.

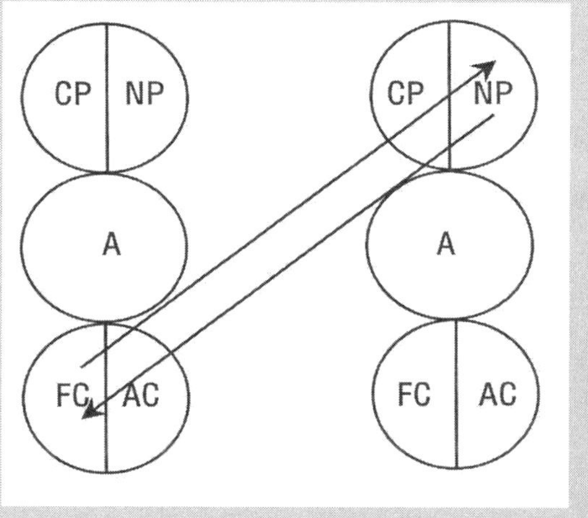

(그림 9-13) (FC→NP), (NP→FC)의 상보교류

- **커뮤니케이션의 첫째 규칙**

커뮤니케이션을 할 때에는 언어적이거나 비언어적이거나 메시지를 보낼 때에는 그 메시지 속에는 보내는 사람의 기대가 내포되어 있다. 상대방에게 시계를 물었을 때, 상대방이 A에서 반응하여 시간을 가르쳐 주

기를 기대한다. 회사에서 부하가 매일 출근 시간이 늦어 야단칠 때에는 부하가 C(즉 AC)에서 사과하고 다시는 그렇게 하지 않겠다고 순응해 주기를 기대한다. 이와 같이 자극과 반응이 상호보완적인 상보교류에서는 상대방에게서 기대했던 자아상태에서 반응이 오기 때문에 계속해서 커뮤니케이션이 일어날 수 있다. 이러한 커뮤니케이션을 '개방적인 커뮤니케이션(open communication)'이라고 부르기도 한다.

2) 교차교류

(그림 9-14)에서와 같이 A자아상태에서 질문을 했을 때, CP에서 비판을 하면 교차교류가 된다. 다시 말해 말을 건 사람이 기대했던 자아상태나 기능에서 반응이 오지 않고 엉뚱한 다른 곳(CP)에 반응이 온 것이다.

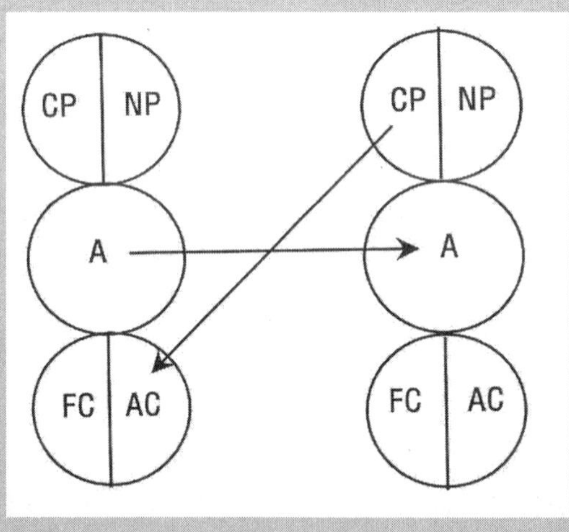

(그림 9-14) (A→A), (CP→AC) 교차교류

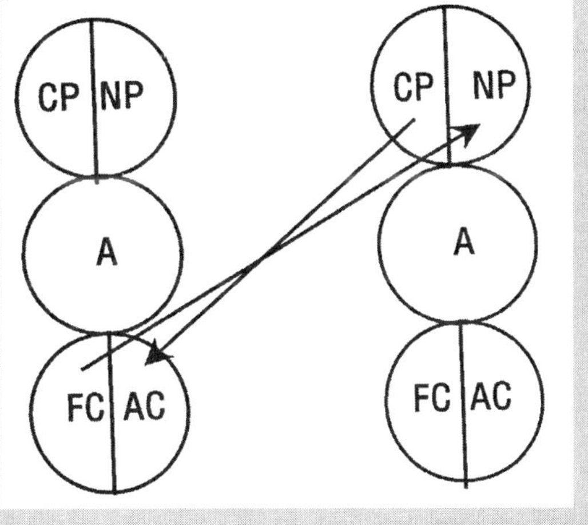

(그림 9-15) (FC→NP), (CP→AC)의 교차교류

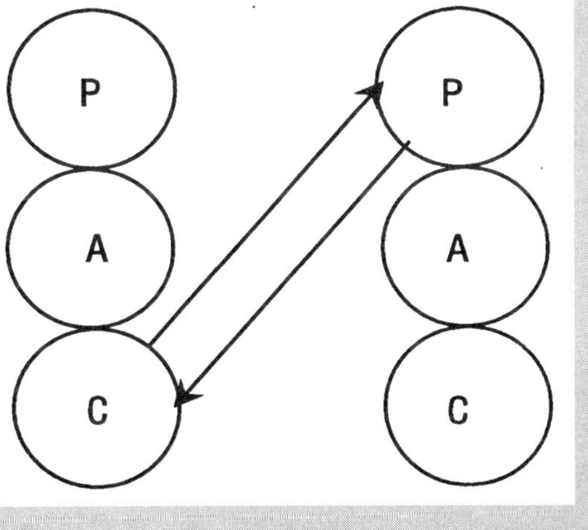

(그림 9-16) (C→P), (P→C)의 상보교류

구조분석을 통해 볼 때에는 상보교류 같아도 기능분석을 통해 보면 교차교류인 경우도 허다하다. 예를 들어 아내가 FC에서 남편에게 물을 떠 달라고 했다. 이 때 남편은 CP에서 야단을 쳤다. 이것은 (FC→NP), (CP→AC)의 교차교류이지만, 구조분석으로 보면 (C→P), (P→C)의 상보교류로 보인다.

- **커뮤니케이션의 둘째 규칙**

교류가 교차될 때, 상대방이 유도하거나 기대하는 자아상태에서 반응하면 다시 상보교류로 전환될 수 있다. 예를 들어 아내가 FC에서 물 떠다 달라고 할 때 남편이 CP에서 아내의 AC를 향해 비난을 퍼붓자, 아내는 얼른 AC 자아상태로 바꾸어서 '미안해요, 여보. 나는 당신이 그렇게 바쁜 줄을 몰랐어요'하고 사과를 하거나 변명을 하면 상보교류로 돌아올 수 있다. 그러나 '제 정신이냐'는 소리에 화가 나서 같은 자아상태에서 반항하거나 대들면 싸움이 벌어지게 된다. 교류가 교차되어 커뮤니케이션이 단절되거나 악화될 때, 두 사람 모두 또 두 사람 중 한 사람이라도 다른 자아상태로 이동하면 다시 상보교류로 돌아갈 수 있는 것이다.

3) 이면교류

'이면교류(ulterior transaction)'는 한꺼번에 두 가지의 메시지가 전달되는 경우다. 하나는 밖으로 드러난 사회적 수준의 메시지이고 또 하나는 속에 숨어있는 심리적 수준의 메시지, 또는 비밀 메시지(secrete message)이다. 사회적 수준의 내용은 대부분 (A 대 A)의 교류인 것 같으나, 그 이면의 심리적 수준의 메시지는 (P→C) 또는 (C→P) 간의 교류인 경우가 대부분이다. 회사에 늦게 출근하고 있는 사원을 보고 과장이 지금 몇 시냐고 물었더니 사원은 시계를 쳐다보며 열 시라고 대답한다.

서로 주고받는 말만 보면 (A 대 A)의 교류 같아 보인다. 그러나 음성이나 표정과 같은 비언어적 단서들을 살펴보자. 과장은 눈살을 찌푸리고 책상을 치면서 신경질적인 소리로 묻는다. 그 속에는 '요즘 젊은 것들은 도대체 무슨 정신으로 회사에 다니는지 모르겠다'는 비난이 깔려 있다. 사원은 열 시라고 대답을 하지만, '자기는 술 먹고 늦은 일이 없느냐?'는 불만이 섞여 있다.

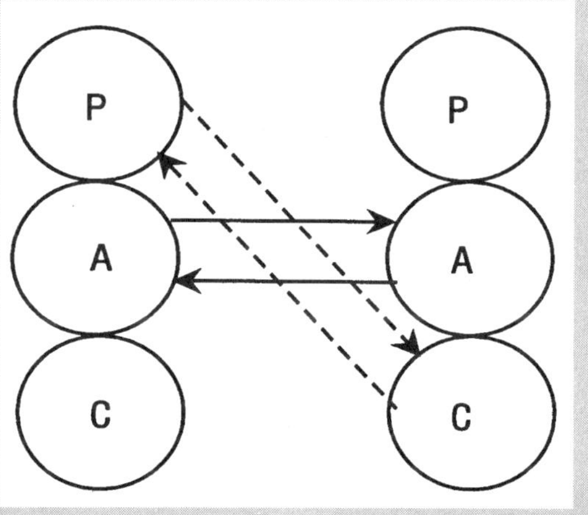

사회적 수준 (A→A), (A→A) / 심리적 수준 (P→C), (C→P)

(그림 9-17) 이중 이면교류

Berne은 이면교류의 또 한 예로 '각진 교류(angular transaction)'를 소개했다. 즉 한 사람이 A에서 A로 사회적 수준의 메시지를 전달하고 있지만, 그 속에는 A에서 상대방의 C로 보내는 비밀 메시지가 내포되어 있는 경우다. 말하자면 상대방의 C에서 반응이 나오도록 자극을 가하는 것이다. 예를 들어 세일즈맨이 고객에게 충동구매를 유도한다.

> 세일즈맨: 사모님. 이 카메라 어떻습니까. 워낙 비싼 거라서 아무나 살 수 있는 것은 아니지만...
> 고객(사람을 얕본다 싫어): 이리 내놔요. 그다지 비싼 것도 아니구먼..

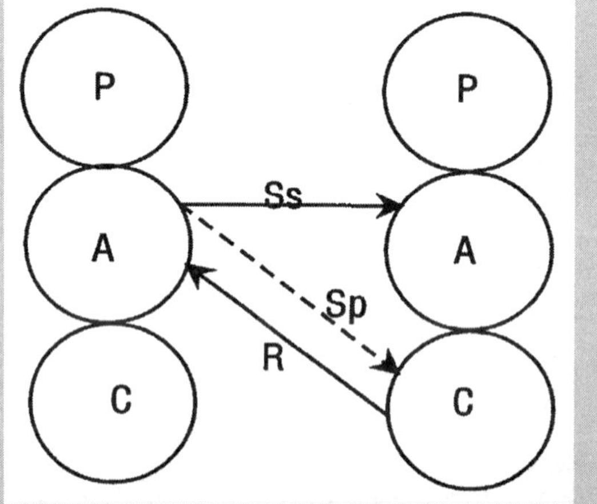

(그림 9-18) 각진 이면교류

세일즈맨은 상대방의 A로 카메라가 비싼 것이어서 아무나 살 수 있는 것은 아니라는 정보를 제공하는 것 같지만 사실은 상대방의 C를 자극하여 충동적으로 구매를 자극했던 것이다. 다음 그림에서와 같이 Ss와 Sp라는 벡터 사이에는 각이 져 있다.

- **커뮤니케이션의 셋째 법칙**

이면교류의 행동 결과는 사회적 수준이 아니라 항상 심리적 수준에서 결정된다. 다시 말해 겉으로는 A 대 A의 교류 같지만 그 이면에 다른 저의가 깔려 있을 때 항상 이 저의가 문제가 되어 싸움을 하거나 교류를 중단하여 심리적 또는 정서적 거리가 발생한다. 이면교류를 할 때 사회적 수준의 메시지는 언어적 메시지로 전달되지만, 심리적 수준의 메시지는 목소리, 제스처, 자세, 얼굴 표정 등 비언어적 메시지를 통해 전달된다. 대인관계에서 일어나는 갈등은 대부분 이러한 심리적 수준의 메시지 때문에 발생한다. TA에서는 심리적 수준의 메시지를 '비밀 메시지'라고 말하지만, 이러한 비언어적 단서들을 읽으면 결코 비밀스러운 것이 아니다.

5. 스트로크

1) 스트로크의 정의

길을 가다 이웃 사람을 만났다. 나는 반가워서 '안녕하세요. 어디를 가십니까?'하고 인사하면, 이웃 사람도 반가운 표정으로 내 손을 잡으며 '오랜만이네요. 언제 한번 식사라 같이 해요'하고 대답했다. 우리는 서로 스트로크를 주고받은 것이다. 스트로크(stroke)란 '인정의 한 단위(a unit of recognition)', 즉 상대방으로부터 받는 '인정'의 한 단위인 것이다. 그러나 내가 반가워서 인사를 해도 상대방은 본 척도 하지 않고 외면해 버린다고 생각해 보라. 어떤 느낌이 들겠는가. 보통 사람 같으면 누구나 상대방의 무반응에 놀라움을 느낄 것이다. '내가 무엇이 잘못 되었는가' 아니면 '뭐 저 따위 인간이 다 있는 가' 하고 박탈감이나 분노를 느낄 것이다. 이와 같이 누구나 스트로크를 필요로 한다.

Woolams와 Brown은 '개인에게 자극을 주는 주목의 단위'라고 정의하였고, Dusay와 Dusay(1989)는 스트로크가 인간으로 하여금 사회적 행동을 하게 하는 기본적인 동기유발이라고 보았다. 교류를 할 때 주고받는 자극 또는 반응이 바로 스트로크를 말하는 것이다(Stewart & Joines, 1989; Stewart, 1989).

교류란 바로 스트로크를 주고받는 과정을 말한다. 가정이나 직장이나 사회에서 서로 어떤 스트로크를 어떻게 스트로크를 주고받는가에 따라 인간관계가 결정된다. TA에서는 각 개인이 주고받는 스트로크의 유형을 파악하여 보다 건설적이요 효율적인 스트로크를 주고받는 법을 학습함으로써 성장과 성숙을 촉진할 수 있다고 본다.

• 자극 기아

Berne은 자극이 없이는 살 수 없다는 사실을 강조하기 위해 '자극기아'(stimulus-hunger)라는 말을 사용했다. 인간이나 동물이나 발달하기 위해서는 스트로크가 필수적이다. Spitz는 아무리 시설이 좋은 보육원이라 하더라도 자극이 적은 환경 속에서 자란 어린이는 가난하지만 부모의 따뜻한 온정 속에 자란 아이보다 신체적으로나 정서적으로 문제가 많다는 사실을 강조하였다. "I'm OK, you're OK"라는 저서로 TA를 대중 심리학(pop psychology)으로 발전시킨 Harris는 스트로킹(stroking, 스토로크를 주는 것)이 없다는 것은 바로 '심리적 죽음'을 의미한다고 말했다. 자극 또는 스트로크는 인간의 생존에 없어서는 안 된다. 물론 긍정적인 스트로크가 좋지만, 긍정적인 스트로크를 받지 못하면 부정적인 스트로크라도 받으려고 한다.

2) 스트로크의 종류

교류란 스트로크를 주고받는 것을 말한다. 스트로크는 아래와 같이 다양하게 분류할 수 있다.

- **긍정적 스트로크와 부정적 스트로크**

긍정적 스트로크란 스트로크를 받는 사람에게 즐겁고 유쾌한 감정을 심어주는 스트로크를 말한다. 그러나 부정적인 스트로크는 불쾌하거나 고통스러운 감정을 가져다준다.

- **언어적 스트로크와 신체적 스트로크**

언어적 스트로크는 언어, 즉 말을 통해 자극이나 반응을 보내는 것이다. 비언어적 스트로크는 언어 외의 얼굴표정이나 목소리나 제스처 등 비언어적 채널을 통해 자극이나 반응을 주고받는 것이다.

- **조건적 스트로크와 무조건적 스트로크**

조건적 스트로크는 특정 조건이나 기준에 부합할 때 긍정적 스트로크를 보내고 조건에 맞지 않거나 기준에서 어긋날 때 부정적 스트로크를 주는 것이다. 다시 말해 조건적 스트로크는 '어떤 행동 또는 일을 했는가'에 달린 것이다. 그러나 무조건적인 스트로크는 상대방이 한 행동이나 일과는 관계없이 그 사람의 존재와 관련된 것이다.

- **조건적 긍정적 스트로크: 이번에 그 일 훌륭히 잘 해냈더군!**
- **무조건적 긍정적 스트로크: 네가 친구라는 게 참 좋아**
- **조건적 부정적 스트로크: 그런 식으로 말하니까 기분이 나빠**
- **무조건 부정적 스트로크: 나가! 꼴도 보기 싫어!**

그 외에도 스트로크의 종류로 내적 또는 외적 스트로크, 직접적 또는 간접적 스트로크로 나눌 수 있다. 그리고 언뜻 보기에는 긍정적 스트로크 같지만 그렇지 못한 스트로크도 많다. 어떤 사람들은 처음에는 긍정적인 스트로크를 주는 것처럼 보이지만 마지막에는 상대방의 기분을 잡쳐놓는 경우가 있다. 이러한 스트로크를 '의사(擬似) 스트로크(counterfeit stroke)'라 하는데, 칭찬을 하는 척 하다 바꾸는 것이다.

또 어떤 사람은 긍정적 스트로크를 지나치게 퍼부어 불성실하거나 헤프고 실없다는 생각을 들게 한다. 이러한 불성실한 스트로크를 Berne은 '마시멜로 던지기(marshmallow throwing)', 또 어떤 사람은 '플라스틱 스트로크(plastic stroke)'라고 부르기도 한다.

3) 스트로크의 특징

• 스트로크와 행동강화

어린이는 본능적으로 스트로크를 추구한다. 어린이는 스트로크를 얻기 위해 온갖 행동을 다 해본다. 그러다 특정 행동을 할 때 스트로크를 받으면, 그 행동을 반복할 가능성이 높아진다. 이러한 행동을 할 때마다 스트로크를 받는다면, 미래에도 이러한 행동을 할 가능성이 더욱 높아질 것이다. 이와 같이 스트로크는 스트로크를 받게 되는 강화시키는 역할을 한다. 자라고 난 뒤에서 여전히 스트로크를 필요로 한다. 따라서 성장하고 난 다음에도 과거에 스트로크를 필요로 하기는 어릴 때와 다름이 없다. 따라서 스토로크를 얻는데 가장 효과적이었던 행동을 하기가 쉬운 것이다.

- **스트로크 여과**

같은 스트로크라 하더라도 그 영향을 사람마다 다르다. 사람들은 자기 '스트로크 지수(stroke quotient)'에 맞지 않은 스트로크를 무시하거나 평가절하려고 한다. 이것을 보고 '디스카운트(discount)'하거나 '여과(filter out)'시킨다고 말한다. 누구나 자기 자신과 주위로부터 받는 스트로크 사이에 '스트로크 필터(stroke filter)'가 있어, 자기에게 맞지 않는 스트로크를 여과시킨다. 이와 같이 스트로크 지수는 기존의 자기 모습을 유지시키는 기능을 하는 것이다.

- **스트로크와 디스카운트**

부정적 스트로크와 디스카운트는 분명하게 구별할 수 있어야 한다. 디스카운트는 항상 현실을 왜곡(distortion)시키는 것이다. 부정적 스트로크는 상대방의 잘못된 행동에 대해 부정적인 스트로크를 주는 것이지만, 디스카운트는 상대방의 행동뿐 아니라 상대방의 존재 자체를 깎아내리려는 것을 의미한다.

- 조건적 부정적 스트로크: 내가 사 오라고 한 물건이 아니잖아
- 디스카운트: 심부름 하나 제대로 못하는 주제에…
- 조건적 부정적 스트로크: 네가 그렇게 행동할 때에는 기분이 나쁘구나
- 디스카운트: 너는 항상 사람을 기분 나쁘게 만드는 재주를 타고 났어!
- 무조건 부정적 스트로크: 나는 네가 미워 !
- 디스카운트: 너는 미움이나 받으며 살 존재야!

- **스트로크 경제**

우리가 일상생활을 해 나가면서 어떻게 스트로크를 주고받는가 하는 것은 어릴 때부터 어떤 스트로크를 어떻게 받아왔는가에 달려 있다고 해도 과언이 아니다. 스트로크는 아무리 남에게 주어도 자원이 고갈되는 법이 없다. 그러나 수요와 공급의 법칙이라는 것이 있다. 공급이 달리면 가치가 높아진다. 따라서 부모들은 자녀의 행동을 통제하기 위해 스트로크 공급을 줄이고 스트로크를 독점하는 위치에 놓이려고 한다. 따라서 스트로크 없이 살 수 없는 어린이는 스트로크를 받기 위해 부모의 요구에 부응하는 것을 배워나가는 것이다. 이와 같이 건강하지 못한 부모는 어릴 때부터 자녀에게 스트로킹에 관한 다섯 가지의 제한된 규칙을 주입시킨다고 하는데, 이러한 규칙들이 Steiner(1971)가 말한 '스트로크 경제(stroke economy)'의 토대를 이룬다(Hay, 1993 참조).

- 스트로크를 주어야할 때 주지 말라
- 스트로크를 필요로 해도 요구하지 말라
- 원하는 스트로크라도 받아들이지 말라
- 스트로크를 원치 않을 때 거부하지 말라
- 자기 자신에게 스트로크를 주지 말라

• 좋거나 나쁜 스트로크가 있는가?

긍정적인 스트로크는 좋고 부정적인 스트로크는 나쁘다는 말을 많이 듣는다. 일부 TA 이론서에도 이러한 주장을 하는 사람이 있다. 긍정적인 스트로크를 많이 주고받을수록 좋다고 한다. 그것도 무조건적이면 더욱 좋다고 한다. 물론 이러한 주장은 대단히 타당성이 있다. 자기 자신에게서 가치감을 느끼고 긍정적인 자아개념을 형성하기 위해 긍정적인 스트로크, 그것도 무조건 긍정적인 스트로크가 절대 필요하다. 그러나 조건적인 스트로크나 부정적인 스트로크가 무조건 해롭다고 말할 수는 없다. 일생동안 받는 스트로크가 대부분 부정적이거나 조건적이면 문제가 되지만, 어느 정도의 조건적 및 부정적 스트로크는 필요하다고 하겠다. 긍정적이든 부정적이든 조건적 스트로크도 세상을 배우는데 대단히 필요하다. 한 시간도 책상에 앉아있지 못하는 아이에게 어머니가 말했다. '하루에 한 시간씩 일주일 동안 앉아서 공부하면 자전거 사줄게'. 아이는 자전거를 얻기 위해 돌아다니고 싶은 충동을 억제하기 때문에 자기통제를 배울 수 있는 것이다. 그리고 아이가 잘못된 행동을 할 때 부모로부터 부정적 스트로크(야단, 벌)를 받아야 그 행동이 잘못된 것인 줄 안다. 부정적 조건적 스트로크도 동일한 기능을 한다. 예를 들어 사무실에서 하루 종일 담배를 피워댄다. 그 때 동료 사원들은 얼굴을 찡그린다. 이와 같은 부정적 조건적 스트로크는 다른 사람들이 내 행동을 좋아하지 않는다는 사실을 깨닫게 해준다. 그리고 상대방의 조건에 맞추기 위해 나를 통제 또는 변화시키는 법을 배우게 되는 것이다. 이렇게 하여 조건직인 긍정적 스트로크를 받을 때 자기 자신에게서 유능감(competence)을 느낄 수 있는 것이다. 이와 같이 부정적인 조건적 스트로크를 전혀 받지 못한다면 자기 행동을 변화시킬 수 있는 자극이 없다고 하겠다. 물론 무조건 부정적인 스트로크는 받지 않는 것이 바람직하다. 그러나 이러한 스트로크가 긍정적 영향을 전혀 주지 않는 것은 아니다. 예를 들어 어떤 사람은 나를 무조건 보기 싫어한다. 따라서 내가 어떤 행동을 하든 그를 변화시킬 수 없다는 사실을 안다. 그러나 대부분의 사람은 긍정적 스트로크보다는 부정적 스트로크, 무조건 긍정적 스트로크보다는 조건적 긍정적 스트로크를 더 많이 받아왔다. 따라서 상대방에게 가치감을 심어주고 공부나 일의 동기를 부여하기 위해서는 무엇보다 무조건적인 긍정적 스트로클 많이 주고받는 풍토로 바꾸어야할 것이다.

6. 사회적 시간의 구조화

사람들이 둘 이상 또는 집단으로 모여 있을 때 시간을 보내는 방법을 '사회적 시간의 구조화(time structuring)'라 한다. 시간의 구조화에는 폐쇄, 의례, 소일, 활동, 게임, 친밀이라는 여섯 가지 방법이 있다. Berne은 이 방법들이 구조 기아(structure-hunger)를 만족시키는 방법이라고 말했다(Berne, 1980).

여섯 가지 방법마다 각자 놓여있는 자아상태, '스트로크 강도(intensity of stroking)', '심리적 위험(psychological risk)'이 다르다. 폐쇄에서 친밀로 나갈수록 스트로크 강도)가 높아지며, 심리적 위험이 증대된다. 심리적 위험이란 스트로크의 불가예측성을 말한다. 다시 말해 스트로크를 보냈을 때 수용될지 배척받을지 예측하기가 힘들 때 위험이 증대된다고 하겠다. 누구에게나 주어진 시간은 동일하다. 그러나 각자 어떻게 시간을 구조화시키는가에 따라 삶의 질이 결정된다고 하겠다. TA에서는 사회적 시간의 구조화를 통해 건강한 삶을 살 수 있는 방향을 제시해 준다.

1) 폐쇄

함께 있으면서 전혀 교류를 하지 않는 것을 '폐쇄(withdrawal)'라 한다. 폐쇄는 스트로크 주고받기를 거부하는 것이다. 폐쇄 상태에서는 단지 자기 자신과만 스트로크를 주고받는다. 이 상태에서는 스트로크를 주고받지 않기 때문에 스트로크 강도와 위험을 경험할 수 없다. 폐쇄는 합리적인 A자아상태에서 선택할 수도 있다. 그러나 어릴 때 남과 스트로크를 주고받으면 위험하다고 생각한 사람은 다른 사람과 스트로크 주고받기를 꺼린다. 이때에는 C자아상태에 놓여 있는 것이다. 이러한 사람은 '스트로크 뱅크(stroke bank)'를 갖춰놓고 있다. 마치 사막의 낙타와 같이 외부로부터 스트로크를 받지 못해도 오래 동안 견딜 수 있다. 그러나 언젠가는 스트로크 뱅크가 고갈될 수 있다.

2) 의례

길을 가다 이웃 사람을 만나 '안녕하십니까'하고 인사하면 상대방도 의례히 대답을 하기 마련이다. 이것을 '의례(rituals)'라고 한다. 의례는 단순하고 정형화되어 있고 상호보완적인 상보교류이다. 어린이는 자라면서 자기 가정이나 사회의 문화에 맞는 다양한 의례를 배운다. 누가 악수를 하려고 손을 내밀면 상대방에게 반응하기 위해 같이 손을 내밀 줄 안다. 길가다 아는 사람을 만나 '안녕하세요'하고 인사하면 어떻게 대답해야 할지 배워서 알고 있다. 이와 같이 의례는 사람들과 일상적인 인사를 주고받는 것을 말한다. 구조적으로 볼 때 의례는 C자아상태에서 P자아상태의 명령에 따르는 것이다. 기능적으로 볼 때, 의례는 AC자아상태에서 이루어지는 것이다. 예를 들어 어릴 때 이웃 사람이 인사를 걸 때 꼭 대답을 하지 않으면 어른들로부터 야단을 맞았던 것이다. 이와 같이 어른의 요구나 예절에 맞게 행동하는 것이기 때문에 AC상태에 놓여있는 것이다. 대부분의 경우 의례는 외부 규범에 따르는 것이기 때문에 만족스러운 결과를 가져다준다. 따라서 긍정적인 AC행동으로 분류할 수 있다.

의례는 폐쇄보다는 심리적 위험이 높다고 할 수 있다. 그러나 인사를 건넬 때 대부분 응답하듯이 위험이 그다지 높지 않다. 또한 의례를 통해 주고받는 스트로크의 강도 또는 가치는 그리 높지 않다고 하겠다. 어릴 때부터 의례를 통해 배척(심리적 위험)을 많이 경험한 사람은 스트로크를 교환하는 것 자체를 위험한 일로 판단한다. 따라서 어른이 되어서도 의례적 행동까지 거부하는 경우가 많다.

3) 소일

처음 만났던 사람들이 인사를 나눈 뒤 좀 친해지면 서먹서먹했던 분위기가 사라져 한층 더 교류가 진척된다. 이제 '소일(pastime)' 단계에 접어든 것이다. 소일에서는 동사가 사용되고, 지나간 일에 대해 주로 대화한다. 소일에서는 의례에서와 마찬가지로, 친숙한 방법(제법 예측 가능한 방향)으로 진행된다. 그러나 소일에서의 교류 내용은 의례에서와 같이 엄격하게 정해져 있는 것은 아니다. 소일로 시간을 보내는 사람은 인사할 때와 같이 정형화되어 있는 것이 아니다. 소일에서는 어떤 일에 '대해서'이야기 하지, 거기에 대한 행동을 하는 것이 아니다. 소일은 '지금, 여기서의' 행동이 아니라 영어(pastime; past time)에서 보듯이 '지나간 일'에 대해 이야기하는 것이다. 칵테일파티에서와 같이 피상적 대화가 주된 특징을 이룬다. 남자는 만났다 하면 자동차나 군대 이야기가 나오고, 여자는 의상이나 물가 이야기가 주류를 이룬다. 나라마다 특징이 있는데 영국 사람들은 주로 날씨 이야기를 많이 한다.

소일 또는 잡담은 주로 P나 C자아상태에서 이루어진다. P상태에서 소일하는 사람은 '기존의 판단(pre-judged opinion)'을 가지고 있다. '요즘 젊은 것들은 도대체 자기밖에 모른단 말이야', '그러게 말이야. 우리가 젊었을 때 어디 상사들 앞에서 어디 입이나 벙긋할 수 있었던가'. C자아상태에서 소일할 때는 지난 어린 시절의 사고나 감정을 재연하는 것이 상례다. '처음 만나 서먹서먹할 때에는 참 참기 힘들었어요', '나는 낯선 사람들 앞에서는 말이 잘 나오지 않아서...'

소일 또는 잡담에서는 부정적인 스트로크도 받을 수 있지만, 주로 긍정적인 스트로크를 많이 수반한다. 왜냐하면 이러한 상황에서는 보통 상대방이 맞장구를 쳐주기 때문이다. 그러나 의례보다는 상대방의 반응을 예측하기가 더 어려운 것이 사실이다. 따라서 C자아상태에서 다소 위험을 띤 것이라고 지각하게 된다.

4) 활동

'활동(activity)'은 주로 A 자아상태에서 이루어진다. 활동은 지금 여기서의 목표를 달성하기 위해 이루어지기 때문이다. 활동을 할 때 때로는 적절한 규칙에 따라 하기도 한다. 이러한 상황에서는 긍정적인 AC나 긍정적인 P자아상태로 전환되는 것이다. 활동을 통해 받는 스트로크는 '조건적인 긍정적 스트로크' 또는 '조건적인 부정적 스트로크' 둘 중의 하나이다. 스트로크는 대부분 활동이 끝나고 주어지는 것이 상례다. 활동을 통해 지각하는 심리적 위험의 정도는 활동의 특성에 따라 소일보다 클

수도 있고 적을 수도 있다. 예를 들어 어떤 사람은 자기가 활동한 결과에 대해 보람과 긍지와 가치를 느껴 유능감을 경험하지만, 어떤 사람은 공허와 불안을 느낄 수도 있는 것이다.

5) 게임

'게임(game)'은 TA 이론의 중요한 한 부분을 이룬다. 게임은 서로 이면교류를 주고받는 것을 말한다. 게임은 항상 한 사람 또는 두 사람 모두에게 불쾌한 감정을 남긴다. 게임을 할 때, 겉으로 보기에 (사회적 수준으로는) 정보를 교환하고 있는 것 같다. 그러나 속으로는 (심리적 수준으로는) 다른 저의를 가지고 있다. 게임이란 자라고 난 뒤에는 더 이상 적절하지 못한 아동기의 전략을 재연하는 것이다. 게임은 부정적 AC, 부정적 CP, 부정적 NP 등 부정적인 자아상태에서 일어난다. A자아상태에서는 결코 게임이 일어나지 않는다.

게임에는 항상 디스카운트가 수반된다. 이러한 디스카운트는 심리적 수준에서 이루어지는 것이다. 사회적 수준에서 보면 게임 연출자가 강한 스트로크를 주고받는 것같이 보인다. 게임 시작 단계에서는 스트로크가 긍정적일 수도 있고 부정적일 수도 있다. 그러나 게임 마지막에 가서는 항상 강한 부정적 감정을 경험한다. 심리적 위험의 정도는 활동이나 소일보다 훨씬 크게 지각되기 마련이다.

6) 친밀

'친밀(intimacy)'이란 진정한 감정의 표현을 말한다. 교류를 할 때 사회적 수준과 심리적 수준이 일치를 이루는 것이다. 이것이 게임과 근본적 인 차이이다. 친밀이 중요한 이유는 진정한 감정의 표현이 상황을 종결시키는데 가장 적절하기 때문이다. 이와 반대로 게임 말미에 표현된 감정은 문제를 해결하는데 아무 도움이 되지 않는다. 왜냐하면 게임은 계속해서 반복되는 것이기 때문이다. 나중 게임과 라켓을 자세히 살펴보면 생산적인 감정과 비생산적인 감정의 차이를 구별하게 될 것이다.

Berne이 사용한 '친밀'이라는 용어는 일상생활에서 말하는 친밀과는 의미가 다르다. 시간을 구조화시키는 방법으로서의 친밀은 일상생활에서 말하는 친밀과 관계가 있을 수도 있고 없을 수도 있다. 일상적인 의미로 두 사람이 친할 때, 서로 솔직하게 감정을 나누고 자기가 원하는 것은 있는 그대로 정직하게 표현할 수 있다. 이 때 두 사람은 TA 용어로 '친밀' 상태에서 시간을 구조화시키고 있는 것이다. 그러나 두 사람이 일상적 용어로 친밀한 관계이면서도 게임을 연출하는 경우가 허다하다.

Berne은 친밀에서는 자아상태가 게임이나 상호 이용하려는 의도가 없는 솔직한 C 대 C의 관계라고 말한다. 이러한 관계는 두 사람의 A 상태에 의해 형성된다. 이와 같이 친밀에서는 A가 중요한 비중을 차지한다. Berne 이후의 TA 이론가들은 친밀이 순수 C 대 C의 교환이라고만 강조하는 경향이 있다. 그러나 Berne의 주장은 더욱 의미가 깊다. 두 사람이 친밀 상태에서 관계를 맺을 때, A를 통한 충분한 사고와 행동과 감정을 통해 관계를 설정할 필요가 있다. A를 통한 이러한 보호망 하에서라야, 원할 때 C 상태에 들어갈 수 있고, 어릴 때부터 충족하지 못한 욕구를 나누고 충족시킬 수 있는 것이다.

친밀 상태에서 주고받는 스트로크는 그 어떤 시간의 구조화에서보다 강력하다. 긍정적이든 부정적이든 스트로크가 교환된다. 그러나 친밀은 진정한 감정의 나눔이기 때문에 디스카운트가 이루어지지 않는다. 그리고 친밀이 시간구조화 방법 중 가장 심리적 위험이 높다고 생각할 수 있다. 그러나 역설적이지만 친밀에서는 위험이 가장 적다. 내가 상대방과 친밀 상태에서 대화할 때, 디스카운트를 하지 않는다. 따라서 친밀의 결과는 항상 건설적이다. 이것은 직선적인 긍정적 스트로크냐 직선적인 부정적 스트로크냐에 달려 있는 것이다. 친밀은 그 어떤 형태의 시간의 구조화보다 스트로크 가치(stroke value)가 높다. 말하자면 친밀은 스트로크의 천국이라 해도 과언이 아니다. 이와 같은 긍정적 스트로크의 교환은 기쁨과 만족을 가져다준다.

제10장 TA상담의 심화이론

1. 게임과 게임분석

1) 게임이란

다른 사람과 이야기하다 기분 나쁜 감정으로 끝난 뒤, '왜 내게는 이런 일이 계속해서 일어나는지 모르겠다.', '세상에 어떻게 이런 일이 일어날 수 있어?', '나는 그가 다른 사람과는 다르리라 생각했는데, 그러나...' 하고 푸념하지 않았는가. 어떤 일이 고통스럽게 끝나 당혹감을 느낄 때, 이러한 일이 전에도 자주 일어나지 않았는가 생각해 보라. 이러한 경험을 가지고 있다면 TA에서는 이것을 '게임'(game)이라 부른다. 축구 게임이나 체스 게임과 같이 TA에서 말하는 심리적인 게임도 이미 정해진 규칙에 따라 진행된다. 이와 같이 게임의 예측 가능한 구조에 처음으로 관심을 기울인 사람은 Berne이었다. 본 장에서는 Berne과 그 이후의 학자들에 의해 연구된 게임분석 방법을 고찰하기로 한다(제석봉, 2007). 먼저 게임의 사례를 몇 가지 소개하자면 다음과 같다.

〈사례 1〉

K씨와 J양이 만났다. 둘이 사랑에 빠져 동거하기로 했다. 처음에는 잘 지냈다. 그러나 몇 달이 못 가 K씨는 J양으로 하여금 난관

에 빠뜨렸다. K씨는 상대방의 감정이나 요구에 아랑곳하지 않고 소리를 치고 학대를 하며, 술을 먹고 늦게 들어오기 일쑤였다. 또 J양의 돈을 뺏어가 돌려줄 생각도 하지 않는다. J양은 이러한 학대에도 불구하고 잘 참으며 지냈다. K씨가 못되게 굴면 굴수록 J양은 더욱 죽어지냈다.

그러나 3년쯤 흐르자 J양은 아무 예고도 없이 K씨를 떠나 다른 남자에게로 갔다. K씨는 집에 돌아와 J양이 떠나면서 남겨둔 쪽지를 보고, "어떻게 내게 이런 일이 일어날 수 있는가"하고 울부짖었다. K씨는 수소문하여 J양이 사는 곳을 찾아가 다시 돌아와 달라고 호소했다. 그러나 빌면 빌수록 J양은 단호하게 뿌리쳤다. K씨는 오랜 세월 동안 우울과 절망에 빠졌고 자기 자신을 무가치하게 여겼다. K씨는 자기에게 무슨 문제가 있는가 하고 생각하기 시작했다. 그러나 이상한 일은 이번이 처음이 아니라는데 있다. K씨는 이러한 일을 여러 번 겪었다. 그 때마다 다시는 이렇게 하지 않겠다고 다짐했지만 반복해서 여자들에게 버림받은 것이다. K씨는 바로 '나를 차라'(Kick me)라는 게임을 한 것이다.

J양도 이러한 일이 한 두 번이 아니었다. 전에 만났던 남자들도 처음에는 K씨와 마찬가지로 잘 대해 주다 얼마 못 가 학대를 했다. 그러나 처음에는 잘 참고 지내다 결국에 가서는 갑자기 마음을 돌려 다 차버렸다. J양을 남자들을 차버릴 때, 자신에게 아무 하자도 발견하지 못했고 때로는 승리감을 느끼기도 했다. "내 생각이 맞아. 남자들이란 다 똑 같애"하고 생각했다. 그럼에도 불구하고 J양은 얼마 지나지 않아 다시 새로운 남자를 찾았고, 같은 일이 반복되곤 했다. 말하자면 J양은 '흠 들추기'(Now I've Got You, Son of Bitch)라는 게임을 연출한 것이다.

〈사례 2〉

M여사는 사회복지사이다. 사무실에 한 내담자가 들어왔는데 풀이 죽어 있었다.

내담자: 어쩌다 이런 일이 일어났는지 모르겠어요. 회사에서 쫓겨났는데, 어디 갈 데도 없고 무엇을 해야 할지 모르겠어요.

사회복지사: 오! 저런. 제가 어떻게 도와드릴까요?

내담자:(침울한 표정으로) 잘 모르겠어요.

사회복지사: 신문을 보고 어디 기거할 곳을 좀 찾아보지 그랬어요?

내담자:(더욱 풀이 죽은 표정으로) '방을 빌릴 돈이 있어야지요.'

사회복지사: 그렇다면 어디 복지단체에 도움을 구할 수 있는지 알아볼까요?

내담자: 말씀은 고맙지만, 누구의 도움 같은 것은 받고 싶지 않아요.

사회복지사: 아 그렇다면 머물 곳을 찾을 때까지, 제가 어디 쉼터라도 잡아주면 안될까요.

내담자: 예, 고맙습니다만, 기분이 이럴 때 남과 함께 섞여 있는 건 견디지 못할 것 같아요.

그러자 한 동안 침묵이 흘렀고 사회복지사는 어떻게 도울까 궁리를 하였지만 뾰족한 수가 떠오르지 않았다. 내담자는 길게 한 숨을 쉰 뒤, 일어나서 '어쨌든 도와주려고 해서 고마워요.'하고 침통하게 말하면서 나갔다. 사회복지사는 '도대체 어떻게 해야 할지 모르겠어.'하고 생각했다. 처음에는 어리둥절했지만 차츰 자신이 무력하고 부적하다는 생각이 들어 울적해졌다. 자신이 유능한 상담자가 아니라는 생각이 들었다. 그 때 내담자는 거리를 걸어가며 '사회복지사라고 해도 가봤자 아무 소용이 없어'하며, M여사에게 화가 나고 분개까지 느꼈다. M여사와 내담자에게는 이러한 일이 전에도 자주 있었다. M여사의 경우 내담자에게 여러 번 도와주고 조언을 주려고 했지만 받아들여지지 않아 좌절감을 느꼈고, 내담자도 여러 곳을 찾아다녔으나 대답이 시원치 않아 집어치우고 화만 느꼈다. 두 사람 다 게임을 하고 있었던 것이다. M여사는 'Why Don't you', 내담자는 'Yes, But...'게임을 한 것이다.

2) 게임의 특징

게임은 겉으로 보기에는 합리적인 대화(A 대 A의 교류) 같지만, 그 이면에 다른 저의가 깔린 이면적 교류로서 한 사람 또는 두 사람 모두에게 나쁜 감정을 불러일으키는 교류의 하나이다. 게임은 다음과 같은 특징을 가지고 있다.

첫째, 게임은 반복적이다. 사람들은 각자 자기가 좋아하는 게임을 계속해서 반복한다. 게임의 상대와 상황을 변할 수 있어도, 게임의 유형은 변하지 않고 계속 남는다.

둘째, 게임은 본인도 의식하지 못한 채 진행된다. 사람들은 게임을 반복해서 하면서도 자기가 게임을 하고 있다는 사실을 의식하지 못하면서 반복하고 있다. 따라서 게임이 끝나고 난 뒤, '어떻게 이런 일이 일어나는지 모르겠다'라고 당혹해 하거나 푸념한다.

셋째, 게임은 항상 게임을 하는 사람에게 라켓 감정이라는 불쾌한 감정을 남긴다.

넷째, 게임에는 게임을 하는 게임을 하는 두 사람 사이에 이면교류가 이루어진다. 게임을 할 때 사회적 수준에서는 상보적 교류가 이루어지고 있는 것 같지만, 그 이면의 심리적 수준에서는 다른 메시지가 오간다. 한 실직자가 사회복지사를 찾아갔다. 실직자가 도움을 청하자 사회복지사는 어떻게 해서든 도움을 주려고 애썼다. 두 사람 모두 어떤 목적을 띠고 있었다. 그러나 그 결과를 보면 두 사람 다 의식하지 못했던 다른 동기를 가지고 있었다. 심리적 수준에서 서로 상대방에게 진짜 의도했던 '비밀 메시지'를 보냈던 것이다. 사회복지사는 도움을 주려고 했으나 받아들여지지 않았다. 실직자는 도움을 청했으나 결국은 받아들이지 않았던 것이다.

다섯째, 게임을 하고 나면 항상 당혹과 혼란이 뒤따른다. 왜냐하면 게임을 하는 사람은 예상하지 못한 일이 일어났다고 믿기 때문이다. 어떻게든 역할이 바뀌어지는 것 같다. K씨는 동거하던 여자가 떠났을 때 느꼈던 경험을 통해 알 수 있다. 그리고 J양도 K씨에 대한 마음을 갑자기 바꾸었기 때문에 떠나버릴 수 있었다.

① 스웨터

사람들은 게임을 할 대상을 어떻게 찾을까. K씨는 자기를 버릴 여자를 끊임없이 찾았다. J양은 자길 학대하여 차버릴 사람을 잘도 골랐다. 마치 게임 초대장을 써 붙인 스웨터를 입고 있는 것 같기도 하다. 스웨터 앞면에서는 자기가 의식적으로 보고 싶은 세상을. 뒷면에는 심리적 수준의 '비밀 메시지'를 인쇄해 놓은 것 같다. 뒷면의 메시지가 바로 실제 게임할 상대를 결정한다. J양의 스웨터 앞면에는 '나는 얌전하고 잘 참는 여자입니다'라고 쓰여 있지만, 뒷면에는 '그러나 내가 한 방 먹일 때까지 기다려라'는 말이 쓰여 있다고 하겠다.

② 게임의 정도

게임에 따라 그 정도가 다르다. 1단계 게임(First-degree game)의 결과는 주위 사람들이 수긍해주는 정도의 것이다. 앞의 사례에서 사회복지사 M여사는 커피를 마시며 동료들에게 자기의혹의 감정을 털어놓을 수 있고, 그를 찾았던 내담자는 자기 부류의 사람들과 술을 마시면서 사회복지사를 찾아가도 아무 소용이 없더라는 불평을 털어놓을 수 있다. 그러면 친구나 동료들은 대부분 맞장구를 쳐준다. 사실 이러한 게임은 파티나 모임에서의 시간구조화에서 큰 비중을 차지한다. 2단계 게임(Second-degree game)의 결과는 사람들에게 털어놓고 싶지 않을 정도의 심각한 결과를 초래한다. 예를 들어 사회복지사를 찾아갔던 실직자가 불평을 털어놓는데 그치지 않고 이 곳 저 곳에 투서를 보내 그의 무능함을 공격했다면, 사회복지사는 깊은 좌절감을 느끼고 직장을 그만뒀을지도 모른다. 그러면 사회복지사는 일어난 일에 대해 친구에게 털어놓고 싶지도 않았을 것이다.

3단계 게임(Third-degree game)은 Berne의 말을 빌리면 병원, 법정, 영안실에서 발생하는 게임이다. K씨와 J양이 이런 정도의 게임을 벌였다면, K씨는 신체적으로 학대했을 것이고, 반면에 J양은 분노가 폭발해 부엌칼을 들고 덤벼들었을지도 모른다.

③ 게임 공식 (Formula G)

Con	**+**	**Gimmick**	**=**	**Response**	**→**	**Switch**	**→**	**Crossup**	**→**	**Payoff**
미끼		연루		반응		전환		당혹		라켓 감정의 경험
C	**+**	**G**	**=**	**R**	**→**	**S**	**→**	**X**	**→**	**P**

Berne은 게임이 다음 여섯 단계를 통해 진행된다는 사실을 발견하였다. Berne이 제시한 공식 G를 사회복지사와 실직자의 게임에 적용해 보

자. 실직자는 회사 사장이 부당하게 해고당했다는 말을 꺼낸다. 이러한 사회적 수준의 메시지 속에는 상대방을 게임에 끌어들이려는 '미끼'(con)가 깔려있다. 이러한 미끼는 비언어적으로 전달되는데, '당신이 나를 도와주려고 해도 어디 도움을 받나 두고 봐라 하하!'하는 의미가 담겨져 있는 것이다. 다시 말해 미끼는 심리적 수준에서 상대방을 게임에 끌어들이려는 교류 자극이다. 사회복지사는 그가 설정한 게임에 '연루(gimmick)'됨으로써 기꺼이 게임에 응하겠다는 표시를 나타낸다. Berne은 상대방의 미끼에 걸려들게 만드는 각본에 따른 '약점(weak spot)'을 기술하기 위해 'gimmick'이러한 말을 사용했다. 다시 말해 연루란 심리적 수준에서 게임에 끌어들이려는 상대방의 자극을 수용하겠다는 반응인 것이다. 사회복지사는 머리 속에서 '난관에 봉착해 있는 사람을 도와야 한다'는 P메시지를 들은 것이다. 사회복지사는 내적으로 이 메시지를 듣고, 심리적 수준에서 '좋아요. 내가 도와주려고 애를 쓰겠지만, 결국에 가서는 당신이 내 도움을 받아들이지 않을 것을 우리 둘 다 알아요'하고 내담자에게 반응한다. 그러나 사회적 수준에서는 '무엇을 도와드릴까요?' 하고 이 메시지를 가린다. (C + G).

게임의 반응(response) 단계에서 일련의 교류가 이루어진다. 이것은 몇 초에서 몇 시간, 또는 며칠에서 몇 년 동안 계속될 수도 있다. 이러한 반응 단계에서 사회복지사는 내담자에게 여러 가지의 조언을 한다. 그러면 내담자는 사회복지사가 조언을 할 때마다 왜 받아들일 수 없는지 합리화를 시킨다. 사회적 수준에서는 서로 정보를 주고받는 것 같지만, 심리적 수준에서는 게임을 시작한 Con-Gimmick의 교환을 반복한다.

사회복지사가 여러 가지 조언을 하는 데에도 실직자가 '도와주려는 마음은 고맙지만'하고 말할 때 전환(Switch)이 이루어진다.

바로 그 다음 순간 사회복지사는 당혹감을 느낀다. 이러한 혼란(confusion)의 순간이 바로 Crossup 단계이다. 내담자도 아마 비슷한 경험을 할 것이다.

곧 두 사람은 라켓 감정을 드러낸다(Payoff). 사회복지사는 좌절감과 부적절감을 느끼고, 내담자는 사회복지사에 대한 분개를 느낀다.

④ 드라마삼각형

Karpman은 게임을 분석할 수 있는 단순하면서도 강력한 도구인 '드라마삼각형(drama triangle)'을 제시하였다. 즉 사람들이 게임을 할 때 '박해자(persecutor)', '구원자(rescuer)', '희생자(victim)'라는 세 가지의 각본에 의한 역할을 한다는 것이다.

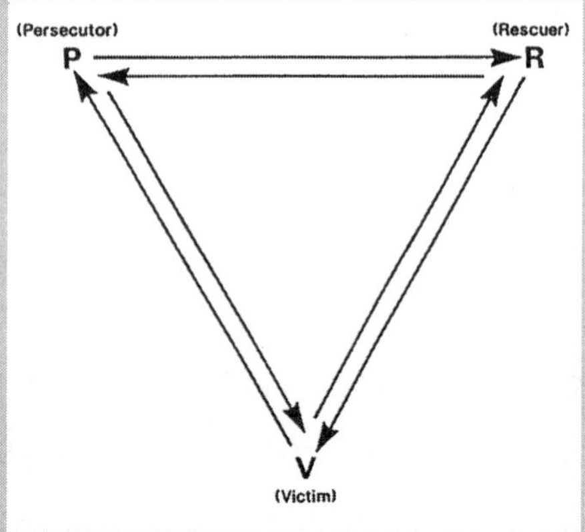

(그림 10-1) 드라마 삼각형

박해자는 상대방을 얕보고 누르려는 사람이다. 박해자는 다른 사람을 낮추어보고 not-OK로 본다. 구원자 역시 다른 사람을 낮추어보고 또 not-OK로 본다. 그러나 구원자는 박해자와 달리 우위의 입장에서 상대방을 도우려고 한다. 구원자는 상대방이 '자기 혼자서는 할 수 없기 때문에 내가 도와줘야 해'하고 생각한다. 희생자는 자기 자신을 낮추어보며 자신을 not-OK로 생각한다. 희생자는 때로 자기 자신을 억압하고 벌을 줄 박해자를 찾거나, 자기를 도와주고 '내 혼자서는 어떻게 할 수 없어'라는 희생자의 신념을 확인해 줄 구원자를 찾기도 한다.

어떤 드라마 삼각형에서든 디스카운트가 일어난다. 박해자는 상대방의 가치와 품위를 디스카운트 한다. 심한 박해자는 상대방의 생명 및 신체적 건강의 권리까지 디스카운트하려 든다. 구원자는 상대방이 스스로 사고하고 자기 이니시어티브에 따라 행동할 수 있는 능력을 디스카운트 한다. 희생자는 자기 자신을 디스카운트한다. 희생자가 박해자를 찾아 나설 때, 박해자의 디스카운트에 동의하고, 자신을 배척받고 하찮은 존재로 취급받아 마땅한 존재로 생각한다.

드라마 삼각형에서 어떤 역할을 맡든 진정하지 못한 역할을 수행한다. 그들은 지금 여기보다는 과거에 반응하고 있는 것이다. 그들은 아동기에 결정한 각본에 의한 전략을 따르고 있는 것이다.

대체적으로 볼 때, 게임을 하는 사람은 세 가지 자세 중 하나의 자세를 취하다가 나중 바꾼다. 이러한 전환은 게임의 G 공식 중 전환단계에서 가서 바꾼다. 예를 들어 K의 '나를 차라'라는 게임에서 그는 처음 박해자의 자세를 취해 게임의 반응 단계에서 죽 이 자세로 임했으나, 전환단계에서 가서 희생자의 자세로 바뀌었다.

⑤ 게임의 교류분석

게임은 transactional diagram을 통해서도 분석할 수 있다. 이것은 게임을 하는 사람들 간에 이면교류를 드러내는데 아주 좋다. K씨와 J양의 교류를 분석해 보자(그림 10-2 참조)

K씨(사회적 수준, Ss): 당신을 좀 더 알고 싶군요.
J양(사회적 수준, Rs): 저도 그래요.
K씨(심리적 수준, Sp): 제발 나를 좀 차다오.
J양(심리적 수준, Rp): 기다려 한 방 먹일테니, 망할 자식.

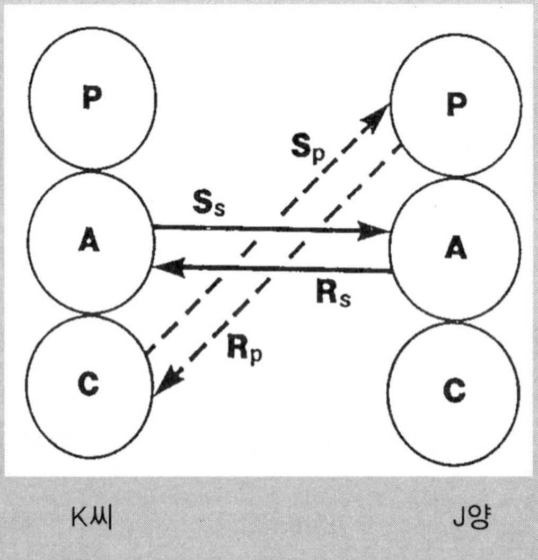

(그림 10-2) Berne의 게임 교류분석의 예

이면에 깔려있는 Sp와 Rp의 비밀 메시지는 전환의 순간에 도달하여 이를 드러내기 전까지는 게임을 하는 본인들도 알지 못한다.

Goulding과 Kupfer는 transactional game diagram을 다른 방식으로 표현했다(그림 5 참조). 그들은 교류분석을 통해 게임이 진행되는 다섯 가지 특징을 강조하였다.

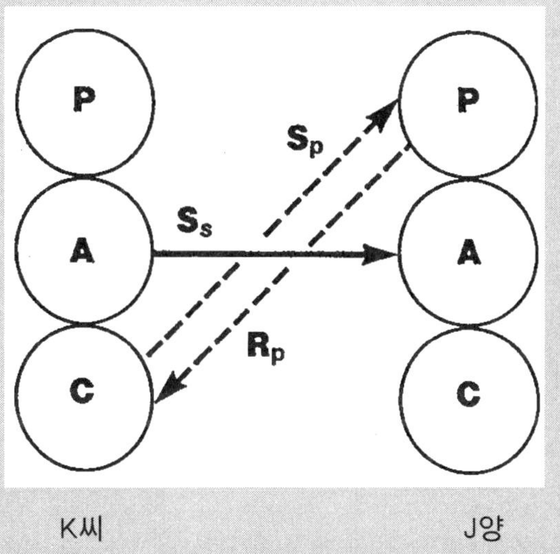

(그림 10-3) Goulding과 Kupfer의 게임 교류분석의 예

첫째, 게임을 시작하는 사람이 사회적 수준에서 게임의 문을 연다. 여기서는 K씨의 '당신을 좀 더 잘 알고 싶군요'(Ss)하고 시작한다.

둘째, 게임의 둘째 요소는 Ss와 동시에 전달되는 심리적 수준의 메시지(Sp), 즉 게임의 Con이다. 이것은 숨어 있는 '비밀 메시지'로서, 자기 자신에 대한 각본적 진술인 셈이다. K씨의 경우 '당신을 더 잘 알고 싶다'는 말 속에는 '나는 배척받아 마땅하다. 그것을 증명할 때까지 당신을 시험해볼 예정이다. 부디 나를 차다오'라는 비밀 메시지가 깔려 있다.

셋째, 결과는 항상 심리적 수준에 의해 일어난다. J양은 K씨의 '나를 차라'는 메시지를 읽고 여기에 따라 반응한다. 그래서 한동안 참고 살다가 차 버렸다. 이것이 바로 '비밀 메시지'에 대한 반응인 것이다.

넷째, 게임에 참여한 두 사람 다 라켓 감정, 즉 불쾌한 감정을 경험하는 것으로 끝을 맺는다.

다섯째, 이러한 전체 과정의 이면적 교류는 A를 통해 깨닫지 못한 채 일어난다.

Goulding은 게임을 심하게 하는 사람은 상대방이 진실하게 반응을 하더라도 이를 왜곡하기 쉽다. 따라서 상대방의 반응이 게임 행동이 아니더라도 라켓 감정을 느끼게 된다. 예를 들어 J양이 끝까지 K씨를 버리지 않고 곁에 머물렀다고 하더라도, K씨는 '겉으로 내 곁에 머물고 싶은 척 할 뿐이야. 언젠가 나를 배척하리라는 것을 알아. 마음속으로는 다른 남자의 곁에 가 있는지도 몰라'하고 상대방의 반응을 재정의할 수 있다.

⑥ 게임 계획

James(1973)는 '게임 계획(game plan)'이라는 게임의 진행 과정을 이해할 수 있는 또 하나의 방법을 제시했다. 이 게임 계획의 질문을 통해 개인의 게임을 분석할 수 있다. Collinson은 James의 게임 계획을 수정하여 두 가지의 '비밀 질문(mystery question)'을 추가했는데, 이 비밀 질문은 답하지 말고 아래 게임 계획 질문에 다 대답하고 난 뒤 마지막에 가서 검토해 보아야 한다.

1. 어떤 일이 반복해서 일어나고 있는가.
2. 어떻게 시작했는가.
3. 그 다음에는 어떤 일이 일어났는가.
4. (비밀 질문)
5. 그리고 그 다음에는.
6. (비밀 질문)
7. 어떻게 끝났는가.

8a. 나는 어떤 느낌을 가졌는가.

8b. 상대방은 어떤 느낌을 가졌다고 생각하는가.

앞의 게임 계획 질문에 대답할 때 드라마 삼각형이나 게임 공식 G의 전환(Switch)을 반드시 밝혀야 한다. 그리고 8a와 8b에서 제시한 감정은 자신의 라켓 감정일 가능성이 높다. 8a에서 대답한 감정을 자주 느꼈던 감정이겠지만, 8b의 감정까지 자신의 라켓 감정이라고 한다면 의아한 생각이 들 것이다. 4와 6의 비밀 질문에 대한 대답은 게임을 통한 교류과정에서 전달된 심리적 수준의 메시지이다. 그러나 Collinson은 비밀 질문에 대한 대답은 둘 다 어릴 때 부모가 전달한 메시지일 가능성이 높다고 주장한다. 그의 주장이 자신에 들어맞는지 그렇지 않은지 평가해 본다. 두 가지 비밀 질문에 대한 중 하나 또는 둘 모두 자신이 어릴 때 부모에게 전달한 메시지일 가능성도 배제할 수 없다.

비밀 질문 4: 상대방에게 보낸 비밀 메시지는 무엇인가?
비밀 질문 6: 상대방이 나에게 보낸 비밀 메시지는 무엇이겠는가?

⑦ 게임의 정의

게임의 정의에 대해서는 TA학자들마다 의견이 다르다. 그것은 아마도 Berne이 자기 이론을 발달시켜나가면서 게임에 대해 달리 정의했기 때문일 것이다. Berne은 마지막 저서 "What do you say after hello?(1972)"에서는 공식 G를 제시하고 이 공식에 맞지 않는 것은 게임이 아니라고 말했다. 공식 G에서는 전환과 혼란이 게임의 본질적인 측면을 이룬다. 따라서 불쾌한 감정을 남기는 이면 교류라고 하더라도 전환과 혼란이라는 과정이 수반되지 않으면 게임이라고 말할 수 없다. Stewart와 Joines(1987)는 Berne이 내린 후기의 정의를 게임의 정의로 삼는 것이 좋다고 말한다. 왜냐하면 전환이 없으면 현대 TA에서 말하는 '라켓티어링(Racketeering)'과 구별할 수 없기 때문이다. Racketeer도 게임을 하는 사람과 같이 이면적 메시지를 교환하며 라켓 감정을 한다. 그러나 Racketeering에는 전환이 없다. 두 사람 중 한 사람에게 전환이 이루어질 때 Racketeering 교환이 게임으로 발전된다고 하겠다. 따라서 게임을 정의하자면 1) A자아상태에서 의식하지 못하고, 2) 게임 참여자가 전환을 할 때까지 분명하게 드러나지 않고 3) 혼란, 오해, 상대방을 비난하고 싶은 감정을 느끼도록 하는 이면적 동기를 지닌 교류 과정이라 하겠다.

3) 게임을 왜 하는가

게임은 결코 재미가 있는 것이 아니다. 불쾌한 감정만 남긴다. 그런데 왜 사람들은 게임을 하는가. 연출하는가. TA 이론가들에 따라 다양한 대답이 있지만 한 가지 점은 일치한다. 즉 게임이란 어릴 때 자기가 원하던 것을 추구하던 과거의 낡은 전략을 재연한다는 것이다. 그러나 성인 생활에서는 보다 효율적인 선택을 해야 한다. 그러면 게임을 하는 다양한 이유를 살펴보고자 한다.

① 게임, 스탬프, 각본 결말

무엇보다 게임을 하는 이유는 자기 인생 각본에 따라 살기 위해서이다. Berne은 게임을 통해 각본에 따라 사는 과정을 이렇게 설명했다. 어떤 종류의 게임을 하든 마지막에 라켓 감정을 느끼며, 이러한 감정을 스탬프로 저장한다. 게임을 하는 사람은 충분한 양의 스탬프를 모으면, 이를 터뜨림으로써 어릴 때 결정한 각본의 마지막 장면을 향해 나아간다. '맛 좀 봐라. 망할 자식'(NIGYSOB)이라는 게임을 한 J양의 경우, 게임을 할 때마다 분노 스탬프를 모아 두었다가 동거하던 남자를 배척하는 것으로 결말을 지었다. J양이 따라 살고 있는 인생 각본의 마지막 장면(script payoff)은 자기가 사귀던 모든 남자를 버리고 늙어 혼자 사는 것이다. 사람들이 게임을 하는 정도는 각본의 마지막 장면의 특징에 따라 다르다. 만일 J양의 각본이 평범하지 않고 남에게 위해를 가하는 각본을 가지고 있었다면, 신체적 폭력을 행사하는 남자를 선택했을 것이고, 또 게임 전환 때 남자에게 신체적인 해를 입힘으로써 분노의 스탬프를 청산하려고 했을 것이다.

② 각본신념의 정당화

어린이가 어떤 종류의 초기 결정을 하던 그것은 생존을 위한 유일한 방법으로 선택한 것이다. 자라서 각본에 따라 행동할 때, 자기 자신, 타인, 세상에 대해 가지고 있는 자기 각본 신념이 '진실'하다는 사실을 확인하려고 한다. 게임을 할 때마다 마지막에 가서 느끼는 감정을 통해 자기 각본 신념을 강화시키려 한다. 기본적인 생활자세를 확인하기 위해 게임을 사용하기도 한다. 예를 들어 '나를 차라'라는 게임을 한 K씨는 남으로부터 버림을 받는 I'm not OK, you're OK라는 생활자세를 강화시켰다. '맛 좀 봐라. 망할 자식'이라는 게임을 한 J양은 남을 제거하려는 I'm OK, you're not OK라는 생활자세를 강화시킬 수 있었다.

③ 게임, 공생과 준거 체제

Shiff(1977)는 과거 미해결된 '공생적 관계(symbiosis)' 때문에 게임을 한다는 설을 제시했다. 게임을 하는 사람은 '나는 아무 것도 할 수 없어'(C)라거나 '나는 당신만을 위해 살고 있어'(P)와 같은 공생관계를 합리화시키기 위해 과장된 신념을 견지하고 있다고 한다. 이와 같이 모든 게임은 건강하지 못한 공생을 유지하거나 아니면 공생에 대한 분노 반응을 유지하려는 시도라는 것이다.

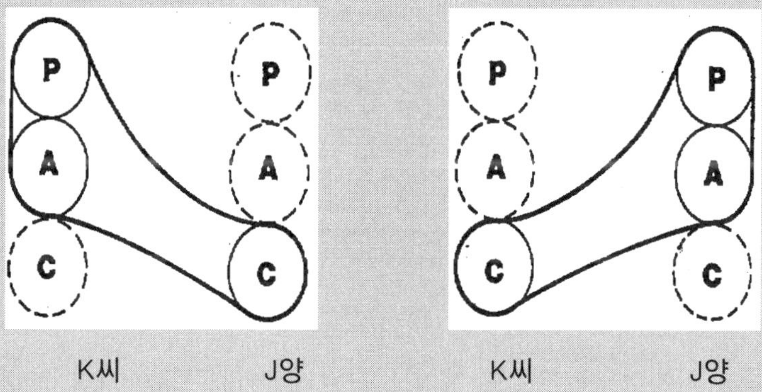

(그림 10-4) 게임 분석에서 공생적 그림의 예

(그림 10-4)에서와 같이 K씨와 J양의 상호 관련된 게임을 분석하기 위해 공생적 그림을 그릴 수 있다. 전환이 이루어지기 전의 그림에서 최초의 공생적 자세를 볼 수 있다. J씨는 P 역할을 하고 J양은 C 역할을 한다. 그림을 보면 J씨는 A 자아상태에 놓여 있기도 하다. 그러나 두 사람은 게임을 하면서 이를 의식하지 못하고 있다. 전환이 이루어지고 난 다음에는 공생적 위치가 바뀐다. K씨는 상처받은 C자아상태에 놓이고, J양은 배척하는 P자아상태로 바뀌게 된다.

K씨는 자기도 모르게 어릴 때 어머니와의 공생관계를 재연하고 있다. 그는 어릴 때 비언어적이기는 하지만 어머니가 자기를 배척한다고 생각했다. 따라서 K씨는 말로 그렇게 한 것은 아니지만, '어머니는 나를 배척할 때에라야 관심을 보이는 것 같아. 그렇지 않으면 전혀 관심을 받지 못할 것 같아. 따라서 관심을 끌려면 배척받을 일을 골라서 해야 해'

하고 결정했을 것이다. 그 때부터 이러한 결과를 얻기 위한 여러 가지 전략을 구사해 보았을 것이다. 우는 소리도 내보고 떼를 써보기도 했을 것이다. 어떤 때는 성질을 부리기도 했을 것이다. 이렇게 할 때 어머니는 결국 화를 냈을 것이다. 어머니가 화를 낼 때에는 소리를 지르고 때로는 매질을 했을 것이다. 어머니가 이러한 방법으로 관심을 보일 때 K씨는 상처를 받았을 것이다. 그러나 상처가 심하다 하더라도 관심을 전혀 받지 못하는 것보다는 더 나았을 것이다.

K씨는 자라고 난 뒤에도 자기도 모르게 이러한 유아기의 전략을 재연했다. 그는 P 자세에서 자신을 배척해줄 여자를 찾았다. 빨리 배척을 해주지 않으면 상대방 여자에게 더욱 박해를 가함으로써 배척을 재촉했다. J양 역시 아동기의 공생관계를 재연했다. 어릴 때 아버지로부터 즐거운 스트로크를 많이 받았다. 그러나 J양이 자라서 소녀티를 낼 때, 아버지는 C자아상태에서 딸에게 성적인 느낌이 들어 거북했다. 따라서 자기도 모르게 딸에게 안거나 입맞춤하는 등의 신체적 스트로크를 기피했다. J양은 아버지의 태도 변화를 배신으로 여기고 상처를 받았다. 이러한 고통을 지우기 위해 상처를 화로 가렸고, 아버지를 배척해 버리는 것이 마음이 덜 불편하겠다고 결정했다. 따라서 J양은 P 자아상태에서 아버지의 C를 경멸했던 것이다. J양은 자라서 자기도 모르게 어릴 때 했던 결정을 재연했던 것이다.

아동기의 공생관계를 재연하기 위해 게임을 할 때, 디스카운트를 받던 문제를 '정당화'시키고 유지한다. 이렇게 함으로써 자기 준거틀(frame of reference)을 방어하는 것이다. 이와 같이 게임은 게임을 하는 사람이 이미 느끼고 믿고 있던 것(라켓 감정과 생활자세)을 정당화시키고, 또 책임을 전가시키기 위해 게임을 하는 것이다. 이렇게 할 때마다 자기 각본을 강화시켜 나간다.

④ 게임의 긍정적 결말

John James는 어떤 게임이든지 부정적인 결말 외에 긍정적인 결말도 있다고 주장했다. 게임은 어린 시절 무엇을 얻는데 최선의 전략을 의미한다. 어른이 되어 게임을 할 때, C자아상태의 진정한 욕구를 충족하려고 하는 것이다. 단지 그러한 욕구를 충족시키는 방법이 적절하지 못할 따름이다. James는 게임의 긍정적 결말은 게임 공식에서 부정적 결말 이후에 경험할 수 있다고 말한다. 예를 들어 '나를 차라'는 게임을 함으로써, C자아상태에서 추구했던 진정한 욕구를 발견하여 이를 충족시킬 수 있는 방법을 찾을 수 있는 것이다. '나를 차라'는 게임을 한 사람의 경우 긍정적인 pay off는 자기 자신을 위한 시간과 공간을 갖는 것이라고 가정해보자. 이러한 사실을 발견하면, '나를 차라'는 게임을 통해 추구하지 않고, 자기 스스로 혼자서 산책을 하거나 시골 길을 여행함으로써 C의 욕구를 충족시키면 되는 것이다. 물론 긍정적인 결말은 게임을 하는 사람마다 다르다.

4) 게임의 유형

Berne은 "People play Game"(1964)에서 그가 열거한 게임에 재미있는 이름을 붙임으로써 독자들에게 큰 관심을 끌었다. 그 후 여러 해 동안 게임에 이름을 붙이는 것이 관례가 되다시피 하여 수백 가지의 게임이 제시되었다. 그러나 대부분 게임이라고 할 수 없는 상호작용에 지나지 않는다는 사실이 발견되었다. 왜냐하면 게임이라고 하면 반드시 전환이 이루어져야 하는데, 대부분 전환이 뒤따르지 않고 소일(pastime)이나 라켓티어링에 그치는 것이었다. 따라서 게임의 공식에 맞지 않는 것을 제하고 나면 몇 가지의 기본적인 유형의 게임 밖에 남지 않는다. 따라서 현대와 와서 TA에서 제시하는 게임은 몇 가지가 되지 않는다. 그러면 드라마 삼각형을 토대로 하여 게임을 하는 사람이 자세를 전환하는 유형에 따라 게임의 종류를 살펴보고자 한다.

① 박해자에서 희생자로의 전환

'나를 차라'(Kick me) 게임이 박해자에서 희생자로 전환되는 대표적 게임이다. 이 게임에 대해서는 앞에서 살펴보았다. 이 게임이 법적 차원에서 변형된 게임으로는 '경찰과 도둑'(Cops and Robbers)을 들 수 있다. 이 게임은 법과 질서의 차원에서 박해자를 찾는 게임을 벌여 결국 체포됨으로써 희생자로 전환된다.

'결점 찾기'(Blemish) 게임에서는 상대방의 외모나 일이나 옷차림을 비판함으로써 결점을 찾으려고 한다. 이 게임에서는 라켓 감정을 느끼기 위해 끊임없이 상대방의 흠을 들추지만 전환이 일어나지 않는 경우도 있다. 그러나 결점을 들추는 사람은 결국에 가서 상대방으로부터 배척을 당한다. 이와 같이 드라마 삼각형에서 박해자에서 희생자로 전환되는 것이다.

'다 너 때문이야'(If it weren't for you)라는 게임에서는 항상 상대방 때문에 자기가 하고 싶은 일을 하지 못했다고 한탄한다. 예를 들어 한 어머니는 자녀에게 '너 때문에 외국 여행 한 번 할 수 없었다'고 말한다. 그러나 아이를 돌봐줄 사람이 있거나 아이가 자라서 어머니의 도움이 필요가 없다고 할 때에 외국 여행을 감행할 수 있었겠는가. 이 어머니는 아이 때문에 여행을 하지 못하는 것이 아니라, 자기 혼자 여행하기가 두려워서 하지 못할 것이다. 이렇게 함으로써 어머니는 희생자 자세로 입장을 바꾸는 것이다.

② 희생자에서 박해자로의 전환

희생자의 입장에서 박해자의 입장으로 전환되는 전형적인 예가 '맛 좀 봐라! 망할 자식'(Now I've got you, son of bitch, NIGYSOB) 게임이다. 동거하던 남자를 배척한 J양의 사례가 바로 이 게임에 속한다. 이 게임에서 처음에는 희생자의 입장에서 상대방을 끌어들일 메시지를 보낸다. 그러나 상대방이 미끼를 물었을 때 그를 배척함으로써 박해자의 입장으로 전환된다.

'예, 그러나'(Yes, but...) 게임에서 게임을 시작하는 사람은 상대방의 조언을 받아들이지 않으면서도 이를 청한다. 조언을 하는 사람이 밑천이 바닥났을 때 전환을 한다. 다시 말해 '예, 그러나' 게임자는 도와주려는 사람을 배척함으로써 박해자의 입장을 취한다. 앞에서 사회복지사를 찾아온 실직자가 이러한 게임을 했는데, 사회사업이나 기타 남을 돕는 직업을 가진 사람들이 흔히 볼 수 있는 게임이다.

'라포'(Rapo) 게임은 '맛 좀 봐라! 망할 자식'이 성적으로 변형된 게임이다. '라포' 게임을 하는 사람은 먼저 성적으로 유혹을 한다. 상대방이 이 유혹에 말려들면 분개를 하며 배척해 버린다. '라포' 게임을 하는 사람의 스웨터 앞면으로는 '저는 혼자예요. 기다리고 있어요'라는 메시지를 보내놓고, 뒷면으로는 '그러나 그건 네가 아니야. 하하'라는 메시지를 보내고 있는 것이다. 제 1급 라포 게임은 파티 석상에서 흔히 볼 수 있는 게임이다. 성적으로 자극이 심한 화려한 옷을 입고 나가 상대방이 접근하면 점잖게 퇴짜를 놓는다. 그러나 3급 정도의 심한 게임에서는 상대방이 신체적 성적 접근을 해올 때까지 기다렸다가 갑자기 전환하여 '성폭행이야'하고 소리를 지른다.

'맛 좀 봐라! 망할 자식'과 같이 처음에는 희생자의 입장을 취했다가 나중 박해자의 입장으로 전환하는 게임은 여러 가지가 있다. '바보'(Stupid)나 '불쌍한 나'(Poor me) 게임을 하는 '나는 생각할 수도 없고', '아무 것도 할 수가 없어'라는 자세에서 라켓 감정을 추구한다. 상대방으로부터 스트로크를 받는 한 이러한 희생자의 입장에 머문다. 그러나 어떤 사람이 문제를 개선하기 위해 생각을 좀 해 보라거나 어떤 조처를 취해보라고 권하면 전환을 하여 상대방에게 화를 내거나 '도움을 바랐던 내가 바보지'하고 비난을 퍼부어 박해자의 입장을 취한다. '의족(Wooden leg)'게임은 '불쌍한 나'의 변형이다.

'내게 뭣이든가 좀 해주세요'(Do me something)라는 게임에서는 자기 자신을 위해 생각하거나 행동하도고 상대방을 은밀하게 조작하려고 한다. 예를 들어 학생이 질문을 해놓고 질문을 기다리며 연필을 씹거나 말없이 앉아 있다. 자기가 기대했던 도움을 받고 있을 때에는 무력한 희생자의 입장을 유지한다. 그러나 나중에 전환하여 상대방이 준 도움이나 충고가 소용이 없거나 해로웠다고 비난함으로써 박해자의 입장을 취한다. 예를 들어 앞의 학생이 시험을 친 후에 교장을 찾아가 성적이 나오지 않은 이유가 강의할 때 무슨 말을 하는지 모호하게 하여 그렇다고 비난을 한다. 이러한 게임 후의 자세를 보고 '내가 어떻게 하도록 했는지 보라'(See what you made me do)라는 게임으로 부르기도 한다.

③ 구원자에서 희생자로의 전환

이 유형에 속하는 전형적인 게임이 '단지 도와주려고 했을 뿐인데'(I'm only trying to help you)라는 게임이다. 어떤 게임에서든 구원자의 입장에서서 상대방을 도우려다가 도움을 거절당하거나, 앞서 나가다 궁지에 빠뜨리거나, 도움이 소용이 없다고 비난을 받아 희생자의 입장에 빠지게 되면 다 이 게임에 속한다. 이 때 처음 도와주려고 했던 사람은 자신에 대한 부적합감이라는 스탬프를 모으게 된다. 사회복지사가 실직자에게 했던 '이렇게 하면 어때요'(Why don't you)라는 게임도 이 게임의 한 변형에 속한다.

④ 구원자에서 박해자로의 전환

'내가 어떻게 했는가 보라'(See how hard I've tried)는 게임도 '단지 도와주려고 했을 뿐인데'라는 게임과 같이 구원자의 역할을 맡아 도움을 주려고 한다. 그러나 전환 단계에서 희생자가 아니라 박해자로 입장을 바꾸는 것이 다르다. 예를 들어 어릴 때부터 자녀를 질식시키는 어머니를 생각해 보라. 자녀가 십대가 되자 집을 나가겠다고 선언했다. 이 때 어머니는 박해자로 전환하여 '내가 너한테 어떻게 해왔는데... 이제 와서 관계를 끊자고?'하고 소리를 친다.

2. 게임에 대한 대처

1) 게임에 대한 대처

① 기능적인 자아상태로의 이동

게임 공식에 나오는 여러 단계 중 어떤 단계에서는 보다 기능적인 자아상태로 이동함으로써 게임의 흐름을 차단할 수 있다. 자기 자신이 게임을 하고 있다는 사실을 깨닫게 되면 부정적인 자아상태에서 긍정적인 기능적 자아상태로 이동한다. 그리고 상대방이 게임을 걸면 상대방의 기대와 어긋난 반응을 나타냄으로써 게임의 흐름을 바꿀 수 있다.

게임에서 벗어나자면 긍정적인 자아상태를 선택해야 한다. 그리고 드라마 삼각형의 세 꼭지점에서 맴돌지 말고 벗어나야 한다. 상대방에게 게임을 하려고 미끼를 던지는 일을 막을 수 없다. 그러나 적절한 자아상태를 선택함으로써 게임으로부터 벗어날 수는 있다. 그리고 상대방으로 하여금 더 이상 게임을 지속시키지 못하도록 도울 수 있다.

Goulding(1979)은 상대방이 게임을 시작할 때 처음 던지는 '미끼'(con)를 간파하는 것이 중요하다고 말했다. 상대방이 어떤 말을 할 때 그 이면의 메시지나 동기를 파악하면 사회적 수준에서 반응하지 말고 교차교류를 시도할 수 있다. A 자아상태에서 바로 교차교류를 시도할 수 있다. 사회복지사와 실직자의 교류를 예로 들어보기로 하자. 실직자가 갑자기 해고당해서 어떻게 해야지 모르겠다고 말을 꺼낼 때, 사회복지사는 바로 '어려움에 처한 것 같은데, 어떤 일을 도와주기를 바래요'하고 묻는다. 사회복지사의 말은 바로 실직자의 숨겨져 있는 의도를 겨냥한 것이다. 실직자가 계속하여 이면에 다른 메시지나 동기를 감추고 대화를 하면, 그가 A자아상태에서 대답을 하거나 게임을 포기할 때까지 교차교류를 반복하면 게임에 말려들지 않는다. 나중 실직자가 어떤 라켓 감정을 경험하든 사회복지사는 자신의 게임이 끝난 뒤에 경험하게 될 불쾌한 감정을 가지지 않을 수 있는 것이다.

게임을 시작하는 사람이 던지는 미끼에는 항상 디스카운트가 수반된다. 게임의 각 단계마다 디스카운트가 계속된다. 따라서 디스카운트를 제대로 탐지할 줄 알면 상대방이 게임을 하려는 시도를 파악하고 여기서 잘 벗어날 수 있다. 상대방이 미끼를 던지면서 제공한 디스카운트를 받아들여 여기에 연루됨으로써 게임이 진행되었다고 하자. 여기서 게임을 막는 방법은 상대방의 디스카운트에 직면하는 것이다. 또한 게임을 하는 사람은 게임을 시작하기 전에 짧은 순간 동안 드라이버 행동을 드러낸다. 이러한 드라이버를 잘 탐지하면 게임에 말려들지 않는다. 게임에서 벗어나려면 상대방의 드라이버 행동에 자기 드라이버 행동으로 반응하는 것을 거부해야 한다.

② 라켓 감정의 수용 거부

게임을 하는 사람의 미끼를 탐지하지 못하고 게임에 말려들어 전환단계에서 입장을 바꾸는 것을 보고 게임에 말려들었음을 깨달았다고 하자. 그래도 늦지 않다. 왜냐하면 게임 끝에 남는 나쁜 감정을 받아들이지 않으면 되기 때문이다. 예를 들어 어느 유명강사의 강의에 참여하여 강의를 듣다가 질문 시간에 공격적인 질문을 했다. 사실 본인도 모르게 박해자 역할을 한 것이다. 그러자 강사는 미소를 지으면서 그 질문이 얼마나 어리석은 것인지 넌지시 비추자 청중이 웃어댔다. 이 때 질문을 한 사람의 각본에 의하면 '나를 차라'는 게임에서 전환을 이루어야할 시점인 것이다. 전환을 이루고 난 뒤에는 배척감과 무력감을 느끼도록 예정되어 있다. 그러나 이 시점에서 각본에서 벗어날 수 있다. "좋아. 몇 분 동안 '나를 차라'라는 게임을 시도하고 있었구나. 그것을 깨닫다니 얼마나 다행인가"하고 좋은 감정을 가질 수 있다. 그러나 여기서 한 가지 주목할 일은 게임에 빠지지 않았다고 축하하라는 것이 아니라, 게임에 빠진 것을 깨달은 것에 대해 축하하라는 뜻이다. 이러한 기술을 자주 사용하면 게임을 하는 회수가 줄어들고 게임의 정도도 한결 덜 심각해질 것이다. 그리고 게임을 하더라도 나쁜 감정 대신 좋은 감정을 가지려고 하면 부정적인 스탬프도 축적되지 않을 것이다.

게임에 효율적으로 대처할 수 있는 또 하나의 방법으로는 전환 단계에서 진정한 감정을 표현하는 것이다. 게임의 단계를 잘 파악하면 전환의 시점을 찾을 수 있다. 게임을 할 때 전환이 이루어지자마자 당혹해한다. 그 후 사람들이 선택할 수 있는 유일한 길은 라켓 감정을 느끼는 것이라고 생각한다. 그러나 라켓 감정을 느끼는 대신에 자기의 진정한 감정이나 욕구를 표현하면 게임에서 벗어날 수 있다. 다시 말해 TA의 시간 구조화에서 말하는 친밀로 나가는 것이다. 예를 들어 '나를 차라'는 게임을 하면서 전환 시점에 도달했다고 하자. 상대방에게 이렇게 말한다고 하자. "당신이 나를 배척할 때까지 당신에게 못되게 군 것 같소. 솔직히 말해 당신이 나를 버리고 떠날까 두렵소. 내가 진정으로 원하는 것은 내 곁에서 가까이 머물러 주는 것이오." 이렇게 솔직하게 말한다고 해서 상대방이 떠나지 않고 머문다는 보장은 없다. 그리고 상대방이 게임을 계속하려고 하면 그를 게임에서 벗어나게 할 수는 없다. 그러나 상대방으로 하여금 진정한 감정과 욕구를 표현하도록 자극할 수 있는 것이다. 다행히 상대방도 자기 진정한 감정을 표현하여 진정한 관계로 나아갈 수 있다. 아니면 둘이 헤어지기로 결정했다고 하자. 그러나 이별은 게임을 통해서가 아니라 솔직한 심정을 통해 이루어진 것이다. 솔직한 심정을 통해 이별을 해도 한동안 슬픔과 고통이 따르지 않을 수 없다. 그렇지만 진정한 감정을 표현할 때에는 헤어질 수도 있고 관계를 개선시킬 수도 있지만, 게임을 불쾌한 라켓 감정만 남긴 채 헤어지지 않을 수 없는 것이다.

③ 게임 스트로크의 대치

게임은 C자아상태에서 스트로크를 얻을 수 있는 신뢰로운 방법으로 간주된다. C자아상태에서 스트로크의 상실을 생존의 위협으로 느낀다. 따라서 좋은 스트로크를 받지 못하면 나쁜 스토르크라도 받으려고 한다. 게임을 하는 이유도 게임을 통해 과거의 낡은 스트로크라도 얻으려는 것이다. 그리고 드라마 삼각형 내에서 입장을 전환시켜 가며 다른 게임을 연출하는 것이다. 사람들이 보기에 게임을 통한 행동들이 자기 파괴적인 것이지만, 어릴 때 C 자아상태의 입장에서는 그렇지 않다. 이는 생존을 위해 스트로크의 공급을 끊지 않으려고 하는 몸부림이다. 따라서 무조건 게임을 중단시키는 것만이 능사가 아니다. 게임을 통해 스트로크를 얻으려고 했던 방법을 다른 방법으로 대치할 필요가 있는 것이다. Woollams(1967)는 게임 스트로크에 대해 이렇게 말했다. 게임을 통해서는 스트로크를 얼마든지 얻을 수 있고 강도 또한 강하지만, 게임 외의 다른 방법으로 얻을 수 있는 스트로크는 비교적 가볍고 충분하게 주어지지 않을 때가 많다고 한다. 따라서 스트로크에 굶주렸던 C자아상태(stroke-hungry Child)에서는 스트로크의 질보다 양을 더 추구하게 된다. 따라서 시간을 두고 게임 외의 다른 방법을 통해 새로운 스트로크를 받을 수 있다는 사실을 C자아상태를 통해 확신시키는 방법 밖에 없다. 게임을 통하지 않고 건강한 방법으로 스트로크를 추구할 때 주위사람들이 각별히 신경 쓰며 스트로크를 줄 필요가 있다. 게임을 통하지 않고 스트로크를 추구할 때에는 게임만큼 스트로크 공급이 확실하게 보장되지 않지만, 게임에서 벗어나야 진정한 스트로크를 받을 수 있는 것이다(Stewart & Joines, 1987).

2) 게임에 대한 사례별 대처

치료적 게임에 개입하여 게임 연기를 중단하고 거절하기 위하여 결말을 중간에서 단절하는 방법을 게임의 안티테제(anti-these)라고 한다. 위에서 제시한 사항은 일반적인 전략인 반면 다음의 사례별 대처는 게임에 따라 적합한 안티테제로 전술적 접근이라 할 수 있다. 따라서 상담자는 우선 안티테제를 확실히 터득하고 그것을 상담 현장에서 충분히 응용해 가는 일이 바람직 할 것이다.

① 네. 그러나…(Yes, But) 게임

이 게임에서 게임의 시도자(연기자 1)는 표면적으로 상대에게 어떤 조언을 구하는 질문을 하고 그 질문을 받은 상대방(연기자 2)이 '…하면 어떻습니까?'라고 해결을 위한 힌트를 주면 연기자 1은 '네. 그러나…'라고 반론해서 연기자 2가 되풀이하는 제안에 대해 자기 입장을 정당화시킴으로써 모두 물리치고 드디어는 상대를 혼란에 빠뜨리고 침묵시키게 된다. 결국 연기자 2는 어쩌지 못하여 '네 멋대로 해!'라는 등의 불쾌감을 표현한다. 이렇게 될 때, 게임의 결말은 그야말로 게임 연기자가 바라던 바로서 게임을 건 목적을 달성하게 되는 것이다.

이 '네. 그러나…'의 게임의 참된 의도 즉 숨은 목적은 '나를 도와주려고 하더라도 결코 그렇게는 못하겠다.'라는 데 있는 것이며, 게임 연기자는 '나는 OK이지만 당신은 OK가 아니다' 또는 '나는 OK가 아니며 당신도 OK가 아니다'라는 인생 태도를 증명하고 강조하고 싶어한다.

- **대처 방안: 이것은 표면적으로 A 대 A의 교류처럼 보이며 연기자 C에서 상대방의 P에 자극이 향해진다. 그러나 이 게임의 목적은 해결책을 구하**

는 것이 아니며 오히려 그 해결책을 거부하며 상대방을 침묵시키는 데 있다. 따라서 이쪽이 '당신에게 어떤 방법으로든 도움을 주고 싶다'라고 하는 게임을 피하는 것이 중요하다. 이 게임이 시작되고 있다고 느껴지면 '곤란한 문제로군요. 당신 같으면 어떻게 하겠어요?'라고 상대방의 생각이나 해결책을 들어 보는 것이 그 대처 방안이 된다.

② 나를 차라(Kick Me) 게임

이 게임은 상대방의 감정을 충동질하여 자기를 낮춘다든지 또는 상대방을 거절하는 것 같은 언동을 거듭하여 마지막에는 고독한 입장에 몰리는 것이다. 상대방이 게임에 휘말리지 않고 '관대한 태도를 취해도 때로는 그래도 괜찮아'라고 하며 상대방의 노여움이나 혐오감을 유발하여 결국에는 그런 화(분노나 거절)를 자초하게 되는 것이다.

그러나 이 과정을 본인은 자각하지 못하며 '왜 항상 이런 봉변을 당하는 것일까?'하고 끝에 가서 후회나 비탄에 빠지는 것이다. 이 게임의 배후에 있는 기본적 구성은 '자기부정- 타인 긍정'이며 '자기는 거절되어 처벌받아야만 할 인간이다'라고 하는 자기부정의 자세를 증명하고 강화하는 것이 목적이다.

'나를 차라(Kick Me)' 게임의 상습자는 상보교류를 하는 상대를 발견해서 상대방의 불쾌감이나 노여움을 충동질해서 자기를 좋지 않는 인간이라고 하는 자기 파괴적인 게임을 연출한다. 그러나 본인은 의식적으로 '희생자'로 된 것 같이 느끼는 것이다. 다음은 '차 주세요. 게임이 자주 나타나는 경우이다.

- 치료에 대한 간호사의 지시나 지도를 준수하지 않고 그것을 반복해서 어기기 때문에 의사나 간호사의 부정적인 감정을 자극하는

환자
- 자주 실직하거나 근무 태도가 불량한 사람
- 몰상식한 언동으로 직장에서 쫓겨나는 사람
- 입원 중 병원 관리상의 일로 항의를 한다든가 다른 환자를 선동한다든지 해서 강제 퇴원 당하는 환자
- 자기 소관의 사건 보고가 있어도 회의석상에 거의 나오지 않는 간부
- 말은 쉽게 하지만 그것을 지키지 않아 남을 곤란하게 만드는 사람
- 불필요한 일을 해서 도리어 화를 입는 경향이 있는 사람
- 이성에게 몇 번이나 버림받는 경향이 있는 사람

- **대처 방안: 이런 게임 연기자에게는 냉정한 태도로 일관성 있게 상대를 대하고, 상대방의 기분을 탐지하는 훈련이 필요하다. 이런 게임을 하는 게임 연기자를 위해서는 일상생활에서 연기자의 생활을 통제하고 감독해 주는 감독자(수퍼바이저)가 꼭 필요하다.**

③ 패 가르기(Let's You and Him Fight) 게임

이 게임은 자기 외의 두 사람들 사이에 싸움을 만들어 '자기 긍정- 타인 부정'의 태도를 확인해 보려고 하는 것이며, 직장의 경우 게임 연기자는 두 사람의 동료에게 교묘히 농간을 부려 그 사이에 대립 또는 반목을 가져오게 한다.

패 가르기 게임을 하는 사람은 자신이 한 사람의 포로가 되는 것을 어릴 때부터 신경질적으로 겁내고 있었기 때문에 다른 사람을 꾀어서 두 사람을 대결시킨 후 거기서 도망치려고 하는 것이다. 이 게임은 여성에 의해 연출되는 수가 많은데 Berne은 이것이 성적(性的)인 차원에서 행해진다고 말하였다.

- 남편이 직장에서 불쾌한 일을 당할 때, 남편을 교묘하게 조종해서 대립을 격화시켜 점차로 상대방과 사이가 더 나빠지게 해 놓고, 후일 남편이 상대방과 말다툼을 했다는 이야기를 듣고는 '남자들은 모두 바보다'라고 하며 내심으로 경멸하는 것이다.
- 학생의 경우 두 사람의 친구 사이에 끼어들어 상대방이 네 말을 이렇게 하더라고 꾀어 나쁜 말을 끄집어낸다. 다음 이것을 재빨리 상대방 에게 똑같은 수법으로 전하여 그 반응을 보고 '너는 OK가 아니다'는 것을 확인하려고 하는 경우다.
- 교사 가운데 헛소문을 퍼트려 교사 간의 문제를 야기시키는 사람이 여기에 속한다.

- **대처 방안: 이 게임을 해소하자면 연기자보다 한 수 먼저 나아가서 이 게임에 휩싸일 가능성이 있는 상대방에게 연락을 취하여 공동전선**을 형성한 후 두 사람 사이를 갈라놓지 못하도록 손을 쓰는 것이다.

④ 너 때문에 이렇게 되었어(See What You Made Me Do) 게임

이 게임의 특색은 책임 회피이다. 기본적 인생 태도는 '자기 긍정-타인 부정'이며, 심리적 투사에 의하여 자기를 방어하고 있는 모습이라고 말 할 수 있다. 예를 들면, 어릴 때부터 어머니가 아이에 대해 너무 간섭해서 무슨 일이라도 먼저 앞서서 처리해 버리기 때문에 어려움을 견디면서 이를 이겨낼 힘을 기르지 못했다. 이렇게 자란 아이는 항상 타율적으로 살아왔기 때문에 자기 행동에 대해 책임지는 일을 배울 기회가 없었다. 그들은 시춘기에 들어가 자기를 확립하는 과제에 직면했을 때 보통의 아이라면 어떻게 해서든지 처리해 낼 수 있는 문제라 해도 곧 좌절해 버리고 부모 탓으로 이렇게 되었다고 책임전가 해 버리는 것이다. 이 게임의 연기자도 무언가 문제 해결을 위해 상담하러 오는 일이 있다. 이

때 결과가 잘 되었을 때에는 찬사를 아끼지 않지만 일단 일이 잘 풀려지지 않으면 '너 때문에…'라고 상대방의 잘못을 책망하고 그 방법에 대해 비판적이 된다. 이 게임을 심하게 연출하는 사람은 자기주장을 고집해서 상대방의 말을 받아들이지 않고 때로는 편집증 적인 상태를 나타내는 경우가 있다.

이 게임의 예를 살펴보면,

- 치료 중에 증상의 변화를 모두 치료자의 탓으로 여기는 환자의 호소
  - 저 검사를 하고 나서부터 모든 것이 나빠졌다.
  - 약이 바뀌고 나서 몸의 상태가 나빠졌던 것이다.
  - 의사 선생님이 바뀌고 나서부터 더 악화되고 있다.
- 실수는 생각지 않고 남에게 사방팔방 대드는 사람
  - 시험을 못 친 것은 선생님이 잘 못 가르쳐서 그렇다.
  - 자물쇠가 잠겨 있을 때 당신이 불렀으므로 열쇠를 어디에 넣었는지 모르게 되었다.
  - 약을 잘못 먹은 것은 약봉지에 글씨를 분명하게 써 놓지 않았기 때문이다.
- 실수를 나무라게 되면 도리어 상대방에게 대든다든지 원망하는 사람
- 상사가 맨 처음에는 부하의 계획을 전면적으로 받아들이지만 기대한 성과가 나타나지 않으면 그 부하를 심하게 질책하는 경우

- **대처 방안: 이 게임을 막자면 '나에게는 책임이 없다'고 하는 자세를 취하지 못하도록 게임 연기자로부터 의뢰가 있을 때는 그것을 정중하게 거절하든가, 본인에게 주도권을 쥐어 주는 것이 중요하다. 환자의 경우 입원계약을 잘 이해하게 한다든지 병동 규칙을 잘 설득 시킨 후 치료에 들어**

가는 것이 무엇보다도 중요하다.

⑤ 지독하군(Ain't It Awful) 게임

이 게임을 연출하는 사람은 조그마한 일도 과대평가해서 '지독하군(Ain't It Awful)' 하고 과장해서 동정이나 주목을 끌려고 하는 것이 그 특징이다. 사람들은 심심풀이로 사회적 비판이나 가십 등 잡담을 한다. 그런데 서로 잘 아는 사이가 되면 잡담이 게임으로 진행할 수 있다. 표면적으로는 고통이나 불행을 호소하지만 이면으로는 여러 가지 심리적 만족을 얻는 것이다.

건강 염려증 환자가 이 게임을 연출하는 대표적인 예다. 초점이 분명치 않은 심신의 다채로운 증상을 호소하며 기질적 질환으로 진단 해주는 의사를 찾아내기 위해 병원 쇼핑을 계속하고, 자기의 증상이 얼마나 '지독한가.'를 호소하며 의사를 자기에게 적응시키려고 갖은 수단을 강구한다.

의사가 이 호소를 잘 받아 주지 않고 적당히 취급하면 환자는 점점 끝도 없이 증상을 늘어놓게 되고 의사가 아무리 설득해도 환자의 호소가 계속 되기 때문에 의사는 더 이상 참지 못하고 감정적인 화를 내고 만다. 이것은 의사의 노여움을 유발시켜 결국 자학적 요구를 만족시키게 되어 무의식적 목적을 달성하게 되는 것이다. 이 게임의 연기자는 어렸을 때 병에 걸렸을 경우에만 부모로부터 헌신적인 애정(스트로크)을 얻도록 조건화 되이 양육된 경우가 많다.

이 게임은 하기 싫은 일이나 상황을 피하기 위해 병이나 증상을 호소한다든지 하여 잘 연출된다. 초등학교 학생이 어떤 신체 증상을 일으켜 등교 거부를 한다든가 어른이 어떤 책임 있는 역할을 부여받게 되면 열이 나는 등 고통을 호소하여 주의 사람의 주의를 끌면서 멋지게 책임을 회피하는 경우이다.

이 게임의 예를 살펴보면,

- 어떤 환자의 증상에 대해 자세한 일까지도 화제로 삼는다. 경과나 예후가 나쁠수록 토론은 진행되고 여러 가지 탐색이 진행된다.
- 병원에 대한 공공연한 비난, 예를 들면, 간호사가 불친절하다, 식사가 나쁘다, 환자가 저질이다 라는 등의 불만을 토로하면서도 장기 입원을 계속하는 환자
- 질병 이득이나 보상 신경증의 심리에도 이런 게임을 계속 볼 수 있다.
- 농담이나 장난으로 말한 것이 돌고 도는 과정에서 사실인 것처럼 보이게 된 경우
- 간단한 것을 복잡하게 만들어 불필요한 시간이나 에너지를 허비하는 경우, 또 맨 처음의 결론이나 방법으로 되돌아가는 것을 반복하는 사람
- 직장에 대해 불평하면서 큰 소리를 치고도 개선하기 위한 노력은 거의 하지 않는 사람

•대처 방안: 이 게임의 연기자에게는 시간이 짧고 정확하게 정해 놓고 그 시간 내에 대화하는 형태로써, 이 게임을 통제하는 것이 좋다. 이야기가 또 반복되면 조용히 '그 사실은 이미 전에 들었어'라고 말하고 나서, '그 외에 무슨 새로운 것이 있니?'라고 묻도록 한다. 또 집단 상담 등에 참가시켜 다른 사람들의 눈에 비친 자기의 모습을 지각하도록 지도하는 것이 좋다. 또한 집단원들이 적절한 형태로 그의 행동 패턴을 지적함으로써 자기의 언동에 모순이 있다는 것을 자각하는 경우도 있다.

⑥ 결렬(Uproar) 게임

결렬 게임은 서로 상대방을 'OK가 아니다'라고 취급하는 사람들에 의해 연출된다. 따라서 두 사람이 격론을 벌인 뒤 의견일치를 보지 못하고 서로 헤어지는 것으로 끝이 나게 된다. 이것을 몇 번이고 반복하는 사람은 친밀한 관계로 들어가는 것을 두려워하는 일이 많다. 이 게임은 직장이나 가정에서도 자주 연출된다. 대화 내용을 살펴보면 최초의 한마디에는 정한 듯이 상대를 과소평가하는 내용이 포함되어 있기 마련이다. 이것을 받아서 상대가 방어적으로 반응함으로써 격론이 시작된다. 회사의 경우 먼저 회사 간부의 일격으로 직원은 변명을 한다든지 반격으로 나온다든지 하지만 나중에는 서로 양보하지 않게 되어 둘 다 욕구불만에 빠지게 된다. 결국 화를 낸 두 사람은 토론을 중지하고 그 자리를 떠나게 된다. 그 후 한참 동안 관계가 단절되었다가 어떤 계기로 다시 만나게 되고 이런 일이 반복된다.

이 게임의 예를 살펴보면,

- 싸움하고 화해하는 행위를 몇 번이고 되풀이 하는 사람, 이것을 어릴 때부터 싸움을 한 뒤에만 친해지는 형제간의 갈등의 연장인 경우가 많다.
- 부모 자식 간의 관계가 좋지 않아 가출을 해서 소동이 일어난 경우, 어린이가 귀가하면 부모와 자식은 서로 울면서 뉘우친다. 또, 사사건건 묻기를 잘 하는 아버지와 결혼 적령기의 딸 사이에 언쟁이 되풀이 되는 경우도 있다.
- 부부 싸움이 심하여 이혼한 뒤 다시 원상태로 되돌아가는 부부, "나가! 헤어지자!"를 되풀이 하면서도 결국 같은 지붕 아래서 노년을 맞는 부부

- **대처 방안: 이 게임을 피하기 위해서는 게임 연기자가 상대방을 존중하고, 상대방의 말을 경청하는 훈련이 필요하다. 또한 이 게임 연기자는 그 표현이 공격적이어서 상대방에게 불쾌감을 줄 수 있으므로 주장 훈련 등을 통해 공격적인 표현을 줄이는 연습이 필요하다.**

⑦ 맛 좀 봐라 망할 자식(Now, I've Got You, Son of Bitch: NIGYSOB) 게임

'맛 좀 봐라 망할 자식' 게임은 상대방의 조그마한 잘못이나 실언, 착오 등을 찾아내어 그 것을 기회로 그때까지 쌓였던 울분을 발산하는 것이다. '당신은 OK가 아니다'라고 하는 기본적 태도를 확인하기 위해 이 게임을 연출하게 된다. 부하를 애먹인다든지 며느리를 학대한다든지 하는 등이 대표적인 예라고 할 수 있다. 국회에서의 실언 문제도 이 게임으로 간주해도 무방하다. 또한 '교수님은 왜 강의 준비를 하지 않습니까?', 혹은 '이 가게의 물건은 철지난 것이고 너무 비싸다'라는 비난을 하면서도 본인은 항상 그 가게를 이용하는 것 등도 이 경우에 속한다.

이러한 게임에서의 교류는 표면적으로 A 대 A이지만 이면적으로 P 대 C이며 주로 P가 연출하는 게임이다. 연기자는 매일 눈을 번뜩이며 내심으로는 크게 기뻐하며 상대방을 몰아붙인다. 대개 다음과 같은 경우도 이 게임이라 할 수 있다.

- 트집 잡기
- 생트집, 구실
- 생트집으로 이득을 봄
- 진저리나게 몰아붙이는 방법

- **대처 방안 : 교실에서 이 게임이 벌어질 때 게임의 대처 방안은 먼저 교사 측이 바른 행동을 신중히 하는 것이다. 특히 학교에서 이런 게임 연기자들에 대해서는 합의를 해 놓고 만일 실제로 문제가 발생하면 즉시 계약에 의해서 문제를 해결하는 것이 좋다.**

이 게임의 연기자는 항상 실수나 모순을 찾아다니고 있기 때문에 늘 올바른 언동으로 대하는 것이 중요하다. 그래서 치료자와 환자 간에 명료하고 구체적인 계약을 체결하여 문제가 일어나더라도 계약에 의거하여 해결하는 것이 좋으며 맨 처음부터 올바른 의미에서 권위를 갖고 접하면 효과적이다. 특히 계속해서 상대방의 공격성을 되풀이 자극하는 경우에는 게임 연기자가 게임 이면에서 스트로크를 구하고 있다는 것을 인식하여 개인적 상담을 받아 보는 것이 필요하다.

⑧ 괴로움증(Harried) 게임

괴로움증은 강력한 P를 갖고 있는 사람이 연출하는 게임이다. 자기를 채찍질해 가며 많은 일을 맡아 동시에 하려는 나머지 피로로 몸이 고달파 끝내 병을 얻게 되는 패턴이 반복된다. 직업여성의 경우 회사일 만으로도 힘이 드는데 어머니, 아내 외에도 자모회, 반상회, 또는 부인회의 일을 맡고, 거기에 취미 강습까지 한다. 그러다가 결국 쓰러지고 마는 것이다.

또 매니저병 (관리직의 사람에게서 볼 수 있는 정신 신체장애 : 순환기 장애, 본태성 고혈압, 위・십이지장 궤양 등)에 걸리는 사람에게서도 이 형태의 게임을 많이 볼 수 있다. 자기의 가능성을 초월한 수준을 채우려고 남에게 부탁받지 않은 것까지 맡고는 못다 처리한 것은 집에까지 가지고 가서 일하게 된다. 얼마 동안은 슈퍼맨으로 통하나 그러다가 심신의 피로가 중첩되어 위와 같은 증상의 병 또는 우울 반응으로 쓰러지는 결말을 맞게 되는 것이다.

이런 유형의 사람들은 어린 시절부터 높은 요구수준을 부과하는 부모슬하에서 성장하였기 때문에 무엇을 해도 '아직 멀었다.' 라고 하는 엄격한 P자아상태에 묶여 있는 경우가 많다. 기본적으로는 '나는 아무리 해도 안 돼. OK가 아닌 나' 라고 하는 태도가 지배적인 것으로 볼 수 있다. P자아상태의 소리가 강하기 때문에 C자아상태가 가끔 소외되고 있으며, 또 시간에 대하여 언제나 절박감에 구속되는 수도 적지 않다. 이 게임의 상대 (배우자나 상사, 비서)도 연기자의 P자아상태와 닮은 요소를 갖고 있는 경우가 많다. 임상에서는 강박적 경향이 강한 우울증, 편두통, 근육통 등의 환자에게서 이 종류의 게임을 볼 수 있다.

다음과 같은 경우를 참고하여 이 게임을 관찰해 볼 필요가 있다.

- 어떤 일에 열중하여 너무 지나쳐서 깊이 빠져들게 된다. 나중에는 결국 마무리도 하지못하고 다른 사람의 구원을 청하는 편집증 환자
- 두 마리의 토끼를 쫒다가 한 마리도 잡지 못하는 격
- 계획 차질
- 지나친 사업 확장을 하다가 도산을 반복하는 경우
- 우울증의 가족 관계에서 종종 볼 수 있는 패턴으로(예: 활동적이고 생활력이 강한 부인과 시키는 대로 하는 성실한 남편) 사이에서 나타난다.

- **대처 방안: 연기자에게 더 다른 일들을 부수적으로 시키지 않는 것이 중요하다. 그들은 완벽 주의자들이므로 좀처럼 이를 지키지 않는 경우가 많다.**

⑨ 정신의학(Psychiatry) 게임

정신 의학 게임을 연출하는 환자는 도움이 되지 않는 무능한 치료자를 만나고 싶다고 하는 강박적 욕구를 가지고 있어서 병원 편력을 계속하고 있는 사람들이 많다. 의사나 간호사를 몰아쳐 자기 병을 못 고친다는 것을 증명시키려고 하는 병적인 심리가 작용하고 있는 것이다. 그러면 치료자 측은 자기가 유능하여 좋은 치료자라는 인상을 심어 주려고 여러 가지 수단을 사용한다. 거기에 대하여 환자는 치료자가 아주 '무능' 하다는 것을 모든 수단을 동원해서라도 확인시키고 싶어 한다.

치료자가 이 게임을 되풀이 하는 이유 가운데 하나는 자기 자신의 기준 또는 신조에 맞추어 환자를 변화시키고 싶어 하는 소망 때문이다. 환자는 이와 같은 치료자에게 저항감을 느낌으로 다른 치료자들을 찾아다니는 것이다.

또 다음과 같은 교묘한 교류 중에도 이 게임을 볼 수 있다.

- 정신 치료 중 치료자가 '아직도 충분한 조사가 부족하다'고 말 하며 생육력 문제의 세밀한 부분 까지 오래도록 화제로 삼는 경우
- 치료자나 환자가 상대방에 대해 대답하기 곤란한 질문을 해서 '이 답을 알게 되면 당신(나)은 반드시 좋아질 것이다'라고 하는 지적 토론을 오래 계속하는 경우
- 강박적 성격의 환자가 과도한 순종과 공손한 태도를 보이다가 치료 종료기에 가서는 지금까지의 태도와는 정반대의 태도로 치료자를 심하게 공격하는 '정반대로 뒤집는' 유형의 환자

• **대처 방안: 이 종류의 게임을 중단하려면, 다음 사항을 확실히 환자에게 알려줄 필요가 있다. 치료자는 증상을 고쳐주는 일을 첫째 목적으로 한다. 증상이 나아지면 그 증상의 원인에 대하여 가르쳐 준다.**

⑩ 의족(Wooden Leg) 게임

의족 게임은 '나 같은 결함을 가지고 있는 인간으로부터 도대체 무엇을 기대하려는 것입니까?'라고 말하며 문제에 직면하는 것을 피하는 것이다. 따라서 심신의 약점을 이용하여 책임을 회피한다든지 실패를 변명하는 경우에 이 게임이 많이 쓰여지고 있다.

- **대처 방안: 이 게임에 대한 이상적인 처리 방법은 내담자를 현실적 생활로 되돌아가게 하여 그들이 지금까지 해결하지 못하고 있던 문제를 새로운 방법에 의해 해결할 수 있도록 도와줄 필요가 있다. 이를 위해서는 상담자가 내담자의 도발을 모두 물리쳐야 한다. 다음으로 문제를 내담자에게 돌려서 '당신은 자신에게 무엇을 기대하고 있습니까? 당신 속에 남아 있는 힘을 어떻게 쓸 것인가에 대해 생각해 보십시오'라고 알려주고 내담자가 이 지시를 진실하게 따를 때까지 천천히 기다리는 것이다.**

그러나 이것은 어느 정도 자아의 강도를 지니고 있는 내담자에게 해야 할 접근 방법으로서, 어린 시절부터 애정의 박달이나 성격상 결함이 있는 내담자에게 처음부터 실시하는 것은 피하는 것이 바람직하다. 그렇지 않으면 상대방의 반격을 받아 이쪽이 감정적이 된다든지 피로나 고달픔으로 같이 쓰러지는 경우가 적지 않기 때문이다(이도영 등 1999).

3) 게임 대처 십계명

첫째, 게임의 시작을 주의하고 그것을 피하라. 게임은 같은 공식에 따라 진행된다. 많은 게임은 상대방을 디스카운트하는 것에서 시작한다. 상대편의 인격을 무시하거나 경시하거나 고민이나 문제를 부정하거나 속이는 것을 그만두는 일이 중요하다.

둘째, '그것은 당신의 게임이지요'라고 상내방의 행동을 게임이라고 노골적으로 부르는 것을 피하라. 이것은 하나의 적의 표출법이 되어 상대편이 싫은 말을 하는 것으로 받아들이기 쉽다.

셋째, 일상생활에서 자신이 가끔 체험하는 중요한 감정(라켓 : 예를 들면, 조급함, 후회, 분노, 죄책감 등)에 초점을 맞추어 그것과 행동의 관계를 A자아상태에서 객관적으로 관찰하라.

넷째, 드라마 삼각형의 세 가지 역할(박해자, 희생자, 구원자)의 어느 것도 연출하지 않도록 하라. 예를 들어, 상대방에서 어떤 실수가 발견되더라도 오랫동안 책망하는 '박해자'가 되지 않아야 한다.

다섯째, 기존의 교류 패턴을 바꾸어 보라. 게임은 10년을 하루 같이 비생산적 교류 패턴을 계속하기 때문에 연출된다. 자신 행동의 발신원(發信源)을 추적하여 그것을 바꾸어 본다. 많은 경우 말하는 것 보다 경청하는 태도로 바꾸면 게임은 중단된다.

여섯째, 결말을 생각하고, 그것을 철저히 피하는 수단을 구체적으로 강구하라. 예를 들어, 자녀에게 공부를 가르칠 때, 반드시 마지막에 군밤을 주어 아이를 울게 하는 짓을 되풀이하고 있는 사람은 모든 궁리를 다해서 즐겁게 공부가 끝나도록 한다. 이것을 단번에 못하면 군밤의 수를 줄이는 것부터 시작하는 것도 좋다.

일곱째, 비생산적인 시간을 오랫동안 보내지 않는다. '5분만 할 말이 있다'라고 시작한 교훈이 1시간의 다툼으로 옮아가서 새벽 2시를 맞이하는 것이 게임이다. 부정적 스트로크의 교환은 빨리 단절하는 것이 좋다.

여덟째, 대인관계를 풍부히 하고, 자기 인식의 기회를 증가시킨다. 게임은 왜곡된 자기 승인의 방법이다. 일이나 취미도 남들에게 가르쳐 주고, 칭찬받을 기회를 만들도록 하면 좋다.

아홉째, TA 학습 그룹에 참가하도록 한다. 이 경우 구성원의 태반이 건강한 사람이어야 함이 중요하다. 건강하지 못한 사람들끼리 대화하게 되면 여러 가지 게임을 연출하기 쉬워진다.

열 번째, 긍정적 스트로크를 교환하고, 서로 유쾌한 시간을 갖도록 한다. 상대방과 게임을 연출하기 쉬운 관계이더라도 그것과 달리 함께 즐길 수 있는 연구를 한다. 예컨대 상대방의 특기인 화제에 귀를 기울이고, 상대편이 좋아하는 TV 프로그램을 중심으로 대화하는 것 등이다(杉田峰康, 1988)

3. 성격의 2차 구조 모형

성격의 기능 모형(functional model)에서는 자아상태가 우리의 행동에 어떻게 나타나는가 하는 과정(process)을 살펴보았다. 그러나 제 2차 구조 모형에서는 자아상태가 무엇을 내포하고 있는가 하는 내용(content)을 살펴보고자 한다.

인간은 태어나면서부터 세상을 경험한다. 이러한 경험들은 모두 기억에 저장된다. 아직 어디에 어떻게 저장되는지 명확하게 밝혀지지는 않았지만, 누구나 자기 과거에 대한 기억을 가지고 있는 것은 사실이다. 어떤 것은 쉽게 기억할 수 있지만 어떤 것은 기억하기가 대단히 어렵다. 특히 신생아기나 유아기의 경험은 거의 기억하지 못하고 있다. 그러나 누구나 기억 속에 헤아릴 수 없는 많은 사고, 감정, 행동들에 대한 경험들을 저장하고 있다.

2차 구조 모형이란 구조분석을 통해 인간의 성격을 보다 쉽게 이해하기 위해, 이러한 사고나 감정이나 경험에 대한 기억들을 우리가 잘 알고 있는 자아상태 내에 유용한 방법으로 분류하는 것이다. 2차 구조 모형이란 서류를 체계적으로 조직하고 분류하는 '파일 정리 시스템(filing system)'에 비유해도 좋을 것이다. 예를 들어, 어떤 회사의 직원을 상상해 보자. 매일 그는 많은 서류들(공문, 보고서, 편지, 계산서, 영수증, 광고물, 기록부 등) 다룬다. 하루 일과가 끝날 때 이런 모든 서류들이 쓰레기통에 그냥 들어가지는 않는다. 그는 서류를 일단 체계적으로 분류하여 보관한다. 그는 왜 자료를 분류하여 보관하는 것일까? 정리 체계에 따라 서류를 조직화함으로써 사업에 유용한 방식에 활용할 수 있기 때문이다. 이처럼 TA에서는 구조분석을 통해 성격을 이해하기에 유용한 방식으로 우리가 지닌 사고, 행동, 감정을 자아상태의 구조 틀 안에서 분류하는 것이다.

어릴 때에 우리는 누구나 부모로부터 메시지를 받는다. 우리는 외부에서 주어지는 이러한 각 메시지에 대해 어떤 방식으로든 생각하고, 각 메시지에 대해 감정을 가지게 되고, 또 각 메시지에 대해 어떻게 해야 할 지 결정을 하게 된다. 더욱이 부모는 우리에게 메시지를 주면서 그 메시지의 중요성을 강조한다. 또한 부모가 우리에게 메시지를 전달할 때 겉으로 드러난 메시지 외에도 눈에 보이지 않는 메시지(covert message)라 할 감정까지 전달한다.

2차 구조 모형에서는 우리가 부모나 부모와 같은 권위적 인물에게서 받는 메시지를 P_3에 저장하고, 그 메시지가 중요한 이유는 A_3에 저장하고, 그 메시지 속에 내포된 함축적 의미는 C_3에 저장하게 된다. 이러한 메시지를 받고 우리 자신이 직접 한 사고나 생각은 A_2 내용의 일부분을 이루게 된다.

그리고 이러한 메시지를 따르거나 거부했을 때 어떤 일이 일어날까 하는 가상(假想)은 P_1에, 이러한 가상을 한 뒤에 느끼게 되는 감정은 C_1에, 어떻게 해야 되겠다는 초기 결정은 A_1에 저장하게 된다(그림 10-5 참조).

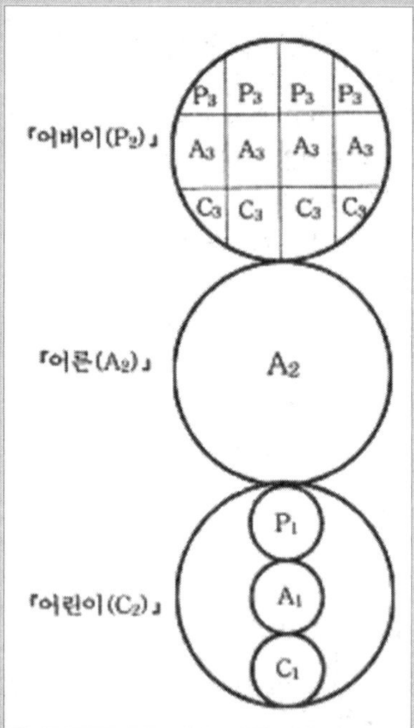

(그림 10-5) 제2차 구조 모형

1) 제 2차 구조모형 : Parent

이전 모듈에서 부모나 부모와 같은 권위적 인물들에게서 본뜬 일단의 사고 감정 및 행동들은 P자아상태에 속한다고 하였다. 이와 같이 구조 모형에서는 P의 내용이 부모가 보여준 사고, 감정, 행동에 대한 일단의 기억 흔적이라 정의할 수 있다. 다시 말해 P란 부모가 보여준 사고나 행동이나 감정을 자기 안에 '집어넣은(introject)' 것이다. 이것은 씹거나 소화시켜 넣은 것이 아니라 통째로 삼킨 것과 같다. 예를 들어 어린이가 부모를 모델로 삼아 그대로 따라 하는 사고나 감정이나 행동이 바로 이런 것들이다.

'차도에 들어가면 안 돼', '도둑질하는 것은 나쁜 행동이야', '어른을 보면 인사를 해야지', '남의 말을 함부로 믿어서는 안돼,' '사람 팔자는 다 타고 나는 거야'하고, 어린이는 오랜 세월동안 부모가 여러 문제에 대해 지시를 내리고 정의하는 것을 보며 자란다. 이러한 지시나 정의가 주로 P의 내용을 이루게 된다. 어린이는 또한 부모가 던지는 지시나 정의 외에도, 이러한 메시지 속에 담겨 있는 여러 가지 제스츄어, 어조, 정서적 표현들도 함께 받아들이게 된다.

2차 구조 모형에서는 기억하고 있는 각 메시지가 누구에게서 유래했는가에 따라 P를 나눈다. 대부분 아버지나 어머니에게서 나왔겠지만, 조부모나 교사나 종교의 지도자들도 중요한 역할을 한다. 그 다음 부모나 부모와 같은 권위적 인물들도 중요한 역할을 한다. 그 다음 부모나 부모와 같은 권위적 인물들도 각 P, A, C를 가지고 있다는 사실을 기록한다. (그림 10-5)에서 보듯이, 전체 P자아상태를 P_2라고 표기하고, 그 안의 하위구조를 P_3, A_3, C_3라고 표기하기로 한다.

P 속의 P (P_3) : 나의 아버지는 조부모로부터 전수받은 일단의 슬로건이나 지시를 가지고 있다가 그 중 일부를 나에게

전달하였다. 나는 이것을 받아들여 나의 P속에 저장하였다. 물론 나의 P 속에는 아버지 외에도 많은 사람들로부터 받은 내용을 저장하고 있다. 이와 같이 P속의 P는 세세대대 전승되는 메시지의 저장소라고 할 수 있다. 예를 들면 가훈이나 가문의 전통도 여기에 속한다고 하겠다.

P 속의 A (A_3) : P속의 A란 내가 P자아상태에 놓인 인물에게서 듣고 모방한 현실에 대한 진술들을 수집해 놓은 것이다. 그러나 어떤 것은 부모가 이 세상에 대해 잘못 생각한 내용들도 있을 수 있다. 또 어떤 것은 당시는 사실이었겠지만 지금은 그렇지 않은 것들도 있다. 예를 들어 '달 위를 어떻게 걸을 수 있는가'하는 말이 지금은 현실로 변한 것이다.

P 속의 C (C_3) : 부모나 교사도 다 C자아상태를 가지고 있었다. 내가 그들이 C자아상태에서 보여준 사고나 행동이나 감정들을 나의 P자아상태에 받아들인 것이 C_3이다. 예를 들어 나의 어머니가 어릴 때 장난감을 사달라고 했는데 사주지 않자 부루퉁한 표정을 지을 때라야 사 주었다고 하자. 그러면 나의 어머니는 가지고 싶은 것이 있으면 부루퉁한 표정을 지었다. 어머니가 어른이 되어 나에게도 바라는 것이 있으면 부루퉁한 표정을 짓곤 했다. 나도 어머니를 본받아 내가 사람들에게서 바라는 것이 있으면 부루퉁한 표정을 짓는 것이 좋다는 메시지를 P자아상태에 간직하고

있다면 이러한 메시지는 C_3인 것이다.

2) 제 2차 구조모형 : Adult

나의 A 자아상태의 내용은 내가 과거 P나 C의 영향을 받지 않고, '지금-여기서'에 대한 직접적인 반응으로서 취하고 있는 사고나 행동이나 감정을 말한다. 따라서 A자아상태는 내가 성장한 사람으로서 나의 능력을 다해 현실을 검증하고 문제를 해결하는 모든 전략을 관장한다. A자아상태에서는 외부 세계에 대한 현실 검증뿐만 아니라, 나의 P자아상태 및 C자아상태에 대한 평가도 한다. 예를 들어 나는 어릴 때 부모님이 늘 강조하신 '참는 것이 미덕'이라는 말을 P_2에 간직하고 있다고 하자. 어른이 된 지금에 와서 생각해보아도 이 말은 일리가 있다고 생각한다. 그러면 이러한 결론은 A_2에 정리된 것이다.

내가 A자아상태에 놓여있을 때 '사고'를 많이 한다. 그러나 앞 장에서도 살펴보았듯이 A자아상태에서는 사고뿐만 아니라 감정도 느낀다. 그러면 감정이 어떻게 문제해결에 도움이 될까 하고 의아하게 생각할지 모른다. 예를 들어 천정에서 물건이 떨어져 깜짝 놀라 나도 모르게 피했다. 이와 같이 깜짝 놀란 감정 때문에 떨어지는 물건에 다치지 않는 것이다. 따라서 A감정(Adult feeling)과 C감정(Child feeling)을 구별할 수 있어야 한다.

3) 제 2차 구조모형 : Child

어린 시절의 경험을 모두 C자아상태의 내용이라고 생각한다. 그러나 이러한 수많은 기억들을 분류 정리하는데 다양한 방법이 있다. 그 중 한 가지 분명한 방법이 자료를 취득한 연령에 따라 분류하는 방법이다. 많은 TA 이론가들, 특히 English가 이러한 방법을 사용하고 있다.

(그림 10-5)에서 보듯이, 구조적인 C자아상태도 여러 가지로 나눌 수 있다. 내가 어릴 때에도 이미 P, A, C자아상태를 가지고 있다. 어떤 어린이든지 기본적인 욕구와 원망(C)를 가지고 있고, 이러한 욕구를 가장 잘 충족시킬 수 있는 가정(P)을 가지고 있고, 또 직관적인 문제해결기술(A)을 가지고 있다. 이러한 특징을 나타내기 위해 C자아상태에 작은 원을 그려 P_1, A_1, C_1이라는 명칭을 붙인다.

C 속의 P (P_1) : 어떤 어린이든지 어린 시절부터 어머니나 아버지로부터 지켜야할 규칙을 배운다. 어린이는 아직 사고나 추리 능력이 발달하지 못했기 때문에, 부모가 내리는 지시나 규칙이 타당한 것인지 판단하지 못한다. 그 대신 단순히 따라야 한다고 믿는다. 그러나 무조건 따르고 싶은 마음이 일지 않을 때가 많다. 따라서 어린이는 자기 스스로 이러한 지시나 규칙을 지키지 않을 수 없도록 위협하거나 부추기는 경우가 많다.

"내가 엄마 말을 듣지 않으면 엄마는 어디 멀리 떠나버릴꺼야."
"내가 자꾸 거짓말하면 귀신이 밤에 나를 잡아갈꺼야."
"예쁜 짓을 해야 사람들이 나를 귀여워해 줄꺼야."

이와 같이 어린이는 부모에게서 받은 메시지를 자기 나름대로 번역하여 일종의 마술적 성격(magical form)을 띤 메시지로 저장하고 있는 것이다. 이러한 인상들은 부모의 말에 함축된 메시지에 대한 어린이 자신의 가상이기 때문에, C자아상대 내의 P로 분류된다. 사람들이 성장한 뒤에도 C자아상태에서 이러한 마술적 메시지들(C 자아상태 속의 P, 즉 P1)을 접할 수 있는 것이다.

이와 같이 부모의 메시지를 듣고 어린이 자신이 가상적으로 번역한 이러한 메시지는 부모가 던진 메시지보다 더욱 위협적일 때도 많다. 부모가 자녀를 사랑하고 온갖 애정을 다 쏟음에도 불구하고, 어떤 어린이는 부모가 던진 메시지들을 '말 안 들으면 죽을 거다.', '아무 것도 즐기지 마!', '병신 소리만 듣게 될 것이다'와 같은 파괴적인 메시지로 지각할 수 있다. 그러나 어린이의 이러한 가상적인 번역은 파괴적일 수도 있고 긍정적일 수도 있다. C속의 P는 또한 '동화속의 요정(Fairy Godmother)'이나 산타클로스와도 연관될 수 있다. 따라서 P_1이라는 말 대신에 '마술적 어버이(magical parent)'라고 부르기를 더 좋아한다. Berne은 P_1을 '전극(electrode)'이라고 불렀다. 왜냐하면 보상과 벌이라는 마술적 이미지에 따라 충동적으로 반응하게 하는 C 자아상태의 특징을 잘 나타내 주기 때문이다.

C 속의 A 또는 '작은 교수' (A_1) : C자아상태 내의 A(A_1)는 어린이가 문제해결을 위해 사용하는 모든 전략들을 가리킨다. 이러한 전략들은 어린이가 성장함에 따라 변화하고 발달한다. 어린이도 자기 주위의 세계를 체크하는데 분명히 관심을 가지고 있다. 물론 어른들이 하듯이 논리적인 과정을 따르지 못하고 직관에 더 의존한다. 때로는 어른들보다 어린이들이 새로운 것들을

더 빨리 학습한다. 이러한 능력이 저장된 것을 A1, 또는 '작은 교수(Little Professor)'라고 부른다. 어른이 되고 난 다음에도 C자아상태에서 A_1이 가지고 있는 직관과 창조성을 접할 수 있다.

C 속의 C (C_1) : 여섯 살짜리 여자어린이가 마루에 누워서 정신없이 책을 읽고 있었다. 그 때 고양이가 다가오자 여자어린이는 팔을 뻗어 쓰다듬으려고 했다. 고양이라고 해서 항상 주인 시키는 대로 하는 것은 아니다. 그만 휙 피하면서 할퀴고 도망갔다. 그러자 여자 어린이는 날카로운 비명을 질렀다. 여섯 살짜리로서의 사고는 찾아볼 수 없었다. 다시 애기가 된 것이다. 여섯 살짜리 아이가 한 살짜리의 C자아상태로 되돌아간 것이다.

이 여자 어린이는 성장하고 난 뒤에도 이러한 장면을 기억하고 있을 것이다. 이러한 장면을 회상할 때, 먼저 여섯 살 때의 C자아상태 속의 A(책을 읽고 있던 장면)가 떠오를 것이다. 그러고는 C_1 즉 C자아상태 속의 초기의 C로 이동하여 그 당시의 고통과 두려움을 재체험하게 될 것이다.

아주 어릴 때에는 주로 신체적 감각을 통해 세상을 경험한다. 이러한 경험들이 C자아상태 속의 C에 저장된 기억의 내용을 이룬다. 따라서 C_1을 '신체적 어린이(Somatic Child)'라고 부르기도 한다.

양파 껍질을 벗기면 계속해서 속의 것이 나타난다. C자아상태의 2차 구조 모형도 마찬가지이다. 여섯 살짜리 아이의 C자아상태 안에도 또 그

전의 C자아상태가 들어있는 것이다. 자아상태의 구조를 그림으로 그릴 때 이를 다 나타낼 수는 없는 일이다. 그러나 상담이나 심리치료를 할 때에는 이 점에 대해서도 유념해야할 것이다. 왜냐하면 심리치료 중에 내담자가 계속 파고 들어가는 C자아상태의 단계를 추적하는 것이 도움이 될 때가 많기 때문이다.

제11장 TA 가족상담 프로그램

1. 프로그램 개발의 필요성

웰빙 전성시대이다. 상담학 영역에서는 십년 전인 2005년 8월 '웰빙 시대와 상담'이라는 전체 주제를 바탕으로 제주대 국제교류센터에서 한국상담학회 연차대회가 개최되어 회원들의 워크샵, 상담사례, 그리고 학술논문들이 발표되었다. 세부 발표 내용을 살펴보면 첫째, 일과 여가 그리고 자기 경영을 위한 상담, 둘째, 요가와 명상 그리고 영성계발을 위한 상담, 셋째 소외와 중독 그리고 위기탈출을 위한 상담 등이다. 이러한 연구 주제는 웰빙에 대한 사회적 관심에 있어서 상담학의 주도적인 역할을 모색하고, 상담 현장에서의 구체적인 실천 방향을 직업 영역, 종교 영역, 개별 영역에서 다차원적으로 조망하기 위함이었다.

제석봉(2004)은 참다운 웰빙이란 '신체적, 심리적, 영성적으로 건강을 추구하며, 사랑과 행복이 샘솟는 진정한 삶(authentic life)을 사는 것'으로 규정하였으며, 일찍이 세계보건기구(WHO) 역시 '건강이란 신체적, 정신적, 사회적 웰빙'이라는 말로 웰빙이 단순히 질병과 질환의 부재가 아닌 전인적이고 통합적이며 유기적인 측면의 건강을 의미하였다. 따라서 웰빙은 단지 잘 먹고 잘 사는 신체적, 물질적 차원이 아니라 그 이상의 정신적, 사회적, 영성적 건강을 지향한다.

물론 웰빙이란 단어가 공식적으로 등장하기 이전부터 웰빙의 추구는 동양이나 서양이나 고대에서부터 줄기차게 이루어져 왔다. 그러나 웰빙은 저절로 이루어지는 것이 아니기 때문에 진정한 삶을 살기 위한 성장과 변화의 부단한 노력에서 비롯된다. 그렇다면 성격의 이해와 개선 뿐 아니라 사회적 관계와 생태적 맥락 하에서 성숙한 커뮤니케이션을 통해 정신적, 사회적, 영성적으로 전인 건강을 추구하여 성공적인 삶을 실현하는 진정한 삶, 즉 웰빙 생활은 어떻게 가능한가?

물론 많은 전문 영역의 연구가 웰빙 생활에 기여하고 있지만, 상담학 연구 분야에서는 1950년대 중반 Eric Berne이 개발한 이후 1960년대부터 '대중 심리학'(pop psychology)으로 자리 잡았으며, 현재에 와서는 학교에서의 인성교육, 기업체에서의 조직 분석과 커뮤니케이션 훈련, 종교에서의 성숙한 신앙 또는 영성의 발달을 위한 사목 상담 프로그램으로 주목을 받는 대표적인 성장상담 모형으로 '교류 분석'(TA)을 제시할 수 있다. TA는 상담과 심리 치료 장면에서 뿐만 아니라 어떤 조직에서든 건강한 인간관계와 커뮤니케이션을 통해 개인의 성장과 발달뿐만 아니라 조직의 발달을 촉진케 하는 웰빙 프로그램으로 활용될 수 있다(제석봉, 1999).

그런데 웰빙 프로그램으로 세계 각국에서 각광받고 있는 TA에 대한 국내 연구가 여타 상담학의 연구와 비교해볼 때 아직 미비하여 관련 서적도 부족할 뿐 아니라 출판된 책도 번역서에 치중되어 있다. 그러다 보니 TA에 관심 있는 사람들이 이론을 실제에 적용할 때 많은 어려움을 겪게 된다. 책을 통해 공부할 때는 쉽게 이해가 되고 적용이 용이한 이론 같지만, 막상 상담 실제에 적용하려면 막연한 것이 TA이기도 하다. 그 이유는 구체적 상담 장면(가정, 직장, 학교, 지역사회 등)에서 효율적으로 활용할 수 있는 TA 프로그램의 개발이 미흡하기 때문이다. TA 이론이 태동한지 60여년이 지난 현 시점에서 TA에 관한 선진 상담이론을 우리 실정에 맞도록 수정, 변화, 응용하여 토착화된 프로그램을 개발할 시기이다. 그 중에서도 앞에서 살펴본 것처럼 심각한 가족 문제에 효율적으로 대처하고, 가족 스스로 문제해결력을 강화하는 것이 선결 과제라 여겨진다. 따라서 대표적인 웰빙 상담 모형인 TA상담을 토대로 가족을 위한 집단상담 프로그램을 개발할 필요가 있다고 하겠다.

2. 프로그램의 목표

가족의 웰빙을 실현하기 위해 본 프로그램은 다음과 같은 목표를 지향한다.

- 가족구성원이 자신이 겪는 고민과 문제를 집단 안에서 적절하게 표현함으로써 자기 개방을 강화하며, 상호 피드백을 통해 경험을 공유함으로써 적극적인 문제해결 능력을 신장한다.
- 가족구성원이 자신의 삶을 감정이나 타인에 의존하지 않고, 다양한 사회적 관계를 고려하여 합리적인 의사결정을 함으로써 주체적인 삶을 살도록 한다.
- 가족구성원이 가정, 학교, 사회생활의 관계에서 바람직한 사고, 행동, 감정의 자아상태를 지니며, 상대방을 인정하고 존중하는 생활태도를 지니도록 한다.
- 가족구성원들로 하여금 TA 이론을 기본적으로 학습함으로써 상담에 대한 이해를 촉진하고, 자신의 인생을 장기적으로 설계할 수 있는 능력을 키움으로써 일관성 있고 계획적이며 책임 있는 삶을 준비한다.

- 가족구성원이 자신의 잠재력을 최대한으로 발휘하여 일상생활에서 건강하고 행복한 웰빙 생활을 누릴 수 있도록 돕는다.

3. 프로그램의 구성

'구슬이 서 말이어도 꿰어야 보배'라는 말처럼 본 프로그램은 TA의 가장 기본이 되는 TA 101 과정의 핵심 프로그램만을 선별하여, 부부를 대상으로 한 가족상담 현장에서 8회기(1 모듈당 1시간 수업시수 분량으로 주 2회 실시를 가정하면 1개월 정도 소요) 정도 운영할 수 있도록 패키지화하였다.

본 프로그램은 집단상담의 형태로 진행하는 것이 자기 개방과 피드백을 통한 자기 이해를 촉진할 수 있지만, 유의할 점으로 본 실제 지침에 너무 충실하다 보면 앵무새처럼 내용을 그대로 반복할 수가 있는데 이것은 오히려 역효과가 날 수도 있음으로 참가자의 연령과 수준에 맞도록 적절하고 융통성 있는 내용 변환이 필요하다.

〈표 12-1〉 프로그램의 구성

모듈	제목	TA 영역	활동내용	시간
1	왜 태어났니?	인생각본	- 성공조건 확인하기 - 성공과 실패 - 나의 특성 확인하기	50
2	나는 정말 누구인가?	구조분석	- Who am I ? - P, A, C자아상태 - 건강한 자아상태란	50
3	나는 어떻게 행동하는가?	기능분석	- 자아상태의 다섯 가지 기능 - 긍정적 측면과 부정적 측면	50
4	나의 마음 그림	에고그램	- 나의 에고그램 체크	50
5	나를 알고 싶어요	자아상태 파악	- 자아상태 확인을 위 한 모둠별 역할극	50
6	우리들의 대화	교류	- 세 가지 교류 - 건강한 대화법	50
7	서로 인정하기	스트로크	- 스트로크의 특성	50
8	시간 가꾸기	시간의 구조화	- 6가지 시간의 구조화 - 효율적인 시간관리법	50

4. 프로그램의 실제

모듈 1 : 왜 태어났니?(인생각본)

1) 개요

1차시	왜 태어났니?	운영 방법	전체집단(부부)을 중심으로 진행한다.
활동 목표	- 성공과 실패가 인생 각본에 따른 것임을 학습한다. - 나의 성공조건과 개인적 특성을 확인한다.		
과정	활동내용	시간 (분)	자료 및 준비물
도입	- 프로그램의 방향을 길잡이 한다. - 생일과 인생의 목적을 관련 지운다.	10	생일빵 사례
전개	- 나의 성공조건 확인하기 - 성공의 8가지 조건 : ㄲ으로 이루어진 외글자(꿈, 끈, 끼, 꼴, 꾀, 깡, 깡, 끝) 설명 - 나의 특성 확인하기 - 인생각본 : 성공인, 실패인, 평범인	35	1) 성공조건 체크리스트 (실습지 1) 2) 나의 특성 체크리스트 (실습지 2)
정리	- 느낌 발표하기	5	
차시 예고	- 성격의 구조분석		
유의점	- 체크리스트 작업이 시험이 아니므로 점수에 얽매이지 말고, 자신을 솔직하게 드러내는 활동임을 강조한다.		

2) 내용

(1) 도입(10분)

① 진행방법

- 전체 집단을 하나로 진행한다.
- 지도자는 프로그램의 목적, 성격, 기대효과에 대하여 자세하게 설명한다.

② 준비물 : 생일빵 사례

③ 강의내용

- 반갑습니다. 여러분, 혹시 이번 달에 생일 맞은 자녀가 있나요? 없으면 오늘과 가장 가까운 날에 생일 맞은 자녀가 있는 지 손들어 볼까요? ○○가 손을 들었네요. 우리 생일 축하박수를 한 번 힘차게 쳐볼까요?
- 요즘 여러분은 초등학생 생일잔치를 어떻게 축하하는지 아는지요? ○○가 한 번 이야기 해볼래요? 네, 잘 들었습니다.
- 넌센스 퀴즈 하나 : "산부인과에서 산모가 아기를 낳으면 의사선생님이 아기 엉덩이를 한대 찰싹 때리는데 그 이유가 무언지 아는 사람?",
  (참가자의 의견을 경청하면서 발표자는 칭찬한다).
  잠시 주목을 이끈 후 "정답은 생일빵입니다."
- 그렇다면 십대가 즐겨하는 생일빵 가운데 가장 엽기적인 사례를 제가 한 번 소개해 볼까요?

● 생일빵 사례 소개

<요즘 십대들의 생일 풍경 : 생일빵>

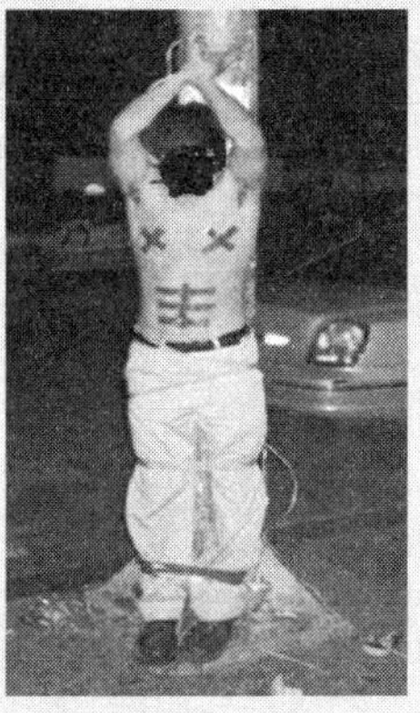

〈생일빵 풍경〉

"왜 태어났~니?"이 질문은 우리 청소년들이 생일을 맞은 친구들에게 엽기적인 생일빵을 치루면서 부르는 생일축하곡,"생일 축~하합니다"의 노가바(노래가사 바꾸어 부르기)이다. 좀 더 구체적으로 살펴보면, 생일을 맞은 한 친구를 두고 여러 명의 또래들이 귀 빠진 날을 축하하면서 그들만의 독특한 생일 풍경을 보여준다. 먼저 생일잔치를 위해 또래들이 모이는 장소가 남다르다. 사람들의 이목을 피하고 자신들만의 의례를 자유롭게 표현할 수 있는 곳, 아이들 표현으로는 뚝방 같은 곳이 제일이란다. 그리고 함께 모인 친구들이 생일 케이크 하나 불 붙혀 놓고 생일 축하곡을 목청껏 소리 지른다. 그러면서 생일축하곡의 가사"왜 태어났~니에 이어 얼굴도 못생긴 게, 공부도 못하는 게, 여친도 없는 게, 돈도 없는 게 왜 태어났니?"하면서 친구들이 돌아가면서 생일 맞은 친구의 나이만큼 돌아가면서 쥐어박는다. 물론 십대들 나름대로 재미있어 하지만 이 풍경을 우연히 지켜보는 어른의 입장에서는 5당황스럽고 걱정스럽기까지 한다. 한참동안 진행된 친구들의 애정어린 구타를 경험하고 자리에서 일어난 생일잔치의 주인공 입에서는 진담 반 농담반 식으로 "우리 엄마 아빠가 실수로"라면서 씩 웃고 만다. 그리고 2차로 생일 맞은 친구를 굵은 테이프로 누에고치처럼 꽁꽁 묶어 전봇대 같은 데 부착해놓고 놀려먹는 장면도 가끔 눈에 띈다. 십대들에게 이런 생일빵의 진풍경에 대해 어떤 느낌을 갖는지 물어보면 '재미있죠, 그래야 오래 기억에 남죠, 엽기적인 게 좋아요'식이다.

(2) 전개(35분)

① 진행방법

- 전체 집단을 하나로 진행한다.
- 실습지를 중심으로 활동을 진행한다.

② 준비물 : 성공조건 체크리스트(실습지 1), 나의 특성 체크리스트(실습지 2)

③ 강의내용

- 이제 여러분은 인생에서 가장 성공했다고 생각되는 사람을 머릿속에 한 사람 떠올려 보세요.
- (잠시 시간을 준 뒤) 여러분, 누구를 생각했나요? 대통령을 생각한 사람은 손들어보세요? 가족을 생각한 사람은 손들어보세요? 연예인을 생각한 사람은 손들어보세요? 운동선수를 생각한 사람은 손들어보세요? 사장님을 생각한 사람은 손들어보세요? (몇 명에게 발표할 기회를 준다)
- 미국의 교류 분석 상담전문가인 Muriel James라는 어머니는 "우리는 성공하기 위해 태어났다"라는 책을 무려 400만권이 판매한 성공한 상담가랍니다. 이 책의 제목처럼 우리 모두 성공하기 위해 태어났다면 나의 성공은 무엇으로 이루어지는지 많이 궁금할 것입니다. 내가 잘하는 것도 있지만 잘못하는 것도 많은데 어떻게 성공할 수 있을까 걱정도 되지요? 자 이제 나의 성공조건은 어떤 것으로 이루어졌는지 한 번 확인해 보도록 합시다.

- 나의 성공조건 체크리스트 실습하기(실습지 1)
- 나의 성공조건 체크리스트의 점수를 더해 보기 바랍니다. 모두 8개의 성공조건이 있는데 어떤 조건은 점수가 높고 어떤 조건은 점수가 낮지요? 앞으로 여러분이 인생에 성공하려면 잘하는 부분보다 잘못하는 부분을 잘 연마하면 여러분은 인생의 성공인, 심리학에서는 이를 충분히 기능하는 사람, 즉 자기실현인이 될수 있습니다.
- 그렇다면, 8가지 성공조건은 무엇인지 간단히 살펴볼까요? 첫째는 꿈입니다. 우리들은 어릴 때 누구나 소중한 꿈을 간직했었죠. 그러나 대부분의 사람들은 시간이 흐르면서 그 꿈이 퇴색되고 맙니다. 잃어버린 꿈에 불을 지펴야 합니다. 무엇보다도 실현가능한 꿈을 설계해야 하겠지요? 인생에 가장 중요한 덕목은 비전을 갖는 일이랍니다.

  둘째는 끈입니다. 끈이라면 혹 빽을 생각할지 모르겠지만 현대는 네트워크사회입니다. 실제로 우리사회에는 자신의 능력과는 무관하게 학벌이나, 혈연, 지연 등에 따라 성공하기도 하고 실패하기도 한답니다. 죽마고우라는 말처럼 좋은 친구를 사귀는 것이 아주 중요하겠지요?

  셋째는 끼입니다. 현대는 만능 엔터테이너가 성공하는 시대랍니다. 엔터테이너에게 필요한 끼는 다소 선천적인 요인이 강한 요소이지만 후천적으로 노력한다면 그러한 기질은 바꿀 수 있답니다.

  넷째는 꼴입니다. 혹시 꼴이 중요하다고 하면 성형수술을 해서 얼굴짱, 몸짱이 되는 것으로 오해할 수도 있겠지요. 그런데 쌍꺼풀 수술은 가능해도 미소수술은 어렵답니다. 즉 남에게 호감과 매력을 주는 모습은 외형이 아니마 마음꼴이랍니다. 어울리는 말, 태도, 자세가 호감형을 만든답니다.

다섯째는 꾀입니다. 꾀에 대해서는 잘못 오용한다면 속된 말로 '잔머리 굴리기'로 생각할 수 있는데 인생에 성공하기 위해서는 지적인 현명함, 즉 지식이 아니라 지혜가 필요하겠지요?

여섯째는 낌(새)랍니다. 즉 분위기나 상황 판단을 잘 하는 능력을 말하지요. 때와 장소와 사람을 가려 적절하게 문제에 대처하는 센스도 성공인에게 꼭 필요하답니다.

일곱 번째는 깡이랍니다. 이것은 간단히 말하면 책임감과 추진력이라고 말 할 수 있겠지요. 자신이 하고 싶은 일을 사랑한다면 얼마든지 간직할 수 있는 요소이기도 합니다. 인내할 줄 아는 자세, 필요에 따라서는 물불 가리지 않고 불도저식으로 과감하게 밀어붙이는 자세가 때로는 필요하겠지요?

마지막 여덟 번째는 끝입니다. 우리 자녀들을 보면 시작은 좋은데 끝이 마음에 들지 않는 경우가 많지요. 특히 공부하는 것도 그렇고, 친구 사귀는 것도 그렇고 소비하는 것도 그렇고 무언가 시작은 거창한데 마무리가 잘 안 되는 경우가 많은데, 인생에 성공하려면 체계적인 수립과 점검으로 끝을 잘 마무리하는 태도가 필요하겠지요?

- 이제는 여러분이 인생에 대해 어떤 태도를 지니고 있는 지 한 번 살펴볼까요?
- 나의 특성 체크리스트 실습하기(실습지 2)
- 여러분이 실습지에 표기한 것을 잘 살펴보면 어떤 유형이 나타났나요? 여러분이 체크한 항목들이 성공인 유형인가요 아니면 실패

자형인가요?

- 무대에 선 배우는 각본에 따라 연기합니다. 자신이 맡은 역이 아무리 마음에 들지 않더라도 배우는 이 각본으로 부터 자유로울 수 없답니다. 우리의 인생도 하나의 드라마라면 우리는 각자 자신이 만든 인생 각본에 따라 삶을 산다고 볼 수 있겠지요
- 인생각본은 사람마다 다르지만 크게 성공인 각본, 실패인 각본, 평범인 각본으로 나눌 수 있답니다.
- 성공인 각본을 가지고 사는 사람은 꿈과 희망을 가지고 열심히 사는 사람입니다. 성공인의 특징은 성취나 도달이 아니라 진정성입니다. 우리 주변에 보면 높은 지위, 많은 부와 명성을 얻었지만 여기에 만족하지 못하고 더 나쁜 짓을 저지르거나 불안해하는 사람이 있는데 그렇다면 결코 성공인이 되기 어렵답니다. 비록 지위가 높지 않고 가진 것이 많지 않더라도 자신의 처지에 만족하며 매순간 최선을 다하는 사람이 진정한 성공인이랍니다.
- 실패자 각본을 가지고 있는 사람은 인생에 아무 꿈도 희망과 목표도 없으며 진정한 삶 보다는 과거의 기억이나 미래에 대한 헛된 기대에 초점을 맞춤으로써 현재를 파괴하며 삽니다. 실패자 각본을 사는 사람이 자주 쓰는 말로는 '잘생겼더라면(예뻤더라면)...', '부모만 잘 만났더라면..', '내가 부자라면...', '왕자가 나타나서 나를 구출해 갔으면...', '내 다리가 부러진다면...', '사람들이 나를 싫어한다면...'식입니다. 여러분은 이런 말 자주 하나요?
- 평범한 각본에 따라 사는 사람은 그저 남들과 비슷한 수준에 도달하면 만족해합니다. 실패인처럼 모든 것을 포기하고 사는 것은 아니지만 자기 목표를 보다 잘 성취하기 위해 최선을 다하는 법

도 없지요. 목표를 달성하지 못해도 크게 안달하는 법은 없습니다. 그저 조용히 사는 것이 최고라고 여긴답니다.

- 물론 100% 성공인, 100% 실패인의 각본을 가진 사람은 아무도 없습니다. 대부분의 사람에게는 이 세 가지 각본이 섞여 있습니다. 인생의 꿈을 이루기 위해서는 자신의 각본에 대해 의식하고 혹 실패인 각본을 통찰한다면 성공인으로 변화시키도록 노력해야 할 것입니다.

(3) 정리(5분)

① 진행방법

- 전체집단을 하나로 진행한다.

② 준비물 : 없음

③ 강의내용

- 오늘은 인생의 성공과 실패에 대하여 살펴보는 시간을 가졌습니다. 이제는 여러분이 이 시간을 통해 느낀 점을 발표해보는 시간을 갖도록 하겠습니다(4명 정도 자발적 발표를 안내하며 박수를 유도한다).
- 다음 모듈에서는 여러분의 자아에 대해 살펴보는 시간을 갖도록 하겠습니다. 여러분, 수고 많았습니다.

〈실습지 1〉

성공조건 자기평가 체크리스트

(노안영, 2002)

다음 문항을 읽고, 각 문항의 내용이 자신의 신념과 태도와

'전혀 그렇지 않다'고 생각하면	1
'거의 그렇지 않다'고 생각하면	2
'그저 그렇다'고 생각하면	3
'대체로 그렇다'고 생각하면	4
'아주 그렇다'라고 생각하면	5

를 왼쪽 빈칸에 써 넣으세요.

___ 1. 나는 이루고자 하는 구체적인 꿈이나 소망이 있다.

___ 2. 나는 인간관계가 원만하다.

___ 3. 나는 집단 속에서 사람들을 웃기거나 재미있게 할 수 있는 능력이 있다.

___ 4. 나는 나의 외모에 만족한다.

___ 5. 나는 문제해결을 할 수 있는 능력이 있다.

___ 6. 나는 상황 파악에 민감하다.

___ 7. 나는 아무리 어려운 상황에서도 좌절하지 않는다.

___ 8. 주위 사람들이 나에 대해 마무리를 잘한다는 평가를 한다.

___ 9. 나는 인생에서 달성하고자 하는 구체적인 목표가 있다.

___10. 나는 사람들을 좋아하고 낯선 사람들과 친해질 수 있다.

___11. 나는 이성 관계에서 상대방을 리드할 능력이 있다.

___12. 나는 외모가 성공을 위해 중요하다고 본다.

___13. 나는 어려운 상황을 헤쳐 나갈 수 있는 능력이 있다.

___14. 주위 사람들이 나에 대해 둔하다고 한다.

___15. 나는 인내심이 매우 강한 사람이다.

___16. 나는 맺고 끝내는 것을 확실히 한다.

번호	1	9	2	10	3	11	4	12	5	13	6	14	7	15	8	16
점수																
합계																
성공 조건	꿈		끈		끼		꼴		꾀		낌		깡		끝	

* 14번은 역채점(reverse scoring)

〈실습지 2〉

나의 특성 체크리스트

(James, 1971)

※ 다음 문항을 읽고, 나의 특성에 해당하는 항목에는 √표를 하고 그렇지 않을 때는 ×표를 확실치 않을 때는 ?표를 해 봅시다.

___ 나 자신을 좋아한다	___ 직장을 구할 수 없다
___ 나 자신을 믿는다	___ 다른 사람이 무섭다
___ 다른 사람들은 나를 믿는다	___ 늘 잘못될 거라 말한다
___ 긍정적인 면을 잘 지적한다	___ 사람을 좋아하지 않는다
___ 바른 말을 하는 편이다	___ 나의 성이 마음에 들지 않는다
___ 나 자신이 좋다	___ 인생에 실망감을 느낀다.
___ 미래가 희망적이다	___ 사람들과 어울리는 것이 싫다
___ 나의 재능을 활용한다	___ 다른 사람들에게 아이디어를 의존한다
___ 나 자신에 대해 생각한다	___ 사회문제에 관심이 없다
___ 내 감정을 안다	___ 사람들은 나를 좋아한다
___ 일을 잘 한다	___ 자신을 이해하지 못한다
___ 시간을 잘 활용한다	___ 사람들이 나를 피한다
___ 삶을 즐긴다	___ 자신을 조절하는 데 문제가 있다
___ 자연을 좋아한다	___ 내 자신이 싫다
계(　　)	계(　　)

모듈 2 : 나는 정말 누구인가?(구조분석)

1) 개요

<table>
<tr><td>2차시</td><td>나는 정말
누구인가?</td><td>운영
방법</td><td colspan="3">전체집단(부부)을
중심으로 진행한다.</td></tr>
<tr><td>활동
목표</td><td colspan="5">- PAC 세 가지 자아상태의 특징을 파악한다.
- 자신의 PAC 내용이 무엇인지 탐색한다.</td></tr>
<tr><td>과정</td><td colspan="3">활동내용</td><td>시간
(분)</td><td>자료 및
준비물</td></tr>
<tr><td>도입</td><td colspan="3">- 65억 명 가운데 나
- Who am I?</td><td>10</td><td>생일빵 사례</td></tr>
<tr><td>전개</td><td colspan="3">- 자아상태란?
- P자아상태
- A자아상태
- C자아상태
- 실습
- 사례 제시를 통한 자아상태의 이동</td><td>35</td><td>성격의
구조분석
(실습지 3)</td></tr>
<tr><td>정리</td><td colspan="3">- 건강한 자아상태란</td><td>5</td><td></td></tr>
<tr><td>차시
예고</td><td colspan="5">- 자아의 기능분석</td></tr>
<tr><td>유의점</td><td colspan="5">- 건강한 자아상태와 병리적 자아상태의 차이를 유념한다.</td></tr>
</table>

2) 내용

(1) 도입(10분)

① 진행방법

- 전체 집단을 하나로 진행한다.
- 활동 내용과 활동 목표를 설명한다.

② 준비물 : 없음

③ 강의내용

- 이 지구상에는 65억이 넘는 사람들이 생활하고 있습니다. 그 많은 사람들 중에 나와 똑같은 사람이 있다고는 아무도 생각지 않을 것입니다. 혹 클론이라는 말을 들어보았겠지만 아직은 공상과학 영화에나 등장합니다. 그렇다면 나라는 존재가 이 지구상에 태어나 살아가는 이유는 무엇일까요? 아마 지난 시간에 '성공하기 위하여'(Born to win)라는 말을 모두들 기억할 것입니다. 우리 모두는 진정한 의미의 성공을 향해 노력해야 할 것입니다. 그렇다면 성공의 주인공인 우리는 과연 어떤 존재일까요?
- 인생을 살면서 우리는 삶, 죽음, 인생, 성공, 실패, 미래, 진로, 꿈, 적성, 개성, 능력 등 여러 가지 고민거리로 가득합니다. 그러한 고민은 '나는 누구일까?'(Who am I?)라는 질문에 답하는 것입니다. 일찍이 철학자 소크라테스는 '너 자신을 알라'라고 하였습니다만 자신에 대해 안다는 것은 무척 어려운 일입니다.
- 그래서 오늘 이 시간에는 세상에서 유일무이한 존재인 나는 정말

어떤 사람인지 살펴보도록 하겠습니다.

(2) 전개(35분)

① 진행방법

- 전체 집단을 하나로 진행한다.
- 실습지를 중심으로 활동을 진행한다.

② 준비물 : 성격의 구조분석(실습지 3)

③ 강의내용

- 교류분석(TA)이라는 상담기술을 창안한 미국의 Eric Berne(에릭 번) 교수는 '나는 누구인가?', '나는 왜 이렇게 행동하는가?', '내 성격은 어떠한가?'에 대한 질문에 대해, 자아상태 현상에 기초하여 인간의 사고, 행동, 감정을 분석하였답니다.
- E. Berne는 우리의 성격이 어버이 자아상태(P), 어른 자아상태(A), 어린이 자아상태(C)라는 세 가지 자아상태로 구성되어 있다고 보았습니다. 그리고 각 자아상태는 각각 고유한 사고와 행동과 감정으로 이루어졌다고 하였습니다.
- 먼저 오늘 하루 동안 나의 생활을 잠시 눈을 감고 되돌아봅시다. 아침에 자리에 일어나서 지금 이 순간까지 나의 생활을 되돌아보면, 그 가운데 옛날 부모님 또는 부모님과 같은 권위적 인물들을 그대로 본뜬 듯한(copy) 행동이나 사고나 감정을 나타낸 적은 있는지요? 있다면 그것은 바로 '어버이 자아상태(P)'라 말할 수 있습

니다.

- 또 내가 어릴 때 자주 했던 생각이나 행동이나 감정을 반복해서 (replay) 나타낸 적은 있는지요? 있다면 그것은 바로 '어린이 자아상태(C)'라 말할 수 있습니다.
- 그리고 지금 여기서(here-now) 내 주위에 일어나는 일에 직접적이고 객관적으로 행동하고 사고하고 감정을 드러낸 적은 있는지요? 있다면 그것은 바로 '어른 자아상태(A)'라 말할 수 있습니다.
- 단 여기서 말하는 어버이, 어린이, 어른은 실제의 부모, 성인, 아동을 말하는 것이 아니라 우리의 자아상태를 이해하기 쉽게 하기 위해 E. Berne이 고안한 용어랍니다.
- 여러분이 생각한 것을 실습지에 그대로 한 번 옮겨 봅시다.(실습지 3 배부)
- 이렇게 세 가지 자아상태를 통해 나의 성격을 분석하는 과정을 TA상담에서는 구조분석이라고 합니다. 그렇다면 이러한 성격은 고정되어 있을까요? 병리적 성격일 경우를 제외하고는 우리의 P, A, C는 특정 자아상태에서만 머물지 않고 끊임없이 이동합니다. 어느 자아상태에 많이 머무는가에 따라 그 삶의 특징을 드러냅니다.
- 예를 하나 들어 볼까요? 고등학교 1학년인 윤주는 중간고사를 치루고 주말을 맞아 모처럼 집에서 쉬려고 하는데 학원선생님으로부터 급하게 보강이 있다는 연락을 받았습니다. 윤주가 어떤 자아상태에 놓여 있는지 함께 체크해 볼까요?
- 모처럼 맞는 주말에 보강 있다는 학원 선생님의 이야기를 듣는 순간 윤주는 맥이 풀린 채 휴대폰를 탁 내려놓으며 아파서 못 간

다고 핑계댈 걸이라는 생각이 퍼뜩 들었다. 이 때 윤주는 어떤 자아상태에 놓여 있을까요? (C)

- 그러나 잠시 후 주말에도 쉬지 않고 보강해주시려는 선생님의 열정적인 모습을 생각하고는 짜증부리지 않고 학원에 가려고 마음을 먹었습니다. 왜냐하면 휴일에도 회사에 가서 열심히 일하는 아버지의 모습이 떠올랐기 때문입니다. 이 때 윤주는 어떤 자아상태에 놓여 있을까요? (P)
- 학원에 가기 위해 윤주는 승강장에서 버스를 기다리며 어떤 차가 오는 지, 버스 번호는 몇 번인지 계속 주시합니다. 이 때 윤주는 어떤 자아상태에 놓여 있을까요? (A)
- 주말이어서 그런지 버스가 제 때 도착하지 않고 계속 시간만 흐릅니다. 시계를 보니 가슴이 철렁 내려앉습니다. 이러한 감정은 어릴 때 늑장부리다 지각했을 때 선생님에게 벌받을까봐 두려웠을 때 자주 느꼈던 감정입니다. 이 때 윤주는 어떤 자아상태에 놓여 있을까요? (C)
- 그러나 윤주는 생각을 바꾸어, '선생님은 주말에 도로가 주차장처럼 변한다는 사실을 알고 계시겠지. 학원 선생님은 합리적이고 좋으신 분이니까..'하고 생각하니 마음이 안정이 됩니다. 이 때 어떤 자아상태로 이동했을까요? (A)
- 구조분석에 따르면, 모든 사람은 특정한 자극에 대해 서로 다른 자아상태의 방식으로 반응합니다. 이들 자아상태는 때로는 조화를 이루기도 하지만 때로는 갈등을 일으키기도 합니다. 예를 더 들면, 현대미술의 거장인 앙리 마티스(Henri Matisse)의 걸작품을 볼 때, P자아상태에서는 '세상에, 이게 도대체 뭐라는 거야', A자

아상태에서는 '작품가격이 50만불로 적혀 있네', C자아상태에서는 '우와, 이 환상적인 색깔!'과 같은 반응을 보이겠지요.

(3) 정리(5분)

① 진행방법

- 전체집단을 하나로 진행한다.

② 준비물 :

③ 강의내용

- 오늘 여러분은 자아상태의 구조분석을 공부하였습니다. 건강하고 균형 잡힌 성격이 되려면 세 자아상태를 모두 필요로 합니다. 우리가 부딪치는 문제를 해결하여 보다 유능하고 효율적인 삶을 살기 위해서는 A자아상태를 필요로 하구요. 사회에 적응하기 위해서는 P자아상태에서 가지고 있는 일단의 규칙을 필요로 합니다. 그리고 C자아상태에서는 어린 시절에 즐겼던 자발성, 창조성, 직관적 능력을 발휘할 수 있습니다.
- 지난 며칠 동안 나의 생활을 돌이켜보고, P와 C자아상태 가운데 적절하지 못했던 것은 어떤 것인지 다음 시간 까지 한 가지씩만 생각해 오기로 합시다.
- 다음 모듈에서는 여러분의 자아의 기능에 대해 살펴보는 시간을 갖도록 하겠습니다. 여러분, 수고 많았습니다.

〈실습지 3〉

성격의 구조분석

※ 지난 며칠 동안 나의 생활을 돌이켜 보고 다음 물음에 해당되는 것이 어떤 것인지 생각해 봅시다.

1) 부모님이나 부모님과 같은 권위적인 인물들의 생각이나 행동이나 감정을 본받아 그대로 따라 한 적은 없는가?

ㅇ

ㅇ

ㅇ

ㅇ

2) 어릴 때부터 자주 했던 생각이나 감정이나 행동을 한 적은 없는가?

ㅇ

ㅇ

ㅇ

ㅇ

3) 내가 과거의 영향을 받지 않고 현재에 가장 적절하고 효율적이라고 여겨지는 생각이나 행동이나 감정으로 바꾸려 한 적은 없는가?

ㅇ

ㅇ

ㅇ

ㅇ

모듈 3 : 나는 어떻게 행동하는가?(기능분석)

1) 개요

<table>
<tr><td>3차시</td><td>나는 어떻게
행동하는가?</td><td>운
영
방
법</td><td colspan="2">전체집단(부부)을
중심으로 진행한다.</td></tr>
<tr><td>활동
목표</td><td colspan="4">- 자아상태의 다섯 가지 기능을 학습한다.
- 다섯 가지 기능의 긍정적, 부정적 측면을 변별한다.</td></tr>
<tr><td>과정</td><td colspan="2">활동내용</td><td>시간
(분)</td><td>자료 및
준비물</td></tr>
<tr><td>도입</td><td colspan="2">- 전시 학습과제 상기
- ‘타타타’ 노래로 주의 집중</td><td>10</td><td>생일빵 사례</td></tr>
<tr><td>전개</td><td colspan="2">- 자아상태의 다섯 가지 기능 학습
- CP와 NP
- A
- FC와 AC
- 자아상태의 긍정적 측면과 부정적 측면</td><td>35</td><td>자아상태
파악연습
(실습지 4)</td></tr>
<tr><td>정리</td><td colspan="2">- 다섯 가지 자아상태 요약</td><td>5</td><td></td></tr>
<tr><td>차시
예고</td><td colspan="4">- 에고그램</td></tr>
<tr><td>유의점</td><td colspan="4">- 자아상태 파악연습이 시험으로 느끼지 않도록 안내한다.</td></tr>
</table>

2) 내용

(1) 도입(10분)

① 진행방법

- 전체 집단을 하나로 진행한다.
- 활동 내용과 활동 목표를 설명한다.

② 준비물 : 김국환의 '타타타' 노래와 노래 가사

③ 강의내용

- 지난 시간 우리는 자아상태의 구조에 대해 공부하였습니다. TA상담에 따르면 우리의 성격은 세 가지 자아상태로 구성되었다고 했는데 어떤 것인지 이야기해볼 사람?(발표자를 격려한다.) 그리고 우리의 자아상태 가운데 어버지 자아상태(P)와 어린이 자아상태(C) 가운데 적절하지 못했던 것 하나씩 생각해 오라고 했는데 이야기해볼 사람?(발표자를 격려한다.)
- 오늘은 프로그램에 앞서 여러분에게 들려주고 싶은 노래가 하나 있답니다. 잘 들어보고 가사 가운데 기억나는 것이 있으면 메모하기 바랍니다.
- 타타타를 들려주고 가사를 제시한다(PPT, 유인물).

네가 나를 모르는데 난들 너를 알겠느냐 한치 앞도 모두 몰라 다 안다면 재미없지 바람이 부는 날은 바람으로 비 오면 비에 젖어 사는 거지 그런거지 음 어허허 산다는 건 좋은 거지 수지맞는 장사잖소 알몸으로 태어나서 옷 한 벌은 걸쳤잖소 우리네 헛짚는 인생살이 한세상 걱정조차 없이 살면 무슨 재미 그런 게 덤이잖소

- 이 노래처럼 우리 인생은 참으로 복되다고 할 수 있지요. 그렇다면 긍정적인 자세를 가지고 자신의 성격이 어떻게 기능하는 지 한 번 살펴보도록 합시다.

(2) 전개(35분)

① 진행방법
- 전체 집단을 하나로 진행한다.
- 실습지를 중심으로 활동을 진행한다.

② 준비물 : 자아상태 파악연습(실습지 4)

③ 강의내용
- 지난 시간에 우리는 인간의 성격이 세 가지 자아상태로 구성되어 있다는 사실을 살펴보았는데, 구조분석에서는 자아상태가 어떤 것(What)이 있는가를 보여준다면, 기능분석에서는 이 세 가지 자

아상태가 어떻게(How) 사용되는 가를 보여줍니다. 예를 들어, 자동차 운전을 잘하려면 변속기 모양, 즉 구조를 잘 이해해야 될 뿐 아니라 각 기어 조작에 따라 속도와 방향, 즉 기능이 달라지는 것까지 알아야 하듯이 성격도 구조뿐 아니라 기능까지 알아야 합니다. TA에서는 세 가지 자아상태를 다섯 가지 기능으로 분석하는 것을 기능분석이라 합니다.

- A자아상태는 따로 기능을 나누지 않지만, P자아상태는 '통제적 어버이(Controlling Parent 또는 '비판적 어버이' Critical Parent, 줄여서 CP로 부름)'와 '양육적 어버이'(Nurturing Parent, 줄여서 NP로 부름)'라는 두 가지 기능으로 나눕니다. 또 C자아상태는 '자유로운 어린이(Free Child, 줄여서 FC로 부름)'와 '순응하는 어린이(Adapted Child, 줄여서 AC로 부름)'라는 두 가지 기능으로 나눕니다.
- 먼저 CP를 이해하기 위해서는 여러분의 어린 시절을 되돌아봅시다. 어린이들은 엉금엉금 기어 다니기 시작하면서부터 부모의 통제와 제재를 받기 시작합니다. 부모는 어린이들에게 '이렇게 해라, 저렇게 해라.' '이렇게 하면 안된다.'하고 하루에도 수없이 지시와 명령을 합니다. 또한 부모는 끊임없이 규칙이나 예의범절을 가르치고, 위험한 행동이나 규칙에 벗어난 행동을 하면 제지하고 통제합니다. 그리고 부모의 말을 듣지 않거나 부모가 설정한 기준에서 벗어나면, 꾸짖기도 하고 질책하기도 하고 비판하기도 합니다. 부모는 또한 자녀에게 대한 기대뿐 아니라, 자기네 견해와 신념과 가치와 때로는 편견까지 전달합니다. 이와 같이 부모나 어른들의 가르침과 통제를 본받아 다른 사람들을 가르치고 통제하고 비판

하는 기능을 CP라 합니다.

- 부모는 자녀들의 행동을 통제하고 비판하기만 하는 것은 아닙니다. 부모는 자녀들의 신체적 정서적 욕구를 충족시켜 주기도 합니다. 배가 고플 때 먹여주고 힘들고 어려울 때 달래 줍니다. 어린이는 부모의 따뜻한 보호와 배려 속에 자랍니다. 부모는 온정과 애정을 표현하고, 위로와 칭찬과 지지와 격려를 하기도 합니다. 아버지나 어머니는 머리를 쓰다듬어 주고, 등을 도닥거려 주고, 껴안고 입 맞춰 주기도 하고, 침대 옆에서 자상하게 동화를 읽어주기도 합니다. 그리고 넘어져서 무릎이 벗겨졌을 때에는 쫓아와 어루만져 주고 반창고를 붙여 주기도 합니다. 이와 같이 부모가 보여준 행동을 본받아 남을 도와주거나 온정과 지지와 격려를 표현할 때에는 NP가 기능하는 것입니다.
- A는 P나 C와 같이 과거의 영향을 받지 않고, 성장한 사람으로서의 자기 능력을 동원하여 '지금 여기에서'의 상황에 대해 가장 직접적이고 적절한 반응을 하는 것을 말합니다. 즉 A자아상태에서는 사실 또는 현실에 입각하여 지각하고 정보를 수집하며, 객관적인 입장에서 사고와 추리를 하여 의사결정을 합니다. 따라서 효율적인 문제해결을 위해서는 A의 기능이 활성화되지 않으면 안됩니다. 이와 같이 A 자아상태는 현재의 상황에 적응하기 위한 일단의 자주적인 감정과 태도와 행동으로 특징지어집니다. A는 현재의 상황에 효율적으로 적응하기 위해, P와 C 두 자아상태에서 오는 정보가 현재의 상황에 적절한지 적절하지 못한지 판단을 하며, 자아상태들 간의 갈등과 긴장을 중재하는 역할도 합니다. 특정 상황에서 발생하는 P나 C의 반응이 현재에 적절하다고 판단될 때에

는 이를 표현케 하지만, 현재의 상황에 적절하지 않다고 판단될 때에는 이를 통제하여 보다 적절한 내안을 찾는 것도 A의 기능입니다.

- 내가 어린 시절에 자주 했던 사고나 행동이나 감정을 나타내는 것은 C자아상태입니다. 어린이가 처음 태어날 때에는 그 어떤 것에도 구애를 받지 않고 하고 싶은 대로 하지요. 배가 고플 때에는 울고, 가지고 싶은 것이 있을 때에는 떼를 씁니다. 주위 사람들이 제지를 할 때에는 화를 내거나 앙탈을 부립니다. 동화책이 재미있어서 시간가는 줄 모르고 읽습니다. 이러한 행동들은 다른 사람의 기분에 맞추기 위해서가 아니라, 바로 우리가 하고 싶은 대로 한 것입니다. 이와 같이 어느 누구의 제지도 받지않고 자기가 하고 싶은 대로 하던 아동기와 같이 행동할 때는 FC 상태입니다. FC는 '부모의 규칙(Parental rule)'이나 규제에 얽매이지 않던 아동기 시절의 행동을 재연하는 것입니다. FC는 우리 개인 속에 있는 훈련되지 않은 자발적 충동적 정서의 표현을 말합니다. FC는 그 어떤 것에도 구애받지 않는 자발적인 감정의 표현이요, 창조성의 원천이기도 합니다. FC를 '자연스러운 어린이(NC, Natural Child)'라고 부르기도 하지요.
- 우리는 어릴 때 이 세상에 적응하고 주위 사람들로부터 인정이나 칭찬을 받기 위해 우리 하고 싶은 대로 하지 못하고 부모나 주위 사람의 기대나 요구에 순응하지 않으면 안됩니다. 아버지와 함께 이웃 어른을 만났을 때 마음이 내키지 않더라도 인사를 해야 합니다. 마음대로 뛰어 놀고 싶어도 아버지가 집에 계실 때에는 어머니가 조용 하라고 타일렀기 때문에 아버지가 집에 계시는 날에

는 쥐죽은 듯 조용하게 보내야 했습니다. 때로는 화가 나거나 성질이 나도 부모에게 야단을 맞을까봐 참고 지냈지요. 이와 같이 부모의 기대에 순응하기 위해 취했던 행동양식을 재연할 때 AC 자아상태에 놓여있다고 하겠습니다. AC는 어릴 때부터 자기 마음 내키는 대로 행동하다가 주위로부터 야단이나 꾸중을 받았기 때문에, 주위의 눈치를 보며 주위의 기대에 부응하기 위해 발달하는 것입니다. 이와 같이 주위 사람이나 예의나 질서나 규칙이나 법에 맞추기 위해 자기 자신을 억제할 때 AC 상태에 놓이는 것입니다.

- 이런 자아상태는 모두 긍정적인 측면과 부정적인 측면을 다 지니고 있습니다. 가령, 부모가 자녀에게 예의범절을 가르치거나 위험을 막으려고 하거나 회사의 상사나 의사가 조직이나 건강에 이롭지 못한 행동을 통제할 때에는 긍정적인 CP입니다. 그러나 부모나 상사가 지나치게 비판적이어서 항상 자녀나 아랫사람을 경멸하고 디스카운트하고 가치를 떨어뜨리거나 부정적 자아개념을 심을 때에는 부정적인 CP라고 하겠습니다. 또 다른 사람들에게 따뜻한 관심과 온정과 배려를 나타내고, 남을 지지하고 격려하며, 남이 필요로 하는 도움을 줄 때 긍정적 NP입니다만 긍정적인 NP가 지나칠 때에도 부정적인 NP가 됩니다.
- 우리가 자라고 난 뒤에 우리 자신을 있는 그대로 표현할 수 있고, 자기주장을 할 수 있고, 또 자기개방을 할 수 있는 것도 FC 상태에서 입니다. FC는 생산적일 수 있고 또 삶의 즐거움을 경험하게 하는 긍정적인 부분도 있지만 질서나 도덕이나 규범을 무시하고 자기 하고 싶은 대로 행동하면 부정적 FC가 됩니다.
- 이 세상에 적응하고 또 남들로부터 인정받고 수용되기 위해서는

질서와 규칙과 규범을 따라야 긍정적 AC도 있지만 어린 시절 부모가 말할 때 나서다가 야단을 많이 맞고 자라고 난 뒤에도 아동기 때와 같이 남 앞에 나서기를 두려워하고, 남 앞에서 자기 의견을 개진할 때 얼굴이 붉어지고 말을 더듬는다면 부정적 AC라 할 수 있지요.

- A 자아상태에서도 사실에 따른 객관적, 논리적, 합리적 주장은 긍정적이겠지만 냉담하거나 너무 기계적이고 무감각하며 로봇 같은 자아상태는 부정적 A 자아상태라 할 수 있답니다.
- 이런 설명을 바탕으로 다음 실습지의 사례를 한번 살펴보도록 합시다.(실습지 4 제시)

(3) 정리(5분)

① 진행방법

- 전체집단을 하나로 진행한다.

② 준비물 : 없음

③ 강의내용

- 오늘 여러분은 자아상태의 기능분석을 공부하였습니다. 비판적 어버이 자아상태인 CP, 양육적 어버이 자아상태인 NP, 어른 자아인 A, 자유로운 어린이 자아상태인 FC, 순응하는 어린이 자아상태인 AC를 살펴보았습니다. 좀 더 구체적인 분석은 다음 모듈에서 다루고자 합니다.

- 지난 며칠 동안 나의 생활을 돌이켜보고, 다섯 가지 자아상태가 건설적이지 못했던 것은 어떤 것인지 다음 시간까지 한 가지씩만 생각해 오기로 합시다.
- 다음 모듈에서는 여러분의 마음 그림, 에고그램에 대해 살펴보는 시간을 갖도록 하겠습니다. 여러분, 수고 많았습니다.

〈실습지 4〉

자아상태 파악 연습

※ 다음 각 문항의 말이나 행동이 자아상태의 다섯 가지 기능 중 어느 기능에 속하는지 살펴보고, CP+, CP-, A+, A-, FC+, FC-, AC+, AC-를 적어 넣는다.

1. 손님이 다들 잠을 청하고 있는 야간열차에서 휴대폰으로 친구의 전화를 받곤 깔깔 웃으며 장난을 친다.(　　　)

2. 아이가 이웃 어른에게 버릇없이 굴 때 어머니는 그렇게 하지 못하도록 엄하게 타이른다.(　　　)

3. 어머니가 사준 새 옷을 입고 신이 난 소녀는 모델처럼 방을 한 바퀴 돌면서 "엄마. 나 예쁘지 그지?"하고 애교를 부린다.(　　　)

4. 이이기 자기 딴에는 열심히 공부를 하는 데에도 어머니는 "제까짓 게 해봤자 얼마나 하겠느냐"고 비난하기 일쑤다.(　　　)

5. 야자를 마치고 몸이 몹시 피곤했지만 흔들리는 버스에 서서 몸을 가누지 못하는 할머니에게 자리를 양보한다.(　　　)

6. 아이가 이마에 피를 흘리며 울고 들어오는데 어머니는 어디서 어떻게 놀다가 다쳤는지 캐묻기만 한다.(　　　)

7. 밤늦게까지 공부한다고 책상에 앉아 있는 아이를 보고 아버지가 "피곤할 텐데 이제 좀 자라."하고 머리를 쓰다듬는다.(　　　)

8. 어머니는 한 살 일찍 학교에 들어간 아이가 안쓰러워 숙제란 숙제는 모조리 대신 해 준다.(　　　)

9. 가족이 함께 산행을 갔다가 빨갛게 물든 단풍을 보고 "아휴~ 어쩌면 저렇게 예쁠까!" 하고 탄성을 지른다.(　　　)

10. 지하철을 타고 남이야 쳐다보든 말든 껌을 "짝짝" 씹고 있다.(　　　)

모듈 4 : 나의 마음 그림(에고그램)

1) 개요

<table>
<tr><td>4차시</td><td>나의 마음 그림</td><td>운영
방법</td><td colspan="2">전체 집단과 모둠별로 진행한다.</td></tr>
<tr><td>활동
목표</td><td colspan="4">- 자아상태의 다섯 가지 기능을 파악한다.
- 에고그램의 각 기능을 변화시킬 수 있는 전략을 수립한다.</td></tr>
<tr><td>과정</td><td colspan="2">활동내용</td><td>시간
(분)</td><td>자료 및
준비물</td></tr>
<tr><td>도입</td><td colspan="2">- 에고그램이란 무엇일까요?
- 모둠 나누기</td><td>10</td><td></td></tr>
<tr><td>전개</td><td colspan="2">- 청소년용 에고그램 체크
- 나의 에고그램 그래프 그리기
- 나의 에고그램 소개하기(모둠별)
- 에고그램 해석하는 방법
- 에고그램 우위형 특징 소개
- 에고그램 열위형 특징 소개
- 다섯 가지 자아상태 성장 촉진법</td><td>35</td><td>청소년용
에고그램
(실습지 5)</td></tr>
<tr><td>정리</td><td colspan="2">- 자녀의 에고그램 체크해오기</td><td>5</td><td></td></tr>
<tr><td>차시
예고</td><td colspan="4">- 자아상태 파악</td></tr>
<tr><td>유의점</td><td colspan="4">- 에고그램 체크 작업시 희망하거나 기대하는 모습을
선택하지 않도록 유념해서 지도한다.</td></tr>
</table>

2) 내용

(1) 도입(10분)

① 진행방법

- 전체 집단을 하나로 진행한다.
- 활동 내용과 활동 목표를 설명한다.

② 준비물 : 없음

③ 강의내용

- 지난 시간 우리는 자아상태의 다섯 가지 기능에 대하여 알아보았습니다. 그런데 이 다섯 가지 기능이 어느 정도 사용되고 있는지 즉 나의 성격 가운데 어떤 부분이 나의 사고, 행동, 감정을 주도하는지, 그리고 남들과 상호작용하는 지 많이 궁금할 것입니다. 그래서 미국의 TA 전문가인 두세이(Dusay)는 자아상태의 다섯 가지 기능이 차지하고 있는 에너지의 양을 나타낼 수 있는 직관적 방법을 고안했는데, 이것을 에고그램(egogram, 자아도표)이라 합니다. 여기서 에고란 자아를 뜻하며, 그램은 눈으로 확인할 수 는 도량형 수치를 말합니다. 따라서 에고그램을 통해 우리의 마음을 잘 살펴볼 수 있답니다.

(2) 전개(35분)

① 진행방법

- 전체 집단을 모둠(6~8명을 한 모둠)으로 나누어 진행한다.
- 실습지를 중심으로 활동을 진행한다.

② 준비물 : 청소년 에고그램(실습지 5)

③ 강의내용

- 배부된 청소년용 에고그램을 체크해 봅시다. 자녀의 에고그램을 알기 위해서는 각 문항을 읽어보면서 현재 자녀가 생각하고 느끼며 행동하는 그대로 솔직하게 답하면 됩니다. 평소 자녀의 행동을 생각하면서 너무 가벼운 마음으로 체크 해 봅시다.
- 체크가 끝난 부모는 제일 뒷면의 빈 칸에다 각 줄마다 여러분이 써 넣은 점수의 합을 각각 써 넣으세요. 즉 CP, NP, A, FC, AC라고 적힌 빈칸에 각각의 점수를 적으면 됩니다. 혹 덧셈에 자신이 없으면 휴대폰의 계산기를 이용해도 됩니다.
- 점수가 모두 합산된 부모는 제일 뒷면의 하단에 위치한 나의 에고그램에다 그래프를 그려보기 바랍니다. 각 점수에 해당하는 선위에 각각 점을 찍어 5개의 점을 서로 연결하여 꺾은선 그래프를 그려보기 바랍니다.
- 에고그램을 해석하는 방법은 각 자아의 점수의 높낮이를 비교해가면서 자신의 높은 자아, 낮은 자아를 확인하는 것입니다. 특히, CP와 NP, FC와 AC의 점수를 각각 비교하고 이들 점수와 A 점

수를 비교해서 자신의 성향을 분석해 볼 필요가 있습니다. 예를 들어, CP가 NP보다 높다면, 타인을 따뜻하게 감싸주기보다는 냉철하고, 철저하고, 다른 사람에게 규율을 강조하고 다소 독선적이며 자신의 주장이 강한 성향이라 할 수 있고, NP가 높다면 따뜻하고 다른 사람을 위로하거나 배려해 주기를 좋아하고, 타인이 원하든 원하지 않든 그 사람을 도와주려는 마음이 강하다고 할 수 있습니다. 한편 FC가 AC보다 높다면 자유분방하고 창의적이며, 다소 고집도 강한 편이지만, AC가 높다면 다른 사람에게 의존적이며 다른 사람의 의견에 무조건 수긍하는 편이라고 할 수 있습니다. A가 높다면 현실적이고 앞뒤 상황을 잘 따져보면서 행동하는 편이라고 할 수 있습니다.

- 위에서 예를 든 것처럼 자녀의 에고그램을 보면서 자녀의 성향을 해석해 보고, 그것을 먼저 부부끼리 서로 확인 한 후 모둠 안에서 돌아가면서 발표해 보도록 합시다.
- 각 우위형의 특징을 소개하면 다음과 같습니다. 먼저 다섯 가지 기능 중 가장 많이 사용하는 기능이 여러분 자녀의 주기능이 됩니다. 첫째, CP 우위형은 이상이 높고, 원칙을 중시하고, 위계와 질서를 중시합니다. 부정적으로 사용하면 권위주의적, 비판적, 독선적, 타인부정적 성격을 드러냅니다. 둘째, NP 우위형은 이해와 수용이 높고 남을 돌보기 좋아하고 타인 긍정적이죠. 부정적으로 사용하면 간섭과 침범이 심해 상대방을 질식시키기도 하죠. 셋째, A 우위형은 사실에 입각해 지각하고 객관적, 합리적, 논리적이며 과거 편견이나 정서에 잘 지배되지 않습니다. 부정적으로 사용하면 정서가 결여되어 냉정하고 인간미가 없습니다. 넷째, FC 우위

형은 자발적이고 자유분방하며 삶을 즐기고 창조적, 자기 긍정적입니다. 부정적으로 사용하면 충동적이고 자기 기분 내키는 대로 행동합니다. 마지막으로 AC 우위형은 타인에게 동조적이고 타인의 입장을 중시하고 타인의 눈에 들고 싶어 합니다. 부정적으로 사용하면 맹목적으로 순종하거나 뒤에서 반항하는 특징이 있습니다.

- 다음은 어느 기능이 가장 활용되지 않고 있는지 살펴봅니다. 첫째, CP가 가장 낮으면 타인이나 사회를 비판할 줄 모릅니다. 남에게 이용당하거나 멸시받기 쉽습니다. 둘째, NP가 가장 낮으면 타인에게 관심이나 동정이 없고 칭찬할 줄 모르며 남과 관계를 잘 맺지 못합니다. 셋째, A가 가장 낮으면 사실에 입각해서 정보를 받아들이지 못하고, 과거 P와 C의 영향을 많이 받습니다. 비합리적이고 감정적이라 문제해결이 어렵죠. 넷째, FC가 가장 낮으면 자기표현을 할 줄 모르고 자신을 지나치게 억압하며, 즐길 줄 모르고 향락적인 것을 싫어합니다. 창의력과 직관력이 낮고 열의가 적습니다. 마지막으로 AC가 가장 낮으면 남이나 규범을 의식하거나 순응하는 일이 드물고 자기 고집대로 하며 융통성이 없는 편입니다.
- 사람들마다 자아상태는 이처럼 차이가 있습니다. 그런데 높은 자아상태를 낮추기보다 낮은 자아상태를 높이는 방법이 고무적입니다. 따라서 자아상태를 활성화하고 성장을 촉진시키는 법을 학습할 필요가 있습니다. 자아상태를 활성화시키는 방법은 다음과 같습니다.

- CP 촉진법(PPT, 유인물로 배부하면 좋습니다)
  - '나는 이렇게 생각한다' 등으로 자기 생각을 진술하거나 비판하는 연습을 한다.
  - 일단 마음먹은 일은 최후까지 깨끗하게 해치운다.
  - 가훈, 좌우명을 만든다.
  - 후배나 친구들의 잘못은 그 자리에서 교정한다.
  - 방송이나 신문기사에 대해 비판하는 글을 기고한다(예: 옴부즈맨, 모니터요원).
  - 등을 곧게 편다.
  - 시간이나 돈을 사용하는 데 엄격해진다.

- NP 촉진법
  - 아름답고 좋은 점을 칭찬한다.
  - 개인적인 관심을 자주 표시한다.
  - 자원 봉사활동을 계속 한다
  - 상대방의 부정적인 말이나 태도에 반응하지 않는다.
  - 친절한 마음가짐과 태도를 보인다.
  - 타인에게 부탁을 받으면 기분 좋게 받아들인다.
  - 상대방 입장에서 생각하려고 노력한다.

- A 촉진법
  - 감정이 높아져 있을 때 조금 생각할 여유를 둔다.
  - '언제, 어디서, 누가, 무엇을, 어떻게, 왜'로 말한다.
  - 찬성과 반대 양쪽의 의견을 경청한다.

- 정확하게 예산을 잡아 행동한다.
- 자율훈련법, 명상, 침묵 등 냉정하기 위한 훈련을 한다.
- 결과를 예측해서 문제 전체를 본다.
- 말하고 행동하고 싶은 것을 문장으로 진술한다.

- FC 촉진법
  - 대자연을 자주 접해 본다.
  - 만사에 강한 호기심을 갖는다.
  - 낙관적으로 생각하고 행동한다.
  - 유머, 농담을 즐긴다.
  - 예술(그림, 시, 음악 등)에 심취한다.
  - 오락(영화, 스포츠, TV, 노래방 등)을 즐긴다.
  - '나도 한 번 끼워 줘'라고 말해 본다.

- AC 촉진법
  - 남의 비위를 맞춘다.
  - 상대방의 마음에 들려고 노력한다.
  - 마음에 들지 않아도 시키는 대로 한다.
  - 속으로 불만이 있어도 겉으로 표현하지 않는다.
  - 남이 결정한 것에 따른다.
  - 주위를 의식하고 체면을 차린다.
  - 자기 감정을 억제한다.

(3) 정리(5분)

① 진행방법

- 전체집단을 하나로 진행한다.

② 준비물 : 청소년 에고그램 체크리스트 복사물

③ 강의내용

- 오늘 여러분은 에고그램에 대하여 공부하였습니다. 자아상태의 정신 에너지를 양으로 보기 위해 그래프로 나타낸 것이 에고그램입니다. 체크 결과 여러분 자녀의 성격을 어느 정도 맞춘 것 같아요? 100% 맞추면 족집게 도사지만 그것은 불가능하답니다.
- 에고그램 체크리스트를 가지고 가서 자녀에게 한번 직접 해 보라고 한 후, 자녀의 에고그램과 부모가 지각한 자녀 에고그램을 비교해 보고 어떤 일치와 차이가 있는 지 살펴봅시다.
- 다음 모듈에서는 여러분의 자아상태를 좀 더 잘 파악하는 법을 살펴보는 시간을 갖도록 하겠습니다. 여러분, 수고 많았습니다.

〈실습지 5〉

청소년 에고그램

(우재현, 1995)

다음 문항을 읽고, 각 문항의 내용이 자신의 생활과

'전혀 그렇지 않다'고 생각하면	1
'거의 그렇지 않다'고 생각하면	2
'그저 그렇다'고 생각하면	3
'대체로 그렇다'고 생각하면	4
'아주 그렇다'라고 생각하면	5

를 빈칸 □에 써 넣으세요.

1	다른 사람이 길을 물으면 친절히 가르쳐 준다.	■	□	■	■	■
2	무엇이든지 단정하지 않으면 마음이 불편하다.	□	■	■	■	■
3	남의 표정을 보고 행동하는 버릇이 있다.	■	■	■	■	□
4	화려한 것을 좋아한다.	■	■	■	□	■
5	독서를 좋아하고 지식으로 활용한다.	■	■	□	■	■

6	다른 사람이 잘못된 짓을 했을 때 좀처럼 용서하지 못한다.	□	■	■	■	■
7	친구나 후배에게 칭찬을 잘 하는 편이다.	■	□	■	■	■
8	어울려서 떠들거나 노는 것을 좋아한다.	■	■	■	□	■
9	공부가 잘 되지 않아도 화내기보다 침착하게 대처한다.	■	■	□	■	■
10	'와아!','좋다!','멋지다!' 등의 감탄사를 잘 쓰는 편이다.	■	■	■	□	■
11	싫은 것을 싫다고 말하지 못하고 참는 편이다.	■	■	■	■	□
12	남을 돌보는 일을 좋아한다.	■	□	■	■	■
13	무엇이든 착수하면 끝까지 하지 않고는 못 배기는 편이다.	□	■	■	■	■
14	먹을 것, 입을 게 없는 사람을 보면 적극적으로 도와준다.	■	□	■	■	■
15	미신이나 점치는 것 등은 믿지 않는다.	■	■	□	■	■
16	말하고 싶은 것이 있으면 적극적으로 표현한다.	■	■	■	□	■
17	속으로는 불만이지만 겉으로는 만족한 것처럼 행동한다.	■	■	■	■	□
18	부모의 눈치를 보거나 기분을 잘 살핀다.	■	■	■	■	□
19	공부나 일을 명확히 잘 처리해 나가는 편이다.	■	■	□	■	■
20	어머니나 아버지와 이성적으로 대화를 잘 하는 편이다.	■	■	□	■	■
21	평소 사양을 잘하고 소극적인 편이다.	■	■	■	■	□

22	몸 상태가 안 좋으면 왜 그런지를 알아보는 편이다.	■	■	□	■	■
23	남의 나쁜 점보다는 좋은 점을 보는 편이다.	■	□	■	■	■
24	자신을 책임감이 강한 사람이라고 생각한다.	□	■	■	■	■
25	동생이나 나이가 적은 사람을 귀여워하는 편이다.	■	□	■	■	■
26	낙담한 사람이 있으면 위로하거나 격려한다.	■	□	■	■	■
27	싫은 것은 싫다고 말한다.	■	■	■	□	■
28	자신의 생각을 양보하지 않고 끝까지 주장한다.	□	■	■	■	■
29	작은 일에도 슬픔이나 우울한 기분이 들 때가 많다.	■	■	■	■	□
30	친구들에게 무엇이든 사주기를 좋아한다.	■	□	■	■	■
31	공중도덕이나 예의범절을 잘 지키는 편이다.	□	■	■	■	■
32	그림을 그리거나 노래를 부르거나 하는 것을 좋아한다.	■	■	■	□	■
33	무엇이든 모르는 것이 있으면 남에게 묻거나 상의한다.	■	■	□	■	■
34	부모가 했던 것처럼 화내거나 지적하거나 한다.	□	■	■	■	■
35	참된 자신의 생각보다는 부모나 남의 말에 더 신경이 쓰인다.	■	■	■	■	□
36	남에게 농담하거나 짓궂게 장난치는 것을 좋아한다.	■	■	■	□	■
37	무잇이든 할 때 이해득실(利害得失)을 먼저 생각한다.	■	■	□	■	■
38	이성의 친구에게 자유롭게 말을 할 수 있다.	■	■	■	□	■

		CP	NP	A	FC	AC
39	항상 무리를 해서라도 남에게 잘 보이려고 노력하는 편이다.	■	■	■	■	□
40	도움을 요청받으면 “내게 맡겨라”하고 그 일을 처리한다.	■	□	■	■	■
41	처음 당하는 일이라면 잘 조사해 본 후에 시작한다.	■	■	□	■	■
42	무엇이든 부탁받으면 곧 하지 않고 질질 끄는 버릇이 있다.	■	■	■	■	□
43	“잘못했다, ”~하지 않으면 안된다“라는 표현을 한다.	□	■	■	■	■
44	욕심나는 것을 갖지 않으면 마음이 언짢은 편이다.	■	■	■	□	■
45	누가 잘못하거나 실수해도 책망하지 않고 용서한다.	■	□	■	■	■
46	무엇이든 결정할 때 여러 사람의 의견을 듣고 처리한다.	■	■	□	■	■
47	나는 열등감이 강한 편이다.	■	■	■	■	□
48	기쁘거나 슬플 때, 표정이나 몸짓으로 자유롭게 나타낸다.	■	■	■	□	■
49	시간이나 금전에 대해서 불확실한 것이 싫다.	□	■	■	■	■
50	내가 부모가 되었을 때, 아이를 엄격히 기르겠다.	□	■	■	■	■
		□	□	□	□	□

〈나의 에고그램〉

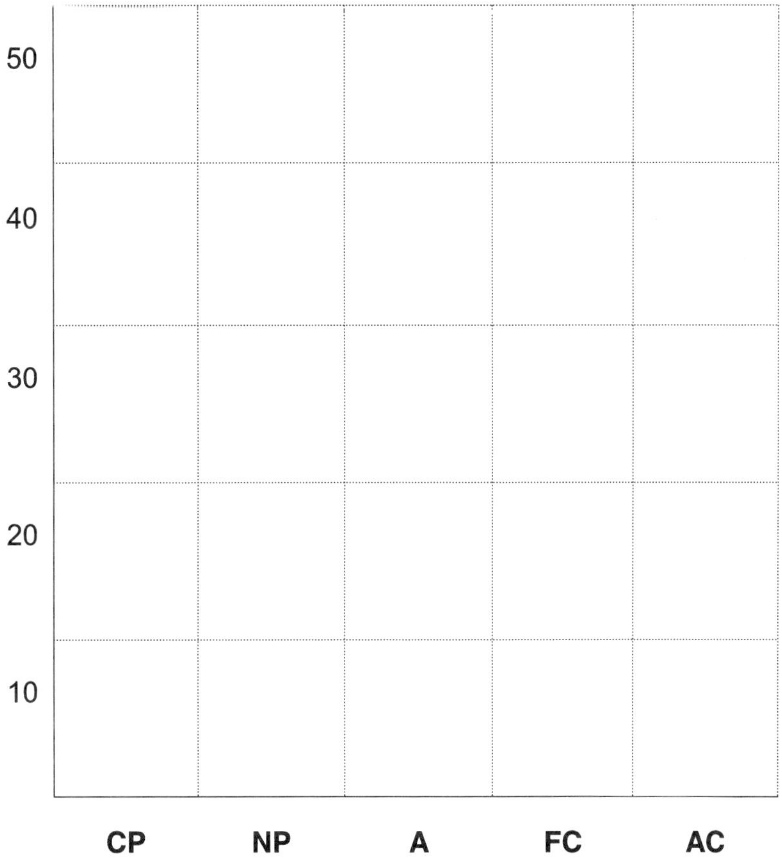

모듈 5 : 나를 알고 싶어요(자아상태 파악)

1) 개요

<table>
<tr><td>5차시</td><td>나를 알고 싶어요</td><td>운영
방법</td><td colspan="2">전체집단(부부)을 6-8명 정도의 모둠으로 나눈다.</td></tr>
<tr><td>활동
목표</td><td colspan="4">- 기능적 자아상태를 가리키는 말, 어조, 제스처, 자세, 얼굴표정의 특징을 변별한다.</td></tr>
<tr><td>과정</td><td colspan="2">활동내용</td><td>시간
(분)</td><td>자료 및
준비물</td></tr>
<tr><td>도입</td><td colspan="2">- 친구의 에고그램 발표와 피드백</td><td>10</td><td></td></tr>
<tr><td>전개</td><td colspan="2">- 자아상태를 파악하는 네 가지 방법
- 행동적 진단과 행동적 단서
- 나의 자아상태 기록하기
- 모둠별로 자아상태 발표하기
- 주제별 역할극 발표</td><td>35</td><td>자아상태
기록지
(실습지 6)</td></tr>
<tr><td>정리</td><td colspan="2">- 집행 자아와 실제 자아의 조화</td><td>5</td><td></td></tr>
<tr><td>차시
예고</td><td colspan="4">- 교류과정 분석</td></tr>
<tr><td>유의점</td><td colspan="4">- 각 모둠별로 다섯 가지 자아상태가 잘 드러나도록 골고루 역할극 주제를 정한다.</td></tr>
</table>

2) 내용

(1) 도입(10분)

① 진행방법

- 6~8명의 구성원으로 이루어진 모둠별로 진행한다.
- 활동 내용과 활동 목표를 설명한다.

② 준비물 :

③ 강의내용

- 지난 시간에 우리는 에고그램을 공부하였습니다. 자녀들의 에고그램을 조사하기로 했는데 해 보니까 어때요? 자녀들의 반응이 어떤지 무척 궁금한데, 소개해 볼 사람?(1~2명의 발표를 경청한다.)
- 오늘은 전통적으로 TA상담에서 정확한 판단 또는 진단을 강조해 온 자아상태의 파악에 대해 깊이 있게 살펴보겠습니다.

(2) 전개(35분)

① 진행방법

- 전체 집단을 모둠(6~8명을 한 모둠)으로 나누어 진행한다.
- 실습지를 중심으로 활동을 진행한다.
- 모둠별로 역할극을 준비해서 발표한다.

② 준비물 : 자아상태 기록지(실습지 5)

③ 강의내용

- 자아상태를 파악하는 방법으로는 행동적 진단, 사회적 진단, 역사적 진단, 현상학적 진단이 있는데, 자아상태를 보다 정확하게 파악하기 위해서는 네 가지 방법을 다 사용하는 것이 좋습니다. 그러나 무엇보다 중요한 것은 행동적 진단이며, 나머지 세 가지 방법은 행동적 진단 결과를 확인하는 수단으로 사용할 수 있습니다. 따라서 우리는 행동적 진단 위주로 살펴봅시다.
- 먼저 행동적 진단이란 상대방의 행동을 관찰하여 어느 자아상태에 놓여 있는지 파악하는 방법을 말합니다. 어떤 사람의 자아상태는 그 사람이 쓰고 있는 말, 어조, 제스처, 자세, 얼굴 표정을 통해 드러납니다. 물론 이러한 행동적 단서 외에도 숨소리나 심장 박동을 들어도 자아상태 파악에 도움이 됩니다. 한 사람의 기능적 자아상태를 파악하기 위해서는 여러 가지 단서를 한꺼번에 다 살펴보는 것이 좋습니다.
- 그렇다면 자아상태의 행동적 진단에 도움이 되는 것은 무엇일까요? 그것은 다음과 같은 전형적인 행동단서를 찾으면 자아상태를 파악하는 데 도움이 될 것입니다.
- 배부된 자아상태 기록지에다 먼저 CP 칸에는 나를 통제하거나 지시할 때 사용하던 부모와 어른의 행동을 모방하여 사용하는 행동적 단서를 적습니다. 둘째, NP 칸에는 남을 돌보고 온정을 표현하는 부모의 행동 양식을 본뜬 자기행동을 기록합니다. 셋째, A 칸에는 '지금 여기서'의 적절한 반응으로서의 행동을 기록합니다. 넷째, FC 칸에는 어린 시절 주위를 의식하지 않고 했던 행동들, 그리고 반항하지 않고 했던 행동들을 최근에 나타낸 일이 없는가

생각해 보고 있으면 기록합니다. 다섯째, AC 칸에는 어릴 때 자기 마음대로 하지 못하고 부모가 시키는 대로 순종할 때 나타냈던 행동을 재연했다면 그러한 행동을 기록합니다.

- 각자 작성한 기록지를 가지고 모둠별로 모여 가장 적절한 사례를 연출하여 역할극을 준비합니다. 각 모둠별로 다섯 가지 자아상태가 골고루 드러나도록 역할극 주제를 구분하면 더욱 좋습니다.

(3) 정리(5분)

① 진행방법

- 전체집단을 하나로 진행한다.

② 준비물 : 없음

③ 강의내용

- 오늘 여러분은 자아상태를 구체적으로 파악하는 법을 공부하였습니다. 역할극도 잘 준비하여 발표하였습니다. 중요한 것은 겉으로 드러나는 자아상태와 실제적인 자아 상태가 일치하여야 조화로운 성격을 지닌다는 점입니다. 겉으로는 A자아상태이면서도 속은 FC 자아상태라면 몸은 콩밭에 있지만 마음은 뽕밭에 있는 것이랑 같겠지요?
- 다음 모듈에서는 오늘 여러분이 공부한 자아상태를 통해 타인들과 어떻게 상호작용하는 지를 살펴보는 시간을 갖도록 하겠습니다. 여러분, 수고 많았습니다.

〈실습지 6〉

자아상태 기록지

※ 각 모둠별로 모여서 각자 CP, NP, A, FC, AC 상태에서 했던 사고나 감정이나 행동을 발표한다(role-play). 역할연기를 할 때, 각자가 지닌 기능상의 특징을 다음 표에 작성한다(기록지 확대 사용 가능).

단서 / 자아상태	말	어조	제스처	자세	얼굴표정
CP					
NP					
A					
FC					
AC					

모듈 6 : 우리들의 대화(교류)

1) 개요

<table>
<tr><td>6차시</td><td>우리들의 대화</td><td>운영
방법</td><td colspan="2">전체집단(부부)을 6-8명 정도의 모둠으로 나눈다.</td></tr>
<tr><td>활동
목표</td><td colspan="4">- 상보, 교차, 이면교류의 차이를 파악한다.
- 자신의 교류패턴을 확인하고, 타인과 성숙하게 교류하는 방안을 모색한다.</td></tr>
<tr><td>과정</td><td colspan="2">활동내용</td><td>시간
(분)</td><td>자료 및
준비물</td></tr>
<tr><td>도입</td><td colspan="2">- 귓속말 전달 실험
- 커뮤니케이션의 중요성 인식하기</td><td>10</td><td>20자 내외
문장</td></tr>
<tr><td>전개</td><td colspan="2">- 교류과정과 커뮤니케이션
- 상보교류
- 교차교류
- 이면교류
- 성숙한 커뮤니케이션 방법 탐색하기</td><td>35</td><td>상보교류 및
교차교류
연습지
(실습지 7, 8)
모둠별
교류패턴
실습지
(실습지 9)</td></tr>
<tr><td>정리</td><td colspan="2">- 커뮤니케이션의 세 가지 법칙</td><td>5</td><td></td></tr>
<tr><td>차시
예고</td><td colspan="4">- 스트로크를 통한 상호인정 기술 배우기</td></tr>
<tr><td>유의점</td><td colspan="4">- 지도자는 상보교류 및 교차교류 연습지의 답을 사전에 잘 준비하여, 참가자의 반응을 돕도록 한다.</td></tr>
</table>

2) 내용

(1) 도입(10분)

① 진행방법

- 6~8명의 구성원으로 이루어진 모둠별로 진행한다.
- 활동 내용과 활동 목표를 설명한다.

② 준비물 : 20자 내외 문장

③ 강의내용

- 지난 시간에 우리는 자아상태의 파악을 공부하였습니다. 오늘은 TA상담의 핵심이라 할 수 있는 TA 커뮤니케이션을 다루고자 합니다.
- 먼저 커뮤니케이션의 중요성을 확인하기 위해 간단한 실험을 하도록 하겠습니다. 각 모둠 가운데 맨 앞사람은 앞으로 나오세요. 제가 제시하는 문장(20자 안팎)을 1 분 내로 외운 다음, 뒤에 있는 모둠 구성원에게 귓속말로 한번만 전달하세요. 혹 상대방이 못 알아 들어서 묻더라도 절대로 다시 말해서는 안 됩니다. 다른 모둠원들이 엿들어도 실격입니다.(이처럼 계속하여 맨 뒤의 모둠원에게 전달하게 한다. 맨 뒤의 모둠원은 앞으로 나와서 전해들은 내용을 칠판에 크게 쓰게 한다. 지도자는 처음에 제시한 문장과 비교해서 차이를 알려준다)
- 차이가 많이 나는 이유를 찾아보도록 하고 느낀 점을 발표하게 한다.

(2) 전개(35분)

① 진행방법

- 전체 집단을 모둠(6~8명을 한 모둠)으로 나누어 진행한다.
- 실습지를 바탕으로 모둠별 활동을 진행한다.

② 준비물 : 교류패턴 기록지(실습지 5, 6, 7)

③ 강의내용

- 길을 가다 친구를 만났습니다. 나는 반가워서 '요즘 어떻게 지냈니? 보고 싶었어!'하고 말을 건넸습니다. 그러자 친구도 '그래 나도 궁금했어! 그 동안 어떻게 지냈어?'하고 대답했습니다. 이 때 두 사람은 서로 교류를 한 것입니다. 오늘 프로그램을 시작할 때, 우리는 서로 인사를 나누었습니다. 이처럼 말문을 여는 자극과 대답하는 반응을 TA상담에서는 '교류(TA proper)'라 합니다.
- TA에서는 교류의 유형을 다음 세 가지로 나눕니다. 상보교류, 교차교류, 이면교류가 그것입니다. 용어가 좀 어렵고 생소하지만 설명을 잘 들으면 이해가 될 것입니다.
- 먼저 상보교류를 예를 통해 알아봅시다. 어머니가 아들에게 지금 '몇 시냐?'고 물었더니 아들은 '세시 삼십 분입니다.'하고 대답했습니다. 어머니와 아들은 둘 다 '지금 여기서'의 정보를 교환했기 때문에, A자아상태에서 자극과 반응을 주고받은 것이지요. 얼굴 표정이나 목소리를 보아도 A자아상태입니다. 이와 같이 자극과 반응이 서로 평행선을 이루는 교류를 상보교류라고 합니다. 상보교

류란 자극과 반응이 평행을 이루고, 자극을 보내는 사람이 상대방에게서 기대했던 자아상태에서 반응이 올 때를 말합니다. 따라서 이러한 상황에서는 교류가 계속 이어질 수 있는 것이지요. 따라서 상보교류를 평행교류라고 부르기도 합니다. 물론 상보교류는 A자아상태 말고 다른 자아상태에서도 가능하답니다. 그렇다면 여러 가지 상보교류의 사례를 한번 찾아볼까요?(실습지 5 배부)

- 교차교류를 예를 통해 알아봅시다. 어머니가 욕실에서 빨래를 하면서 아들에게 시간을 물었습니다. 그런데 아들은 얼굴이 붉으락푸르락하며, '엄마는 눈도 안 달렸어? 귀찮게스리. 벽에 시계는 폼이 가'하며 핀잔을 주었습니다. 어머니는 시간이 궁금해서 A자아상태에서 메시지를 보냈지만 반응은 기대했던 자아상태에서 오지 않고 CP자아상태에서 나왔습니다. 이 때 어머니는 A자아상태에서 벗어나 '남편 복이 없는 여자가 자식복도 없다더니...'라고 푸념하면 FC자아상태로 바뀌는 것입니다. 이처럼 자극과 반응이 평행을 이루지지 못하고 어긋나는 교류를 '교차교류'라 합니다. 그렇다면 여러 가지 교차교류의 사례를 한번 찾아볼까요?(실습지 6 배부)
- 마지막으로 이면교류에 대해 살펴보겠습니다. 이면교류는 한꺼번에 두 가지의 메시지가 전달되는 경우입니다. 하나는 밖으로 드러난 사회적 수준의 메시지이고 또 하나는 속에 숨어있는 심리적 수준의 메시지, 또는 비밀 메시지입니다. 사회적 수준의 내용은 대부분 (A 대 A)의 교류인 것 같으나, 그 이면의 심리적 수준의 메시지는 (P→C) 또는 (C→P) 간의 교류인 경우가 대부분입니다. 학교에 지각한 학생에게 담임이 지금 몇 시냐고 물었더니 그 학

생은 시계를 쳐다보며 열 시라고 대답합니다. 서로 주고받는 말만 보면 (A 대 A)의 교류 같아 보입니다. 그러나 음성이나 표정과 같은 비언어적 단서들을 살펴보면, 담임은 눈살을 찌푸리고 책상을 치면서 신경질적인 소리로 묻습니다. 그 속에는 '요즘 학생들은 도대체 무슨 정신으로 학교에 다니는지 모르겠다'는 비난이 깔려 있습니다. 학생은 열 시라고 대답을 하지만, '자기는 술 먹고 늦은 적이 없느냐?'는 불만이 섞여 있습니다. 또 하나의 이면교류는 각진 교류로 한 사람이 A에서 A로 사회적 수준의 메시지를 전달하고 있지만, 그 속에는 A에서 상대방의 C로 보내는 비밀 메시지가 내포되어 있는 경우가 있습니다. 말하자면 상대방의 C에서 반응이 나오도록 자극을 가하는 것입니다. 예를 들면, 어느 세일즈맨이 고객에게 워낙 비싼 차라서 아무나 살 수 없다고 자극을 보내면 그 고객은 자신을 얕본다 싶어 얼른 물건을 충동 구매하는 경우에 자주 발생하는 교류입니다. 이런 이면 교류는 바람직하지 못한 커뮤니케이션이겠지요?

- 모둠별로 상보교류와 교차교류 연습지를 서로 발표해 본 후, (실습지 9)를 작업한다.

(3) 정리(5분)

① 진행방법

- 전체집단을 하나로 진행한다.

② 준비물 : 없음

③ 강의내용

- 오늘 여러분은 교류를 통한 커뮤니케이션 법칙을 공부하였습니다. 훌륭한 대화는 상대방이 기대하는 반응을 계속해서 제공하는 개방적 커뮤니케이션, 교류가 교차될 때 다른 자아상태로 이동하여 다시 상보교류를 이어 나가는 융통성있는 커뮤니케이션, 상대방의 심리적 메시지를 잘 파악하고 응답하는 커뮤니케이션이 필요하겠지요.
- 다음 모듈에서는 스트로크를 통해 서로 인정하는 시간을 갖도록 하겠습니다. 여러분, 수고 많았습니다.

〈실습지 7〉

상보교류 연습지

<연습> 다음과 같은 상보교류의 사례를 찾아봅시다.

1) (A→A), (A→A)

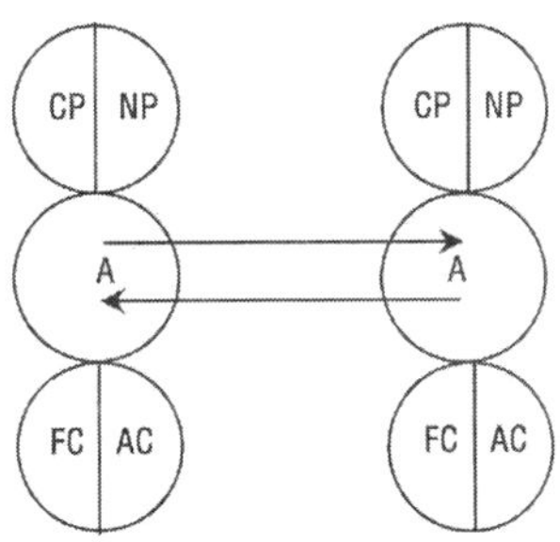

A :______________________________

B :______________________________

2) (NP→FC), (FC→NP)

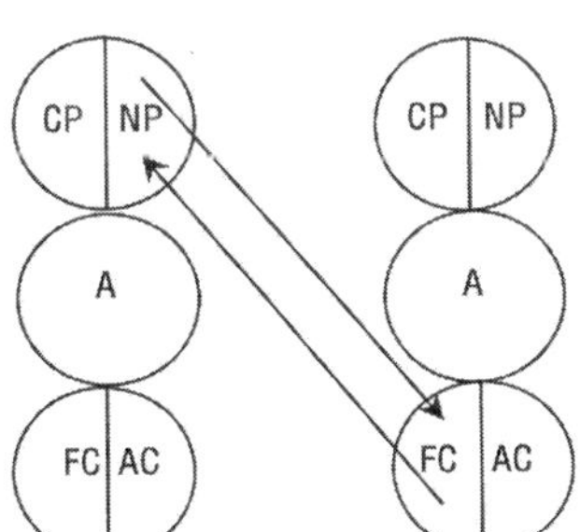

A : ______________________________

B : ______________________________

3) (CP→AC), (AC→CP)

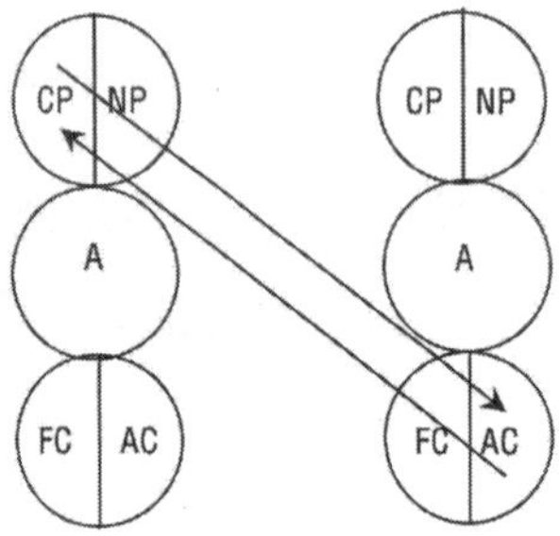

A : ______________________________

B : ______________________________

4) (FC→NP), (NP→FC)

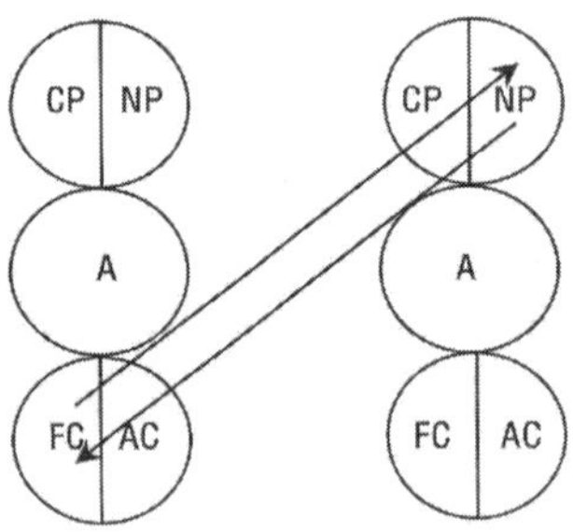

A : ___________________________

B : ___________________________

5) (FC→FC), (FC→FC)

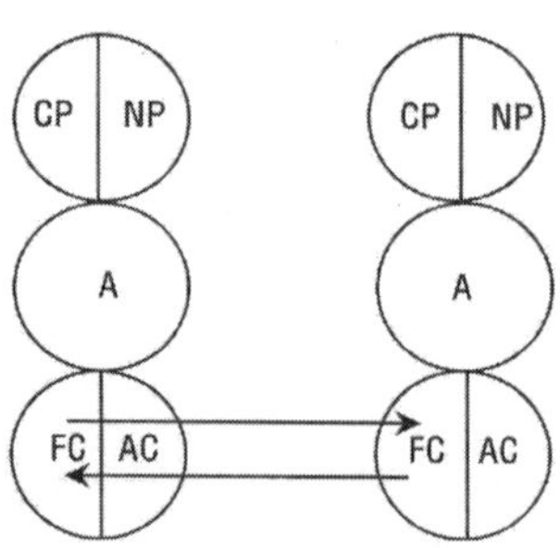

A : ___________________________

B : ___________________________

〈실습지 8〉

교차교류 연습지

<연습> 다음과 같은 교차교류의 사례를 찾아봅시다.

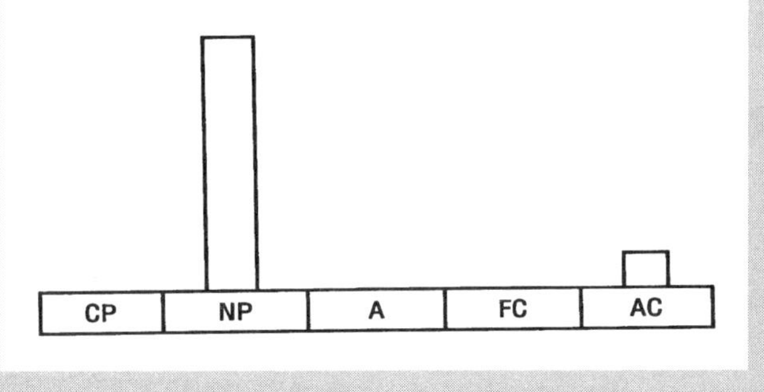

(그림 9-7) 가장 높은 기능과 낮은 기능

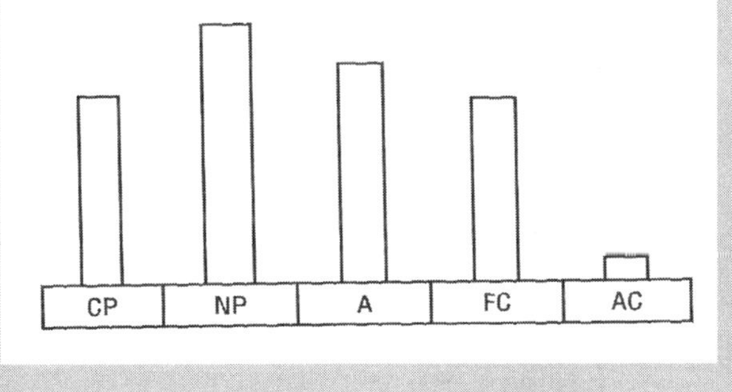

(그림 9-8) 나머지 기능 채우기

1) (A→A), (CP→AC) : 질문하는데 핀잔이나 비판

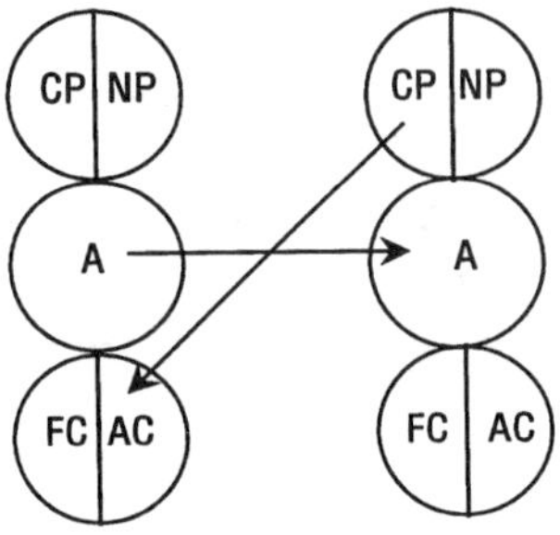

A : ______________________________

B : ______________________________

2) (A→A), (FC→NP) : 질문하는데 화를 내거나 성질부림

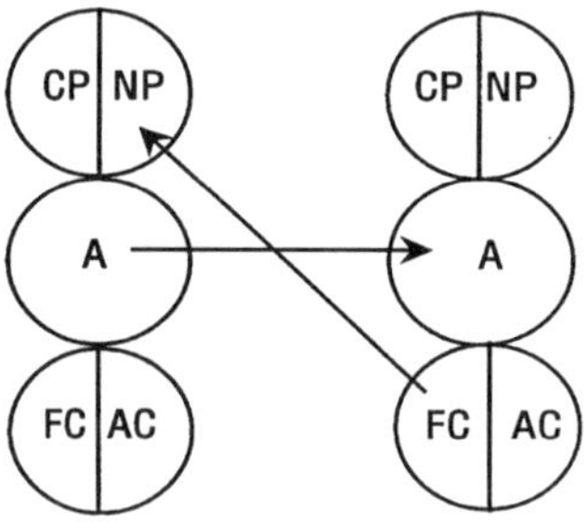

A : ______________________________

B : ______________________________

3) (CP→AC), (CP→AC) : 상호 비난이나 질책

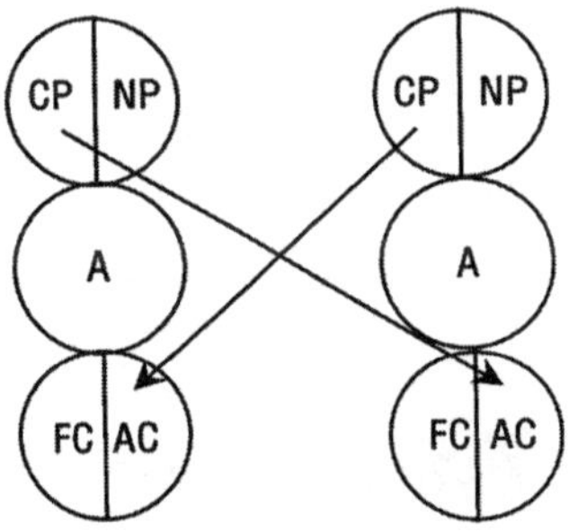

A : ______________________________

B : ______________________________

4) (FC→NP), (FC→NP) : 상호 불만 토로

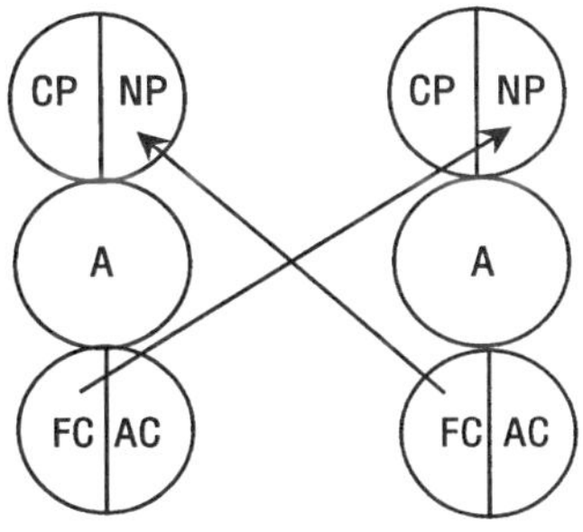

A : ______________________

B : ______________________

5) (FC→FC), (CP→AC) : 농담이나 유머에 비난 또는 질책

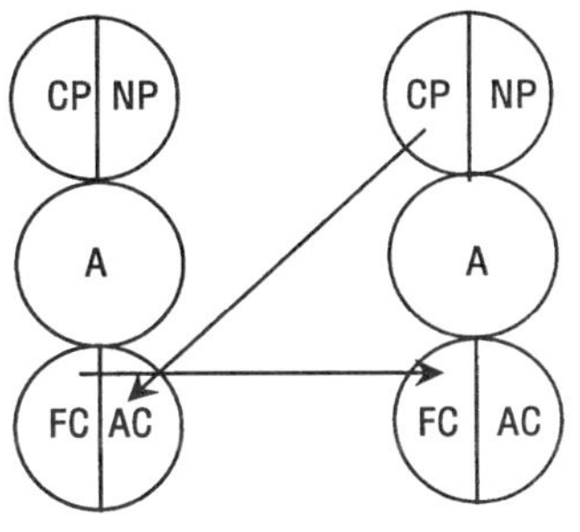

A : ______________________

B : ______________________

6) (CP→AC), (A→A) : 야단칠 때 차분하게 질문

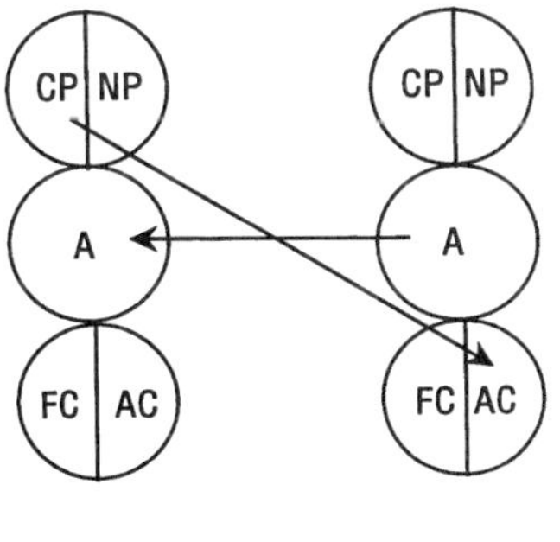

A : ______________________

B : ______________________

〈실습지 9〉

모둠별 교류패턴 실습지

※ 모둠 내에서 다음 사항을 발표하면서 토의합니다.

1. 상보교류, 교차교류, 이면교류 중 어떤 교류가 가장 효율적인가? 교차교류는 모두 해로운가?

 ○

 ○

 ○

2. 교류를 할 때 여러 가지 채널을 골고루 사용하는 편인가? 아니면 특정 채널을 주로 사용하는 편인가? 특정 채널을 주로 사용하고 있다면 그 채널은? 그리고 그 다음 사용하는 보조 채널은 무엇인가?

 ○

 ○

 ○

3. 교류를 할 때 특정 채널에 묶어 있다면 첫째 자신과 타인에게 어떤 불편을 초래하는가? 그리고 이러한 교류방법을 개선하기 위해 어떤 채널을 사용할 것인가?

 ○

 ○

 ○

모듈 7 : 서로 인정하기(스트로크)

1) 개요

<table>
<tr><td>7차시</td><td>서로 인정하기</td><td>운영 방법</td><td colspan="2">전체집단(부부)을 6-8명 정도의 모둠으로 나눈다.</td></tr>
<tr><td>활동 목표</td><td colspan="4">- 스트로크의 종류를 열거한다.
- 자신이 타인과 주고받는 스트로킹 프로파일을 작성하여 문제점을 분석한다.</td></tr>
<tr><td>과정</td><td colspan="2">활동내용</td><td>시간(분)</td><td>자료 및 준비물</td></tr>
<tr><td>도입</td><td colspan="2">- 전시학습 상기
- 모둠 구성</td><td>10</td><td></td></tr>
<tr><td>전개</td><td colspan="2">- 스트로크란?
- 스트로크의 중요성 : 수잔의 사례
- 스트로크의 종류
- 스트로크 경제
- 모둠별 스트로크 주고받기 실습</td><td>35</td><td>모둠별 스트로크 실습지 (실습지 10)</td></tr>
<tr><td>정리</td><td colspan="2">- 스트로크 은행 부자 만들기</td><td>5</td><td>스트로킹 프로파일 (실습지 11)</td></tr>
<tr><td>차시 예고</td><td colspan="4">- 시간의 구조화</td></tr>
<tr><td>유의점</td><td colspan="4"></td></tr>
</table>

2) 내용

(1) 도입(10분)

① 진행방법

- 전체 집단을 하나로 진행한다.
- 활동 내용과 활동 목표를 설명한다.

② 준비물 : 없음

③ 강의내용

- 지난 시간 커뮤니케이션과 관련하여 세 가지 교류 패턴을 공부하였지요? 한번 떠 올려 볼까요? 예, 맞았습니다. 상보교류, 교차교류, 이면교류입니다. 대화를 잘 하기 위해서는 상대방이 기대하는 반응을 제공하고, 교차가 어긋날 때는 다른 자아상태로 이동하여 계속 교류를 진행하며, 상대방의 심리적 메시지를 잘 간파하는 것이 필요 하다고 하였습니다.
- 오늘은 이러한 교류가 잘 이루어지기 위한 조건으로써 어떤 스트로크를 서로주고 받는 지 알아보도록 합시다.

(2) 전개(35분)

① 진행방법

- 6~8명의 구성원으로 이루어진 모둠별로 진행한다.
- 실습지를 바탕으로 모둠별 활동을 진행한다.

② 준비물 : 모둠별 스트로크 실습지(실습지 10)

③ 강의내용

- 오늘 프로그램 시작할 때 우리는 어떻게 인사를 나누었지요? 예, 그렇습니다. 여러분이 '안녕하십니까?'라고 인사할 때 저도 '반갑습니다. 지난 시간 잘 보냈습니까?'라고 대답했지요. 이처럼 서로를 주목하고 인정하면서 교류를 나누는 자극 또는 반응 모두를 TA 상담에서는 스트로크라고 부른답니다. 이 말이 자주 쓰이는 곳은 운동경기입니다. 즉 테니스코트에서 상대방이 스매싱한 공을 되받아치거나 또는 수영에서 팔을 한 번 앞으로 휘젓거나 조정경기에서 노를 한 번 젓는 것을 말하는데 이런 모든 것은 바로 자극과 반응을 설명한답니다. 우리말로는 '어루만짐', '토닥임', 또는 '쓰다듬기', '애무'로 번역하는 사람도 있지만 오해의 소지가 많기에 그냥 스트로크라는 말을 쓴답니다.
- 예를 한 번 들어보겠습니다. 『두 번째 기회』(Second Chance)라는 다큐멘터리 영화에 등장하는 수잔은 아버지가 병원에 버리고 간 22개월 된 신생아였답니다. 그 때 수잔의 몸무게는 5개월 아이의 평균인 6.8kg이고 키도 10개월에 해당하는 70㎝이며 옹알이도 잘못하는 상태였습니다. 아무리 병원 직원이 수소문해도 부모를 찾을 수 없자, 자원봉사자가 대리모가 되어 매일 6시간씩 돌보아 주었으며, 병원 의료진도 많은 관심을 보여주었답니다. 두 날이 지난 후 수잔은 어떻게 변했을까요? 몸무게는 3kg가 더 늘었으며, 키도 5㎝가 더 자랐답니다. 이제는 두려움 없이 낯선 사람과도 잘 지낸답니다. 이처럼 부드럽고 따스한 보살핌이 수잔에게 큰 변화

를 일으킨 것이지요.

- 번은 자극 없이는 살 수 없다는 사실을 강조하기 위해 '자극-기아' 라는 말을 사용했습니다. 인간이나 동물이 발달하기 위해서는 스트로크가 필수적이죠. 스피츠(Spitz)라는 학자는 아무리 시설이 좋은 보육원이라 하더라도 자극이 적은 환경 속에서 자란 어린이는 가난하지만 부모의 따뜻한 온정 속에 자란 아이보다 신체적으로나 정서적으로 문제가 많다는 사실을 강조하였습니다. "I'm OK, you're OK"라는 저서로 TA를 대중 심리학(pop psychology)으로 발전시킨 토마스 해리스는 스트로크를 주는 것이 없다는 것은 바로 '심리적 죽음'을 의미한다고 말했습니다. 자극 또는 스트로크는 인간의 생존에 없어서는 안 되는 것이랍니다.
- 그렇다면 스트로크에는 어떤 것이 있을까요? 스트로크는 다음과 같이 다양하게 분류할 수 있습니다. 먼저 스트로크를 받는 사람에게 즐겁고 유쾌한 감정을 심어주는 긍정적 스트로크와 불쾌하거나 고통스러운 감정을 가져다주는 부정적 스트로크가 있습니다. 또 말을 통해 자극이나 반응을 보내는 언어적 스트로크와 언어 외의 얼굴표정이나 목소리나 제스처 등 비언어적 채널을 통해 자극이나 반응을 주고 받는 비언어적 스트로크가 있겠지요. 그리고 특정 조건이나 기준에 부합할 때 긍정적 스트로크를 보내고 조건에 맞지 않거나 기준에서 어긋날 때 부정적 스트로크를 주는 조건적 스트로크와 상대방이 한 행동이나 일과는 관계없이 그 사람의 존재와 관련된 무조건적인 스트로크가 있습니다. 그리고 언뜻 보기에는 긍정적 스트로크 같지만 그렇지 못한 스트로크도 많습니다. 어떤 사람들은 처음에는 긍정적인 스트로크를 주는 것처럼

보이지만 마지막에는 상대방의 기분을 망쳐놓는 경우가 있죠. 이러한 스트로크를 의사(擬似) 스트로크라 하는데, 칭찬을 하는 척하다 바꾸는 것이지요. "잘 나가다 삼천포로 빠진다"는 말(사실 이 말은 부정적인 어감이 강해 삼천포는 도시 이름을 사천시로 바꾸었답니다)이 이런 경우이지요. 또 어떤 사람은 긍정적 스트로크를 지나치게 퍼부어 불성실하거나 헤프고 실없다는 생각을 들게 합니다. 이러한 불성실한 스트로크를 '마시멜로 던지기', 또는 '플라스틱 스트로크'라고 부른답니다.

- 우리가 일상생활을 해 나가면서 어떻게 스트로크를 주고 받는가 하는 것은 어릴 때부터 어떤 스트로크를 어떻게 받아 왔는가에 달려 있다고 해도 과언이 아닙니다. 스트로크는 아무리 남에게 주어도 자원이 고갈되는 법이 없습니다. 그러나 수요와 공급의 법칙처럼 공급이 달리면 가치가 높아지죠. 따라서 부모들은 자녀의 행동을 통제하기 위해 스트로크 공급을 줄이고 스트로크를 독점하는 위치에 놓이려고 합니다. 따라서 스트로크 없이 살 수 없는 어린이는 스트로크를 받기 위해 부모의 요구에 부응하는 것을 배워 나가는 것이지요. 이와 같이 건강하지 못한 부모는 어릴 때부터 자녀에게 스트로킹에 관한 다섯 가지의 제한된 규칙을 주입시킨다고 하는데, 이러한 규칙들을 스타이너라는 학자는 '스트로크 경제(stroke economy)'라 하였습니다.
  - 스트로크를 주어야할 때 주지 말라
  - 스트로크를 필요로 해도 요구하지 말라
  - 원하는 스트로크라도 받아들이지 말라
  - 스트로크를 원치 않을 때 거부하지 말라

- 자기 자신에게 스트로크를 주지 말라

- 어릴 때부터 이런 규칙이 주입되면 어른이 되어서도 자기도 모르게 이런 규칙에 따라 산답니다. 따라서 우리가 이제 배울 것은 상대방에게 가치감을 심어주고, 일이나 공부를 더 잘할 수 있도록 동기를 부여하기 위해 무조건적인 긍정적 스트로크를 많이 주고받는 훈련입니다.
- 모둠별로 자기 장점이나 매력, 좋은 점을 각자 발표해 보도록 합시다. 다른 부부들은 발표자의 말을 경청하고 긍정적인 스트로크를 보냅시다. 그리고 그 내용을 실습지에 기록해 봅시다.

(3) 정리(5분)

① 진행방법

- 전체집단을 하나로 진행한다.

② 준비물 : 스트로킹 프로파일(실습지 11)

③ 강의내용

- 오늘 여러분은 스트로크를 주고받는 법을 공부하였습니다. 스트로크의 중요성은 새삼 강조해도 지나치지 않겠지요? 이제 여러분들은 부부뿐 아니라 자녀, 이웃들에게 긍정적이며 무조건적인 스트로크, 서로를 인정하고 존중하는 건강한 스트로크를 먼저 준다면 '가는 말이 고우면 오는 말은 더 곱다'는 말처럼 매력적인 인간관계를 이룰 수 있으며, 여러분의 스트로크 은행(stroke bank)은 아

주 부자가 될 것입니다.

- 다음 모듈에서는 시간을 어떻게 잘 보내는 지 살펴보는 시테크 시간을 갖도록 하겠습니다. 여러분, 수고 많았습니다.

〈실습지 10〉

모둠별 스트로크 실습지

※ 모둠별로 다음 문항을 놓고 토의 및 발표를 합니다.

1. 긍정적 스트로크와 부정적 스트로크를 주고받은 사례는?
   - ○
   - ○
   - ○
   - ○
   - ○
   - ○

2. 서로 긍정적 스트로크와 부정적 스트로크를 준다.
   - ○ 긍정적 스트로크 :
   - ○ 부정적 스트로크 :

3. 부부에게 '의사 스트로크'나 '마시멜로 던지기'와 같은 스트로크를 주거나 받은 사례는?

○

○

○

○

○

4. 스트로크 경제에서 다섯 가지 규칙 중 특정 규칙을 고수하고 있는 사례는?

○

○

○

○

○

〈실습지 11〉

나의 스트로크 프로파일

	남에게 긍정적인 스트로크를 얼마나 주었는가?	긍정적 스트로크를 얼마나 받았는가?	원하는 긍정적인 스트로크를 얼마나 청했는가?	남이 원하는 긍정적인 스트로크 주기를 얼마나 거절했는가?
항상				
거의 항상				
자주				
가끔				
어쩌다가				
거의 없음				
	주기	**받기**	**청하기**	**주기를 거부하기**
거의 없음				
어쩌다가				
가끔				
자주				
거의 항상				
항상				
	남에게 부정적인 스트로크를 얼마나 주었는가?	부정적 스트로크를 얼마나 받았는가?	직· 간접으로 부정적 스트로크를 얼마나 청했는가?	부정적인 스트로크 주기를 얼마나 자제했는가?

모듈 8 : 시간 가꾸기(시간의 구조화)

1) 개요

<table>
<tr><td>8차시</td><td colspan="2">시간 가꾸기</td><td>운영
방법</td><td>전체집단을 대상으로
진행한다.</td></tr>
<tr><td>활동
목표</td><td colspan="4">- 여섯 가지 시간 구조와 방법의 특징을 열거한다.
- 좋은 관계를 맺기 위한 시간 구조와 전략을 수립한다.</td></tr>
<tr><td>과정</td><td colspan="2">활동내용</td><td>시간
(분)</td><td>자료 및
준비물</td></tr>
<tr><td>도입</td><td colspan="2">- 시간의 중요성 예화</td><td>10</td><td>공익광고
'1분 캠페인'</td></tr>
<tr><td>전개</td><td colspan="2">- 시간의 구조 여섯 가지
1) 폐쇄
2) 의례
3) 소일
4) 활동
5) 게임
6) 친밀
- 시간의 구조화 파이 차트 만들기</td><td>35</td><td>시간 구조화
파이 차트
(실습지 12)</td></tr>
<tr><td>정리</td><td colspan="2">이상적인 시간의 구조화 파이
만들기</td><td>5</td><td>시간 구조화
파이 차드
(실습지 13)</td></tr>
<tr><td>차시
예고</td><td colspan="4">- 전체 마무리</td></tr>
<tr><td>유의점</td><td colspan="4"></td></tr>
</table>

2) 내용

(1) 도입(10분)

① 진행방법

- 전체 집단을 하나로 진행한다.
- 활동 내용과 활동 목표를 설명한다.

② 준비물 : 없음

③ 강의내용

- 지난 시간은 스트로크에 대하여 공부하였지요? 오늘은 시간의 구조화에 대하여 알아보도록 합시다. 먼저 여러분은 다음 말을 영어로 한번 바꾸어 볼까요? "시간은 돈이다". 어떻게 바꿀 수 있을까요? "Time is money", 이것은 콩글리시이구요, 영어권에서는 "Time is gold"라고 합니다. 아마 이 말에 대해서는 여러분 모두 고개를 끄덕일 것입니다. 우리는 가끔 신이 공평하지 않다고 불평할 때도 있지만 이 세상 누구에게도 하루를 24시간으로 똑같이 살도록 만든 것을 보면 어떻게 시간을 잘 보내느냐가 아주 중요하겠지요?
- TA에서 보는 공익광고 하나를 소개하겠습니다. 함께 볼까요? 이 공익광고는 평범한 샐러리맨의 바쁜 하루일과를 따라가면서 이런 저런 일을 통해 우리가 사는 세상을 아름답게 하는 시간은 1분만으로도 충분하다는 메세지를 전달하고 있습니다. 생각해보면 정말 간단하고 마음만 있으면 얼마든지 가능한 일 즉, 신문 대신 던

져주는 시간 6초, 어르신과 함께 횡단보도 건너는 시간 23초, 후배에게 커피 대신 타주는 시간 27초, 버스 벨 대신 눌러주는 시간 4초 등... 사실 하루 24시간 가운데 1분쯤이라면 큰 의미 없이 보낼 수 있는 시간입니다. 그런 1분을 우리 모두가 좋은 일에 함께 한다면 이 세상은 살맛나는 곳으로 변할 것이라 메시지를 담고 있죠. 그만큼 시간이 소중함을 강조하는 공이광고이기도 하구요.

(2) 전개(35분)

① 진행방법

- 전체를 대상으로 진행한다.
- 실습지를 바탕으로 활동을 진행한다.

② 준비물 : 시간의 구조화 파이차트(실습지 12)

③ 강의내용

- TA상담에서는 사람들이 둘 이상 또는 집단으로 모여 있을 때 시간을 보내는 방법을 사회적 시간의 구조화라 합니다. 시간의 구조화에는 폐쇄, 의례, 소일, 활동, 게임, 친밀이라는 여섯 가지 방법이 있습니다. 하나씩 살펴볼까요?
- 먼저 폐쇄란 함께 있으면서 전혀 교류를 하지 않는 것을 말합니다. 폐쇄는 스트로크 주고받기를 거부하는 것입니다. 폐쇄 상태에서는 단지 자기 자신과만 스트로크를 주고받을 뿐입니다.
- 길을 가다 친구를 만나면 '안녕'하고 인사하면 상대방도 의례히

대답을 하기 마련이지요. 이것을 의례라고 한다. 의례는 단순하고 정형화되어 있는 상보교류입니다. 어린이는 자라면서 자기 가정이나 사회의 문화에 맞는 다양한 의례를 배웁니다. 누가 악수를 하려고 손을 내밀면 상대방에게 반응하기 위해 같이 손을 내밀 줄 압니다. 길가다 아는 사람을 만나 "안녕하세요"하고 인사하면 어떻게 대답해야 할지 배워서 알고 있지요. 이와 같이 의례는 사람들과 일상적인 인사를 주고받는 것을 말합니다.

- 처음 만났던 사람들이 인사를 나눈 뒤 좀 친해지면 서먹서먹했던 분위기가 사라져 한층 더 교류가 진척됩니다. 이제 소일 단계에 접어든 것입니다. 소일에서는 동사가 사용되고, 지나간 일에 대해 주로 대화합니다. 소일에서는 의례에서와 마찬가지로, 친숙한 방법(제법 예측 가능한 방향)으로 진행되지만 의례에서와 같이 엄격하게 정해져 있는 것은 아닙니다. 소일에서는 어떤 일에 "대해서" 이야기 하지, 거기에 대한 행동을 하는 것이 아닙니다. 소일은 "지나간 일"에 대해 이야기하는 것이죠. 칵테일 파티에서와 같이 피상적 대화가 주된 특징을 이룹니다. 남자들은 만났다 하면 자동차나 군대 이야기가 나오고, 여자는 의상이나 물가 이야기가 주류를 이룹니다. 나라마다 특징이 있는데 영국 사람들은 주로 날씨 이야기를 많이 합니다.
- 활동은 주로 A 자아상태에서 이루어집니다. 활동은 지금 여기서의 목표를 달성하기 위해 이루어지기 때문입니다. 활동을 할 때 때로는 적절한 규칙에 따라 하기도 합니다. 이러한 상황에서는 긍정적인 AC나 긍정적인 P 자아상태로 전환되는 것이지요. 활동을 통해 받는 스트로크는 '조건적인 긍정적 스트로크' 또는 '조건적인

부정적 스트로크' 둘 중의 하나입니다. 스트로크는 대부분 활동이 끝나고 주어지는 것이 상례입니다.

- 게임은 TA 이론의 중요한 한 부분을 이룬다. 청소년이 즐겨하는 컴퓨터 게임이 아니라 심리적 게임이며 서로 이면교류를 주고받는 것을 말합니다. 게임은 항상 한 사람 또는 두 사람 모두에게 불쾌한 감정을 남깁니다. 게임을 할 때, 겉으로 보기에 (사회적 수준으로는) 정보를 교환하고 있는 것 같지만 속으로는 (심리적 수준으로는) 다른 저의를 가지고 있습니다. 게임이란 자라고 난 뒤에는 더 이상 적절하지 못한 아동기의 전략을 재연하는 것입니다. 게임은 부정적 AC, 부정적 CP, 부정적 NP 등 부정적인 자아상태에서 일어납니다. A 자아상태에서는 결코 게임이 일어나지 않습니다.
- 친밀이란 진정한 감정의 표현을 말합니다. 교류를 할 때 사회적 수준과 심리적 수준이 일치를 이루는 것입니다. 이것이 게임과 근본적인 차이입니다. 친밀이 중요한 이유는 진정한 감정의 표현이 상황을 종결시키는데 가장 적절하기 때문입니다. 이와 반대로 게임 말미에 표현된 감정은 문제를 해결하는데 아무 도움이 되지 않습니다. 왜냐하면 게임은 계속해서 반복되는 것이기 때문입니다. 여기서 말하는 '친밀'이라는 용어는 일상생활에서 말하는 친밀과는 의미가 다릅니다. 시간을 구조화시키는 방법으로서의 친밀은 일상생활에서 말하는 친밀과 관계가 있을 수도 있고 없을 수도 있죠. 일상적인 의미로 두 사람이 친할 때, 서로 솔직하게 감정을 나누고 자기가 원하는 것은 있는 그대로 정직하게 표현할 수 있습니다. 이 때 두 사람은 TA 용어로 '친밀' 상태에서 시간을

구조화시키고 있는 것입니다. 친밀의 결과는 항상 건설적입니다. 친밀은 그 어떤 형태의 시간의 구조화보다 스트로크 가치가 높습니다. 말하자면 친밀은 스트로크의 천국이라 해도 과언이 아닙니다. 이와 같은 긍정적 스트로크의 교환은 기쁨과 만족을 가져다 줍니다.

- 그렇다면 여러분은 하루의 시간을 어떻게 구조화하는 지 시간의 구조화 파이를 만들어 봅시다. 예전에 방학이 시작되면 열심히 만들던 '방학중 생활계획표'를 연상해서 작업하면 쉬울 것입니다.

⑶ 정리(5분)

① 진행방법
- 전체집단을 하나로 진행한다.

② 준비물 : 시간의 구조화 파이차트(실습지 13)

③ 강의내용
- 오늘 여러분은 사회적 시간의 구조화를 공부하였습니다. 여러분이 지난 8회 동안 TA상담을 토대로 한 웰빙 프로그램을 함께 진행했던 시간을 제가 보기에는 아마 친밀의 시간이었다고 생각합니다.
- 앞으로 여러분이 시간을 잘 보낼 것인지 작업하는 것으로 전체 프로그램을 마무리 하겠습니다. 여러분, 그동안 수고 많았습니다. 환상적인 가족 되시길...

〈실습지 12〉

시간 구조화 파이 차트

※ 내가 하루를 보낼 때 각 시간 구조화 방법마다 얼마나 시간을 보냈는지 생각하면서 그 양에 따라 칸을 그려 봅니다.

1. 내가 가장 많은 시간을 보내는 방법은?

- o
- o
- o
- o
- o
- o
- o

2. 내가 가장 적은 시간을 보내는 방법은?

- o
- o
- o
- o
- o
- o
- o

3. 나의 시간 구조화의 특징은?

- o
- o
- o
- o
- o
- o
- o

〈실습지 13〉

이상적인 시간 구조화 파이 차트

※ 앞으로 실천에 옮길 이상적인 시간구조화 파이 차트를 그린다.

1. 어떤 방법을 줄일 것인가?
    - ○
    - ○
    - ○
    - ○
    - ○
    - ○
    - ○
    - ○
    - ○
    - ○

2. 어떤 방법을 늘릴 것인가?
    - ○
    - ○
    - ○
    - ○
    - ○
    - ○
    - ○
    - ○
    - ○
    - ○

부 록

참고문헌

색인

참 고 문 헌

권준모(1998), **심리학과 교육**, 서울: 학지사.

김은미, 양옥경, 이해영(2009), **다문화사회**, 서울: 나남.

김유숙(2006), **가족상담**, 서울: 학지사.

김혜숙, 박주현, 이영주, 임상록(2012), **가족상담 및 치료**, 서울: 신정.

배태순(1995), **가족치료총론**, 서울: 동인.

석창훈(2006), **청소년 심리와 TA상담**, 대구: 대건출판사.

석창훈(2009), **교육복지와 TA상담**, 대구: 학원사.

석창훈(2015), **대학생상담가이드**, 아산: 선문대 학생상담센터.

송성자(2004), **가족과 가족치료**, 서울: 법문사.

이성진, 윤경희(2009), 한국인의 발달과업, **대한민국학술원논문집**, 48, 39~92.

이장호(1995), **상담심리학**, 서울: 박영사.

이재연, 최영희 역, Galvin K. M., Brommel B. J.(1990), **의사소통과 가족관계**, 서울: 형설출판사.

임창재(2002), **현대인의 심리**, 서울: 형설출판사.

장휘숙(1995), **가족심리학**, 서울: 박영사.

정성란(2011), **가족상담 및 치료**, 서울: 양서원.

정은(2009), **가족상담**, 서울: 창지사.

정옥분. 전순화, 홍계옥(2007), **결혼과 가족의 이해**, 서울: 시그마프레스(주).

제석봉(1999), **TA: 성격의 이해와 커뮤니케이션**, 대구: 대구가톨릭대학교 출판부.

제석봉(2002), **TA심리학**, 대구: 대구가톨릭대학교 출판부.

제석봉(2003), **상담의 이론과 실제**, 대구: 대구가톨릭대학교 출판부.

제석봉(2004), **인간관계와 성공전략**, 대구: 대구가톨릭대학교 출판부.

제석봉 역, Beck A.(2005), **사랑만으로는 살 수 없다**. 서울: 학지사.

정철웅 역, Burguière A. et al.(2002), **가족의 역사**, 서울: 이학사.

천성문, 김남희, 김정남, 박미선, 박원모, 배정우, 조정선, 한민경(2005), **집단상담 프로그램**, 서울: 학지사.

최정웅(1988), **교육과 사회론**, 서울: 교육과학사.

Berne, E.(1964), Games people play, New York: Grove Press.

Berne, E.(1966), Principles of group therapy, New York: Grove Press.

Berne, E.(1972), What do you say after you say hello, New York: Bantam.

Berne, E.(1980), Transactional analysis in psychotherapy, London: Souvenir Press.

Berne, E.(1981), A layman's guide to psychiatry and psychoanalysis. Harmondsworth: Penguin Books.

Clarkson, P.(1992), Transactional analysis psychotherapy: An integrated approach. London: Tavistock/Routledge.

Corey, G.(1991), Theory and practice of counseling and psychotherapy, Pacific Grove, California: Brooks/Cole.

Dusay, J.(1977), Egograms, New York: Harper and Row.

Egan G.(1984), The Skilled Helper, Toronto: Allyn and Bacon.

Ferris M.(1993), Compassioning, Kansas: Sheed & Ward.

Hargaden, H. & Sills, C.(2003), Transactional analysis: A relational perspective, New York: Brunner-Routledge.

Harris, T. A.(1973), I'm OK, you're OK, London: Pan Books.

Hay, J.(1992), Transactional analysis for trainers, New York: McGraw-Hill, 1992.

Hay, J.(1993). Working it out at work: Understanding attitude and building relationship , London: Sherwood Publishing.

Lister-Ford, C.(2002), Skills in transactional analysis counseling and psychotherapy. London: Sage Publications).

Maslow. A. H.,(1970), New Introduction: religions, values, and peak-experience(new edition), Journal of Transcendence Psychology, 2, 83~90.

Shostrom, E. L.(1973), Self-actualization: A scientific ethic, The counseling Psychologist, 4, 29~35

Stewart I.(1992), Eric Berne, London: SAGE Publications Ltd.

Stewart, I(1992), Transactional analysis counseling in action, London: SAGE Publications Ltd.

Stewart, I. & Joines, V.(1999), TA today: A new introduction to transactional analysis, Nottingham: Lifespace Publishing.

Zalcman, M.(1990), Game analysis and racket analysis: Overview, critique and future development, TAJ. 20(1), 4~19.

색 인

(ㄱ)

가까움 78

가성상호소통 121

가족이기주의 41

가족기능 38

가족발달과업 55

가족상담의 정의 13

가족생활발달과업체크리스트 68

가족생활주기 64

가족신화 116

가족의 정의 31

가족치료의 정의 21

가족해체 38

간편자기실현척도 29

건국신화 132

게임 222

게임특징 228

게임공식 230

공감 124

공평성이론 94

교차교류 206

구원자 232

구조분석 167

구조적 가족치료이론 112

구조적 병리학 173

근접성 91

기능분석 183

(ㄷ)

다문화가족 129

다문화이해교육 137

대중 심리학 277

대화가족치료이론 111

도움(helping) 18

동료의식 126

드라마삼각형 232

디스카운트 222

(ㄹ)

루두스 74

(ㅁ)

마니아 75

Maslow A. 26

McMaster가족기능척도 44

모계 친족(cognati) 15

미래가족 42

민감성 125

(ㅂ)

박해자 232
배려 122
배우자선택요인 92
배제 176
보완욕구이론 94
브레인스토밍 13
부계 친족(agnati) 15
부부관계유형 104
불합리한 신념 97
Berne E. 149
Bowen M. 114

(ㅅ)

사랑의 삼각형이론 78
사랑의 색깔 73
Satier V. 3
사회교환이론 93
사회적 시간의 구조화 218
사회화 36
상담의 정의 17
상보교류 203
생태소 145
성공조건 289
성숙한 사랑 69
소일 220
속박 117
속죄양 118
수용 123
순응하는 어린이(AC) 184
스토르게 74
스토리텔링 142
스트로크 211
스트로크 경제 216
스트로크 여과 216
신체적 매력 92
심리적 죽음 213

(ㅇ)

아가페 77
양육적 어버이(NP) 185
어른(A)자아상태 168
어린이(C)자아상태 168
어버이(P)자아상태 168
연인(부부)친밀감척도 108
에고그램 193
에로스 73
여과망 95
역기능적 가족 115
오염 174
웰빙 프로그램 277
우호 127
위장 116
유리 117
유사성 91
의례 219
이면교류 208
이성교제 81
이중구속 메시지 116
이해 31
2차 구조 모형 266

이차적 사랑 75
인생각본 287
일차적 사랑 73

(ㅈ)

자각 158
자극-가치-역할이론 95
자극 기아 212
자기실현 27
자기분화 114
자발성 158
자아상태 167
자유로운 어린이(FC) 184
자주성 162
작은 교수 273
전략적 가족치료이론 112
절정경험 26
정서적 이혼 105
정신분석적 대상관계 가족치료이론 113
제2차 구조모형 268
지지 128

(ㅊ)

친밀 222
친밀성 160

(ㅌ)

텅 빈 둥지 증후군 62
통제적 어버이(CP) 185

(ㅍ)

폐쇄 219
프라그마 76

(ㅎ)

활동 2221
희생자 232

가족상담의 원리와 실제

The principles and practices of Family Counseling

초판 1쇄 인쇄 • 2015년 8월 25일
초판 1쇄 발행 • 2015년 8월 28일

지은이 • 석 창 훈
발행인 • 황 선 조
발행처 • 선문대학교 출판부
등록번호 • 제 9호
등록일 • 1998년 9월 25일
주소 • (31460) 충남 아산시 탕정면 선문로 221번길 70
전화 • (041)530-2827 팩시밀리 (041)530 2079

인쇄처 • 다해 (02)2266-9247

판매가 18,000원

ISBN 978-89-8423-785-8 93330